BREAK THROUGH

打通

—— 解放老板的
5步瓶颈管理法

郝军龙 著

中国青年出版社

图书在版编目（CIP）数据

打通：解放老板的5步瓶颈管理法 / 郝军龙著 .—北京：中国青年出版社，2021.6

ISBN 978-7-5153-6363-9

Ⅰ.①打… Ⅱ.①郝… Ⅲ.①中小企业—企业管理—研究—中国 Ⅳ.①F279.243

中国版本图书馆 CIP 数据核字（2021）第 067206 号

责任编辑：彭　岩

＊

中国青年出版社 出版　发行

社址：北京东四十二条 21 号　邮政编码：100708

网址：www.cyp.com.cn

编辑部电话：（010）57350407　门市部电话：（010）57350370

三河市君旺印务有限公司　新华书店经销

＊

700×1000　1/16　25.5 印张　300 千字

2021 年 5 月北京第 1 版　2021 年 5 月河北第 1 次印刷

定价：68.00 元

本书如有印装质量问题，请凭购书发票与质检部联系调换

联系电话：（010）57350337

物有本末，事有终始；
知所先后，则近道矣。

——《大学》

推荐序

企业经营管理如同人体经脉运行,需要打通经脉的堵点,使经络畅通,这样才能运行无阻。企业以用户为中心,满足用户个性化、多元化的需求,才能打通与用户的关系,赢得用户的信赖;企业以队伍建设为重心,为员工搭建自我成长、施展才华的平台,才能打通领导、管理者与员工的关系,激发员工的工作积极性与主动性;企业以开放创新为理念,与合作伙伴协同发展,才能打通组织边界,构建互联互通的生态链或生态圈,实现合作共赢。

本书作者提出的破解"五化"管理困境的思路,我颇有同感!做企业,尤其是成长型的中小企业,需要突破"五化"管理的束缚,使企业管理更加简单化、实用化,根据企业的发展阶段,聚焦自身特色和优势领域做精、做强企业。管无定法,企业需依据自身实际而为;无为而治,是企业管理的最高境界。

本书作者提出的突破管理瓶颈的"弱管理"思想、"335"管理模式、"S-APC铃铛"模型和"中小企业瓶颈循环突破"理论,是作者在多年帮助企业突破发展瓶颈的管理咨询实践中总结出来的,其核心思想是让管理回归常识、回归简单,具有很强的针对性和实用性,旨在让中小企业家们将更多的精力投入到员工、客户和业绩上，使企业保持良性发展。

　　临渊羡鱼，不如退而结网。企业家用朴实无华的语言让每一个员工都能理解你所描绘的蓝图，他们才能跟上你的思路和步伐；企业家保持与员工坦诚沟通交流，他们才能凝心聚力地跟着你走；企业家在关注业绩的同时更关注员工的成长，他们就会迸发出无限的能量，创造最佳的业绩。我想，这正是作者写作此书的根本目的。

浙江工商大学工商管理学院教授、博士生导师

2021年4月

序一
危难时，相信人的力量

做企业，一时挣钱不难，一直活着不易。

书稿写到一半，遇到了新冠疫情，这对中小企业，又是一次整体的渡劫。中国中小企业平均寿命不到3年。怎样在各种危机中活下来，活下去？这是做企业最重要的命题。或许，从最长寿的中华文明中，我们可以找到令企业基业长青的秘密。

中华文化绵延几千年，靠的是什么？

中国人从不缺精神。"天行健，君子以自强不息。地势坤，君子以厚德载物。"这，就是中国人的底层价值观。或许很多人没读过什么书，不知道什么易经八卦，但是口耳相传的神话，已经渗透到每个人的骨血里。在我们的记忆里，天地是盘古用斧头劈出来的，盘古的眼睛化为日月，血肉化为江河田土，将自己完全奉献给了世界；人是女娲娘娘造的，为了补天，女娲最后把自己化成了天的一部分；世界性的大洪水恐怕真的发生过，在西方是祷告、等待上帝的救助，而在中国是大禹治水，三过家门而不入，大禹的智慧以及大公无私的精神被世代相传；太阳多了后羿就把多余的射下来；海淹死了精卫，精卫就填满它；山挡住愚公家的阳光就挖掉它……不信邪，不认命，我命由我不由天！这就是自强不息，这就是厚德载物。这些故事，每一个中国人都知道，它们奠定了我们的底层性格。我认为，这就是中华民族伟大崛起最根本的动力，这就是中国人的精神，这就是国运的基石。

无论是"天行健，君子以自强不息；地势坤，君子以厚德载物"，还是盘古开天辟地、女娲补天、大禹治水、后羿射日、愚公移山、精卫填海等神话传说，都是在强调人的力量——顺应天道却从不屈服，尊重规律又努力创造，生生不息。无论遇到什么样的危机，只要一息尚存，只要人还在，只要人心不死，一切就都还来得及。

在现实中，无数先人实践着这种精神，创造了在历史长河中领先世界的文明。就是这样的精神，让那所有暂时战胜我们的，最终又为中华文明慑服。

孟子说：天时不如地利，地利不如人和。

从做企业的角度，最大的、成长最快的企业，确实都是时代创造的。但是那拥有持续生命力的、经久不衰的企业，无一不是靠着符合人性的管理、凝聚人心的文化、切实可行的战略，聚沙成塔、逐步实现的。奇迹都是人创造的，人和的力量大于一切，可以超越时间与空间的障碍。

这次新冠疫情，是企业成长过程中众多危机中的一个。已经发生的天灾我们只能接受，在这危急时刻，更要依靠人的力量、组织的力量、管理的力量，齐心协力，共渡难关。

人的力量也是我们唯一可以主动掌握的力量。

所有的危机都会过去，天无绝人之路。疫情过后，经济曲线一定会大幅反弹，因为需求还在，只是被压抑了。再说，这次危机，不是某一个企业的事情，所有人面对一样的问题，等到危机过后，看谁第一个跑起来？

留得青山，剩者为王。

本书写在新冠疫情还未结束的2021年春，相信能够给中小企业一点提示、一些帮助。

序二

打通即解放
——别让"五化"的管理困住你

做企业的目的是盈利。

管理是用来帮助盈利的，是手段，不是目的。

多数中小企业发展受阻，确实跟管理有关，但是要是把太多的精力放在管理上，又会舍本逐末。就像跑运输的心思都用在了修车上，得不偿失。

有不少企业家朋友跟笔者吐槽说：郝老师，我读了很多管理的书，上了很多培训课，企业也没上台阶，甚至更乱了，这是为什么？

就笔者的观察，是跟"五化"管理有关。

现在社会上流行的管理思想与管理方法，很多都不适合中小企业，笔者管理学专业出身，在企业里作了近十年的管理，之后又做了超过十年的中小企业管理咨询，对此深有感触，简单总结：管理学被"五化"了——西化、大化、碎片化、复杂化、绝对化。

西化。学院里教的大都是国外翻译过来的管理学经典，基于两百多年资本主义市场经济的发展与世界500强的管理经验，值得学习，但离我们中国的中小企业有点远，文化土壤也不同；学习可以，照搬坏事。

大化。就是社会上流行的，大都是华为、阿里、小米、海尔等国内大型企业的成功经验，这也值得学，但是很难拿来直接用，因为规模跟发展阶段差别太大了。而且，这种学习中还蕴含着一个潜台词——只有做成大企业才是中小企业的出路！这一点，我是不认同的，中国更需要千万个"小而美"的企业。

碎片化。企业管理是一个系统，对于多小的企业都一样。经典的管理学教育把企业这个有机体的管理动作分成了多个模块：战略、定位、组织、人力资源、绩效、营销、品牌、财务、信息化等，这没错，但是如果不能将这些碎片系统地拼接起来，真的遇到了管理问题，你会陷入迷雾。

复杂化。任何单独的管理模块，展开都是一门"精深"的学问，以人力资源为例：招聘、培训、薪酬、人才盘点、发展规划、绩效沟通、人才优化……其中任何一个单点又是一门学问。管理学跟"佛学"一样，如果无法把握精要、用实践验证，你学几万本书，也只是口头禅，越学离真相越远：只见树木不见森林，陷入细节不能自拔；还不如用经验与常识做得好。

绝对化。现在流行的很多管理工具，比如阿米巴、股权激励、合伙人制、积分制管理，如此种种，也都值得学习，但是你学完马上就用到企业里，很可能带来更多麻烦，"橘生于南则为橘，橘生于北则为枳"。不考虑企业的行业特性、发展阶段、管理水平、人才现状、承受能力，贸然使用，后患无穷。

笔者本科读的人力资源管理、研究生读的是MBA，深受"五化"管理的影响，一开始做咨询也是用"五化"管理，发现在大多数中小企业都不好用，甚至业绩没上去，管理却越来越复杂。

迷茫几年后，痛定思痛，抛开所学重新思考——从延绵五千年不绝的中华文化中寻找灵感与依据，中学为体，西学为用。重新思考管理对于企业，尤其是中小企业的作用机理，在实践中总结出"弱管理"思想，"335"管理模式，"S-APC铃铛"模型，"中小企业瓶颈循环突破"理论。中心思想是回到管理的原点，抛开名词看作用；按顺序、分重点，将碎片化的管理模块放在一个闭环的管理系统中；富有弹性、容易理解、方便复制；让一切管理动作为企业的业绩增长服务；让管理回归常识、回归简单，让老板做回老板，让中小企业不再被复杂的管理理论所累，减少内耗，把主要力气用在更好地满足客户身上，从而拥有更持续的生命力。

中国经过近四十年的高速增长，进入了"新常态"，可以说"捡钱"的时代已经过去，挣"辛苦钱"的时代已经来临了。管理是辛苦活，但是管理变得越来越重要了。正是因为管理重要，所以希望本书能够帮助更多的老板们跳出"五化"管理的泥潭，"打通"企业管理的任督二脉，拥抱新时代，平安渡过成长中的各种危机，存下来，活下去。企业蒸蒸日上，老板解放、员工幸福、客户满意。大同世界，也就不远了。

序三

帮助中小企业
——以业绩提升为中心的管理创新探索

网上曾经有这样一个段子：

某大型企业引进了一条香皂包装生产线，结果发现这条生产线有个缺陷：常常会有盒子里没装入香皂。为了避免把空盒子卖给顾客，他们只得请了一个学自动化的博士后设计一个方案来分拣空的香皂盒。博士后拉起了一个十几人的科研攻关小组，综合采用了机械、微电子、自动化、X射线探测等技术，花了几十万，成功解决了问题。每当生产线上有空香皂盒通过时，两旁的探测器会检测到，并且驱动一只机械手把空皂盒推走。

中国南方有个乡镇企业也买了同样的生产线，老板发现这个问题后大为恼火，对负责该环节的工人说："赶快把这个搞定，不然就开除你！" 工人很快想出了办法：他花了90块钱在生产线旁边放了一台大功率电风扇猛吹，于是空皂盒都被吹走了……

这个段子，也许真实发生过。

在中国，占企业总数99%以上的中小企业，没有办法、也没有必要在具体的管理细节上以500强为标准来要求自己。

不同规模的企业面临同样的问题，因为所处阶段差异，解决问题的思路和办法有可能是完全不同的。

笔者也是基于这样的缘由，在多年管理咨询与管理培训工作中，对于中小企业发展过程中的种种困惑进行深度思考与问题解决，积淀了这本书。

一、中小企业所有的管理行为都应该以业绩增长为核心

1.本书聚焦于帮助中小企业找到快速提升业绩的方法

在多年的实践中，笔者发现，对于中小企业来说，所有的管理问题后面只有一个问题，就是业绩。所有找笔者做管理咨询的中小企业，究其原因都是因为业绩的增长遇到了阻碍；或者想老板做得轻松点，甚至有退休计划，但是因为担心业绩下滑而没办法从管理细节中退出来。核心都是业绩问题。

2.让老板们换个更简洁的角度，重新认识自己的企业

管理学有太多的名词，太多的流派，太多的大师与专家，企业家不是学者，如果不能抓住重点，会陷进去，或者被非重要的东西带偏，反而不如用常识做管理效果好。

3.给中国原创管理思想添砖加瓦

中国文化的生命力不需要讨论，中华文化复兴一定不只是GDP数据，还必须有伟大的企业、伟大的企业家、根植于中华文化的管理思想与工具。与此，本书也算是一个尝试。

二、专门针对中小企业的管理方法远远不够

1.从国外引入的管理学理论过于复杂，很难在中小企业落地

笔者本科学的是人力资源管理，工作多年后又在中国人民大学读了MBA。求学过程中学到不少理论，然而在工作中，我发现，用在学院里学的工具指导中小企业，收效甚微，甚至适得其反，常常造成"管理文学

化"，执行成本极高且效果不佳。事实上，学院里教的管理学大都是从西方翻译过来的，流派庞杂，体系繁复，内容与方法对中国的中小企业缺乏针对性与适用性。

2.大企业总结出来的管理方法多数不适合中小企业

当下社会上流传、讲授的管理方法和工具，基本上是大企业，尤其是BAT这类企业的成功方法与工具，对大多数中小企业来说，并不适用。不同的发展阶段，企业生存状态差异极大，需要的管理是不一样的。比如华为几十万员工，中小企业大都几十、几百员工，怎么可能直接照搬华为的管理方法？

3.一招治百病的管理工具有很多弊端

当前比较流行的股权激励、阿米巴、合伙人、合弄制等，的确是发展趋势，也是先进的管理模式，但并非适合所有类型的中小企业，在应用过程中，火候稍微拿捏不好就会贻害无穷。比如股权激励，使用不当会给企业带来严重的副作用。

4.社会上缺乏针对中小企业的管理思想及工具

目前市场上常见的以"中小企业管理学"为主题的书，大都只是在普通管理学前面加了"中小"两个字，缺乏针对性与适用性；虽然也有一些前辈致力于中小企业管理的发展，但是，相对于中小企业的数量及需要，无论是专家、思想，还是工具、方法，都远远不够。

三、本书的理念基础来自中华优秀传统文化

1.归零，重新思考管理学的问题

在咨询公司帮助多个企业的实践中，笔者发现了理论与现实的差距，

决定暂时格式化自己过去在学院及工作实践中掌握的管理知识和经验，回到原点，归零，重新思考总结一遍管理学。并且给自己确定了12字的指导方针：农民思维，学院结构，哲学高度。

农民思维：朴素，实用，简单明了，结果导向。绝不绕来绕去。

学院结构：吸收学院体系的结构化思维方式，分清逻辑、主次，并能清晰描述。

哲学高度：站在历史观、时空观、社会观的角度看企业，从人性的深度看管理。

2.在中华优秀传统文化中找支撑

中华文明是四大文明中唯一没有中断的文明，中国在历史上无论经济还是文化，都领先过世界很多个世纪，而且作为一个弱宗教的文化体系，我们的文化一直是倾向于经世致用的，对生活、对生命、对生产，都要有直接帮助。近代，世界文化多元碰撞，但并不意味着中华文化失去了价值和领先性。我在学习中华优秀传统文化的过程中，找到了很多对管理学有更高维度指导的思想，也是本书的理念基础，比如：

《易经》：变易、简易、不易。

《道德经》：三生万物。反者道之动。上善若水。柔弱胜刚强。

《孙子兵法》：道天地将法。智信仁勇严。先胜而后求战。

《孟子》：天时不如地利，地利不如人和。

《管子》：仓廪实则知礼节，衣食足则知荣辱。

《大学》：物有本末，事有终始，知所先后，则近道矣。格物，致知。

3.创新管理思想与工具的提出与验证

本书的管理思想与工具，从开始构思到工具验证，用了近十年时间；从结构基本完整到落地实践，用了五六年时间。本书管理思想与工具在几十家企业落地实践，在几百家企业培训分享。在此过程中，笔者亲自咨询指导"S-APC铃铛"管理瓶颈突破模型落地的中小企业，第二年的业绩增量平均不低于40%。可以说，本书所提出的创新管理思想及落地工具，通过了实践的检验。

四、"弱管理思想"、"335管理模式"、"S-APC铃铛"模型、"中小企业瓶颈循环突破理论"简介

1."弱管理"思想3个内涵

强调内驱：最好的管理是不用管理。业绩是员工干出来的，但没人喜欢被人盯着工作，好的管理要激发大家的意愿与自觉，"弱化"监督，强调内驱；用合适的机制与文化调动员工的主动性。

重点突破：中小企业管理千万别追求完美！管理是为经营服务的。影响企业业绩的管理因素是有主次的，只突破"弱点"，也就是当下的管理瓶颈即可。只要业绩持续增长，管理可以先不用动。

老板归位：老板越累，企业越废！老板在管理上要多做"旁观者"，把主要精力放在战略规划与顶层设计、打通企业管理的系统上。"弱化"自己在管理流程中的作用，减少在管理细节上的精力投入，尽量别把自己做成螺丝钉与救火队长。

"弱管理"思想，是本书的理念基础，蕴含在模式、模型、理论的细节里，但又很少单独提出，属于底层原理，特注。

2. "335管理模式"与"S-APC铃铛"模型简述

抓住3个人，做好3件事，5步摇响铃（"S-APC铃铛"模型）。

抓住3个人——老板、员工、客户。

做好3件事——抓住趋势：观天时、踩对点（战略时机选择）；创新模式：识地利、选对路（商业模式落地）；提高效率：创人和、跑得快（组织效率提升）。

5步瓶颈突破——5步：战略、目标、能力、动力、合力。共包含15个管理要素：愿景、差距、路径；设计、分解、应用；结构、人才、整合；有钱、有爱、有梦；制度、领导、文化。

在咨询及培训实践中，最常用的是这两个，尤其是"S-APC铃铛"模型，这也是本书书名"解放老板的5步瓶颈管理法"中"5步"的具体内容。

3. "中小企业瓶颈循环突破理论"的三个原则

以业绩为中心： 如果不以业绩提升为管理改进的中心，则操作中极容易为了管理而做管理，陷入无数非重点的细节中无法自拔。

结构化分析： 管理问题涉及的因素极为众多，任何一个领域都是庞大的支系；且在不同的企业，即使是一类的管理问题，表现也常常是各种各样；身在其中，又常常会觉得"存在的就是合理的"，容易被人情带入非理性；所以，必须以一个结构化的工具去拆解问题，分类问题，这样才能做到：客观、快速、准确（本书的335，就是主要结构：第一个3是认识角度，第二个3是框架梳理，5是落地工具）。

瓶颈突破循环： 追求管理的完美是最大的陷阱。中小企业没必要做完美的管理，也千万不要追求完美管理——管理是鞋，企业是脚，业绩是奔跑；太多精力放在漂亮的鞋上是舍本逐末，鞋不掉、不影响企业跑起来就行。这是因为，等过一个阶段，脚长大了，原来的鞋还要换掉。所以说，对于中小企业，解决管理问题只需突破当下影响业绩增长的瓶颈环节即可；待业绩增长一段时间之后，再分析新的瓶颈并解决，依此循环。

"中小企业瓶颈循环突破理论"是在实践中总结出来的，并用工具与大量落地案例证明其正确性及价值。

在正文开始之前，送给读者一段顺口溜，既是本书的中心思想，也是给中小企业在管理改进、瓶颈突破方面的终极忠告：

经营在管理之上，先后顺序，千万别忘；

不要对标500强，彼之蜜糖，我之砒霜；

因陋就简做增量，带着问题，野蛮生长。

目录

第一章
中小企业的组成——3个人

任何复杂的体系，都是由最基本的元素与简单的原理演变出来的。企业是由人组成的（老板、员工），又通过产品服务于人（客户），完成价值创造与价值分配。这就是企业的构成。老板的阶段、员工的管理、客户的满足，到底都有哪些关键要素？

一、复杂的极致是简单 　　　　　　　　　　　　　　　　　002
　　1．飞行器设计
　　2．原子结构与天体运行
　　3．文化经典与计算机程序
　　4．对美的认知
　　5．棋牌游戏

二、中小企业的三角原理——老板、员工、客户 　　　　　006
　　1．企业与中小企业
　　2．如何理解企业本质
　　3．成功企业的特点：老板主义、员工努力、客户满意
　　4．老板、员工、客户三位一体的趋势

三、发展过程中的规律性问题 　　　　　　　　　　　　　022
　　1．老板要完成从做生意到做公司的进化
　　2．从几十万到几十亿，不同规模关注点不同
　　3．从靠自己到靠大家，组织发展的不同阶段主要矛盾不同

4．大部分要经历规模扩大、效率降低的过程

　　5．性格决定命运——不同类型老板管理下的企业成长轨迹

四、向死而生，及时进化 026

　　1．中国企业的平均寿命不到三年

　　2．中小企业经营管理中常见的12个问题

　　3．企业常见的12种死法

　　4．转型升级，长存之道

第二章
业绩增长要做——3件事

　　市场经济的本质是竞争，而企业竞争力的实质，就是持续的业绩增长能力。一时挣钱不难，持续盈利不易。如何才能做到持续增长、基业长青？作者观察、总结成功企业的成功要素，发现影响企业业绩增长主要有3个因素：战略时机选择、商业模式落地、组织效率提升。这正好应和了古人总结的国家竞争力的三要素：天时、地利、人和。

一、观天时——5个相关周期 040

　　1．麦肯锡、罗兰贝格的咨询逻辑

　　2．本土战略咨询公司的分析逻辑

　　3．五个相关周期

二、识地利——4个创新方向　　　　　　　　　　　　　　061
　　1. 案例1：挖掘用户需求——第 × 科技商业计划书
　　2. 案例2：调整相关利益者交易结构＋革命性降低成本提高效率
　　3. 案例3：品牌溢价——×××门窗品牌重塑之路
三、创人和——5步提升效率　　　　　　　　　　　　　　103
四、三件事的关系：跑得够快，你就可以超越周期　　　　110

第三章

突破管理瓶颈——5步法（"S-APC铃铛"模型及案例应用详解）

只有业绩增长不力，我们才会讨论管理。可是，中小企业的管理瓶颈应该如何突破？应该以什么样的基本态度对待管理问题的解决？

笔者在帮助上百家中小企业解决管理问题的过程中感悟、实践到一个指导方针：中小企业在解决管理问题时，不要追求完美的管理，只考虑突破当前影响业绩增长的瓶颈，循环突破，持续增长！

具体的落地工具就是"S-APC铃铛"模型。

一、战略愿景系统　　　　　　　　　　　　　　　　　　127
　　1. 战略愿景在"S-APC铃铛"模型中的内涵是什么？
　　2. 在这个"S-APC铃铛"工具里，战略愿景具体如何体现？为什么？
　　3. 企业战略愿景设计上的常见问题有哪些？

4．中小企业有必要设计战略愿景吗？尤其是理想化的愿景，价值何在？

5．具体的企业设计战略愿景时一般怎么操作？

6．战略愿景与公司目标是什么关系？愿景目标落到具体的年度目标时怎样操作？

7．除了前面介绍的几个工具，在帮助具体企业设计战略愿景时，还会用到哪些常用工具？

8．关于中小企业的愿景、规划，我的建议是什么？

二、目标管理系统　　　　　　　　　　　　　　　　　　　　145

1．什么叫目标管理？

2．目标管理的价值是什么？对企业以及对员工分别能起到什么作用？

3．设计目标的流程一般是怎样的？

4．什么样的目标是好目标？

5．目标设计的依据是什么？在目标实现过程中能否修改？

6．中小企业目标管理上常犯的错误有哪些？

7．为什么模型上把目标分解单独列出来？目标分解过程能发现什么？

8．我的感悟：目标管理为什么是"抓手"？

三、组织能力系统　　　　　　　　　　　　　　　　　　　　154

1．什么叫组织能力？组织能力由什么组成？

2．个体能力如何提高？

3．为什么说组织的本质是能力不是结构？

4．中小企业组织结构的设计原则有哪些？给出些具体建议。

5．组织结构设计的水平有没有评价标准，怎样的结构算是好结构？

6．组织结构的发展趋势是怎样的？

7．组织能力方面中小企业的常见问题有哪些？

四、员工动力系统 169

1．什么是动力？

2．员工的动力提升有哪些办法？

3．为什么说员工动力系统是管理工作的核心？

4．有钱、有爱、有梦的顺序为什么不能错？

5．怎么发钱最好？

6．员工收入问题最需要注意的是哪几点？

7．什么叫明确的预期，为什么要给员工明确的预期？

8．如何让员工感受到爱？

9．梦想激励具体怎么操作？

10．现在很流行的股权激励，是怎么产生的？

11．股权激励操作时要注意哪些问题？

12．薪酬激励模式发展的趋势？

13．中小企业在激励方面最常出现的问题有哪些？

五、团队合力系统 191

1．什么是团队合力？团队合力的重要性体现在哪里？

2．为何人与人的合作，必然会产生冲突？

3．为什么说团队人越多合力越不容易形成？

4．团队合力不足主要由哪些原因导致？怎么解决？

5．如何正确对待冲突？

6．有没有哪种沟通方式可以最大限度地发挥每个团队成员的聪明才智，同时又避免直接冲突、避免官僚主义的影响？

7．中小企业的团队合力系统建设，一般要经历哪几个阶段？

8．团队合力的制度解决不太容易理解，能不能举几个实际的例子？

9．什么是企业文化？

10．中小企业有必要打造企业文化吗？

11．中小企业在合力上容易出现的问题有哪些？

六、案例详解模型的应用　　　　　　　　　　　　　　213

1．案例4：多系统瓶颈突破——知识服务业小微企业再造项目

2．案例5：能力系统瓶颈突破——健康产品制造企业战略落地与组织结构调整项目

3．案例6：动力系统瓶颈突破——传统家居用品制造企业股权激励项目

4．案例7：合力系统瓶颈突破——汽车贸易集团管理梳理与业绩提升项目

七、工具使用守则：放弃完美管理，瓶颈突破循环　　　283

1．围绕业务做管理

2．系统思考，一次只解决一两个关键问题

3．制度设计尽量简单

4．找长板比补短板重要

5．组织结构设计的"两头主义"

6．处理好三个主要矛盾

第四章

别让企业家成为企业的瓶颈

企业家是企业的创造者,也是企业的掘墓人。企业家的思维模式,决定企业的发展模式;企业家的价值观,决定企业的生命力;企业家的影响力,决定企业的凝聚力;企业家的健康与寿命,常常也是企业的宿命。

在作者多年的咨询与培训经历中,接触过成千上万名企业家,发现一个现象:一时成功的企业家不少,持续成功的企业家不多;拥有财富的企业家不少,拥有平静的企业家罕见;业绩蒸蒸日上的企业不少,身体每况愈下的企业家更多;事业成功的企业家不少,生活幸福的企业家寥寥。

一、思维模式突破   289

    1. 归零——回到本质思考

    2. 无常——没有绝对真理

    3. 日新——坚持终身学习

二、影响力突破   300

    1.《周易》——劳谦君子,万民服也

    2.《道德经》——善用人者为之下

    3.《孙子兵法》——智、信、仁、勇、严

    4.《论语》——成人达己,内圣外王

    5. 法家——功虽疏必赏,过虽近必诛

6. 凡有所学，皆成性格

三、财富观突破　　　　　　　　　　　　　　　311

1. 超越传统商人——突破富不过三代的魔咒
2. 长久之道——让自己的成功成为他人的祝福

四、健康管理突破　　　　　　　　　　　　　　321

1. 企业家是健康弱势群体
2. 对健康的正确认识
3. 身体健康大数据与应对
4. 心理健康与身体健康

五、企业家的幸福是一种责任　　　　　　　　329

第五章
常见问题答疑

扫码观看本章
问题视频解答

师者，所以传道、授业、解惑也。多年讲课经历，每每在课程结束前留出半小时到一小时，允许学员提问任意问题，本章是问题集锦，可以说包括了中小企业管理过程中的常见问题。

在问题之上，还有一个问题：所有的问题都有解决方案么？

答：1.所有的问题都有解决方案。2.问题的解决方案通常不止一种。最重要的是能迅速地在正确的方向上采取行动。3.大部分解决方案是需要付出代价的，有些甚至是有破坏性的。4.有些问题的解决方案是：此问题当下无解，须放弃。（放弃也是一种解决方案。）

出于篇幅考虑，这里的问题只给出最简短的结论性解答，若需了解细节，请识别二维码，看完整视频。

一、理念与案例部分　　　　　　　　　　　　　　　　335
二、管理综合部分　　　　　　　　　　　　　　　　　343
三、老板提升部分　　　　　　　　　　　　　　　　　359

后记　　　　　　　　　　　　　　　　　　　　　　375

第一章
中小企业的组成——3个人

任何复杂的体系，都是由最基本的元素与简单的原理演变出来的。企业是由人组成的（老板、员工），又通过产品服务于人（客户），完成价值创造与价值分配。这就是企业的构成。老板的阶段、员工的需求、客户的满足，到底都有哪些关键要素？本章给了概括性的总结，并通过总结企业发展的典型规律，让我们对自身的发展阶段、典型问题有个预判，不至于遇到问题后惊慌失措，对于企业未来的转型升级思路，也有了方向。

一、复杂的极致是简单

> 郝老师，EMBA的课我听了，内容太多，当时明白，回来就糊涂了。再说，我们公司就百八十人，按照商学院教授教的办法，我天天定战略、弄管理、作流程、精细化、全面预算……制度打印出来是厚厚一本书了，公司效率反而更低了。有没有更简单有效的办法，不用搞得那么复杂，就能把企业问题解决好？
>
> ——与某位建材行业民营企业家对话

这个对话，是多年前我给北京某水泥添加剂公司做管理提升方案时，老板张总的话，触动了我对学院派管理复杂化的反思。事实上，张总的困惑，也是我多年企业管理咨询实践，以及多年企业实战工作的实际情况反映——管理到底应该简单些，还是复杂些？

让我们从不同的视角，看一看复杂与简单的进化。

1. 飞行器设计

人类文明的发展，以科学技术为第一代表，而航空航天领域是科技水平的集中体现。图1—图4中飞行器的演变直观地反映出，越先进的飞行器，外部线条越简单。

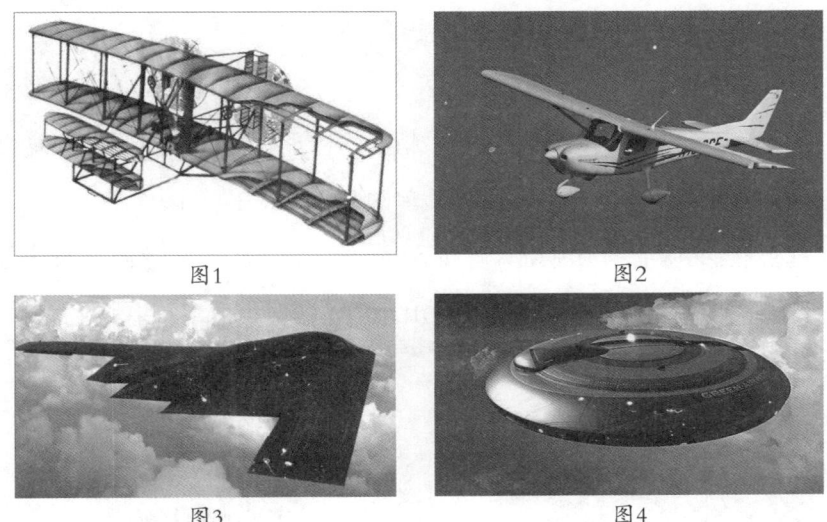

图1　　　　　　　　　　　图2

图3　　　　　　　　　　　图4

2. 原子结构与天体运行

原子是化学反应中不可再分的微粒，是构成所有物质的基础；我们肉眼所能看到的恒星、卫星，从形态与运动模式上，又与原子核与电子运行模式相仿。可见，极庞大与极微小，遵循极其相似的、简明的运动规律。这些简明的规律，衍生出我们所看到的参差世界。图5为原子结构图，图6为太阳系图式。

图5　　　　　　　　　　　图6

3. 文化经典与计算机程序

佛法之精髓《心经》(图7)只有两百多字，《道德经》五千多字，《易经》原文六千多字；这些人类文明最精深的体现，却又是如此极致简约。《易经》的八爻六十四卦，是由最简单的阳爻"——"与阴爻"— —"组成(图8)。信息文明的物质基础计算机程序，是以"0"和"1"这两个数字为元素，最基本的计算机语言，就是由01010010101等类似的字符串构成的。

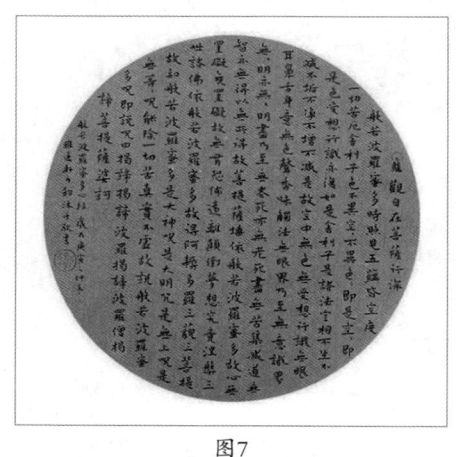

图7

图8

4. 对美的认知

对美的认知，是所有艺术活动的基础。对异性美的认知，又是人类生存繁衍的原动力。那么男人女人外表的吸引力有什么规律呢？人类学家研究发现，越是大家认为美丽的人，脸部线条越简单。图9是中国人眼里的帅哥美女平均像，图10是年轻男性心目中最美的女性图片。

到了老年，人的脸部线条变得复杂了。如图11、图12。

图9　　　　　　　　　　　图10

图11　　　　　　　　　　　图12

5. 棋牌游戏

人类创造出很多智力对抗的棋牌游戏来娱乐，如象棋、围棋、军棋、跳棋、扑克牌等。在所有棋牌类游戏中，算法最复杂、最费脑子的围棋，棋子种类却最少，只有黑白两种，规则也最简单。

图13　　　　　　　　　　　图14

图15

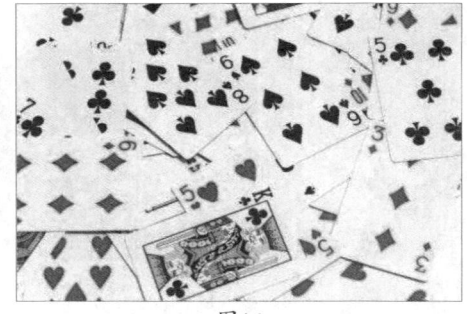

图16

综上所述，越是高级、越是复杂精密的系统，其外在表现往往越简单。

本书的初衷，就是试图找到企业复杂问题后面的简单结构与原理——也是"农民思维"的一个体现。再以"学院结构"和"哲学高度"为指导，寻求企业问题的终极解决方案，让经营管理者能够避开复杂的概念，得到简单有效的企业问题解决方案。

二、中小企业的三角原理——老板、员工、客户

1. 企业与中小企业

先认识一下企业与中小企业。

企业一般是指以盈利为目的，运用各种生产要素（土地、劳动力、资本、技术和企业家才能等），向市场提供商品或服务，实行自主经营、自负盈亏、独立核算的法人或其他社会经济组织。

中小企业，是指在中华人民共和国境内依法设立的，人员规模、经营规模相对较小的企业，包括中型企业、小型企业和微型企业。在美国，雇员人数不超过500人的企业为中小企业。在日本，不同的行业领域对中小

企业的规定不同，例如，在制造业，从业人员300人以下或资本额3亿日元以下属于中小企业；在批发业，从业人员100人以下或资本额1亿日元以下属于中小企业；在零售业，从业人员50人以下或资本额5000万日元以下属于中小企业；在服务业，从业人员100人以下或资本额5000万日元以下属于中小企业。

2011年6月18日，工业和信息化部、国家统计局、国家发展和改革委员会、财政部联合印发了《关于印发中小企业划型标准规定的通知》，规定了各行业划型标准。这一标准制定得非常精细，很难一下子记住。我个人接触企业，把员工1000人以内，营业收入在10亿以内的企业，都视为中小企业。中小企业的数量，占中国企业总数的99.7%以上。

"截止到2018年底，我国中小企业的数量已经超过了3000万家，个体工商户数量超过7000万户，贡献了全国50%以上的税收，60%以上的GDP，70%以上的技术创新成果和80%以上的劳动力就业。"（数据来自2019年9月20日，工业和信息化部部长苗圩介绍新中国成立70周年工业通信业发展情况时的内容。）

2. 如何理解企业本质

我们看到的与企业及企业管理有关的知识体系，属于经济学及管理学领域，少量涉及社会学的范畴。在这里，我想从哲学的角度，重新认识一下企业本质。

在肉眼所及的世界里，所有事物的运作都有其规律。当看到一个复杂体系时，面临的第一个问题是如何将复杂体系细分成小的单元，以至于不能再分。从小单元的运作规律，来推演系统的运作规律。中国古人称之为物有本末、格物致知，西方称之为本体论与认识论。

　　本体论是探究世界的本原或基质的哲学理论。"本体论"一词是由17世纪的德国经院学者P.戈科列尼乌斯首先使用的。从广义来说，它指一切实在的最终本性，这种本性需要通过认识论而得到认识，因而研究一切实在最终本性为本体论，研究如何认识则为认识论。从狭义来说，则在广义的本体论中又有宇宙的起源与结构的研究和宇宙本性的研究之分，前者为宇宙论，后者为本体论。

　　整个世界的本体，由看得见的物质及看不见的波组成。从星云到星系，从有生命的星球或未发现生命的星球以及浩瀚空间的各种漂浮物，到元素周期表上的一百多种元素，还有我们还不知道的元素，组成了我们能看到的大千世界。而物质之间的各种力的作用，又组成了我们看到的物质世界的运作规律，比如日出日落、春风夏雨。再比如，人的身体，典型的西方认识是由细胞组成的，细胞形成组织，如肌肉、神经、血液、骨骼、皮肤、各个内脏器官等；在中医看来，则是经络、气血精津液、五脏五行等。这些解释都是对的。认识事物的目的，是为了了解事物本质及运动规

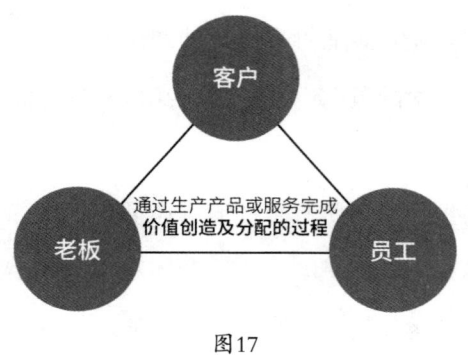

图17

律，让我们能够顺应这个规律，解决现实中的问题，从而能更自由地生活。这是人类文明的整体追求，这是中国《易经》《道德经》等源头经典的中心思想，也是马克思主义基本原理的核心内容。

企业是个经济组织，这个社会经济组织的组成本体是什么？

社会组织的本体首先都是人，那么企业由哪些人组成呢？

<u>企业由三"个"人组成：老板、员工、客户。</u>

认识事物，要站在历史唯物主义与辩证唯物主义的角度，从更高的维度解析，超越概念看内核，就更容易见到本质。

从历史观的角度，人类通过交换劳动成果，以及彼此服务，形成了社会的雏形；跨部落的劳动成果交换形成商业（商朝以此命名）。有了货币之后，商业开始真正发达起来。其实在"企业"这个词出现之前的上千年，"企业"这个商业组织所做的事，已经存在了。比如地主（老板）雇佣长工（员工）为自己种地，之后将粮食（产品或服务）贩卖给需要的人（客户）得到金钱，长工得到工钱（价值创造及价值分配）。如果是自己种地，没有雇佣，那么地主就同时是两个角色了。这种典型的经济行为，只是没有注册成名叫"企业"而已。

后来社会分工越来越细，专业的人做专业的事，这些人从农业中逐渐分离出来，形成丰富的生产形态，产生集市、产生城市。中国手工业在封建社会非常发达，瓷器、丝绸、茶叶，都是长期以来为世界欢迎的商品，其实那些生产瓷器、丝绸、茶叶的组织，哪个不算是"企业"呢？无非是当规模小、没有雇工的时候，"老板"与"员工"是一人罢了。当然还有专门从事贩卖的纯商人，走南闯北，披风戴雨，换个地方把产品卖给需要的人，逐渐也产生了辅助功能的组织，比如客栈、镖局、马帮、票号（银行），这些，换到现在，都叫"企业"。

他们为什么不从事农业而从事商品制作、运输、贩卖及辅助产业呢？因为做这件事比做其他的事收入更高。而对于客户来说，选择某一商品及商户服务，是因为做了当时性价比最优的选择。这其实就是企业产生的原因。

因为有企业这种以满足人类需求为目标的组织存在，我们才能享受到如此丰富的物质文明、科技进步，以及种种健康保障、文化娱乐。企业既是人类伟大的发明，也是历史的必然。

3. 成功企业的特点：老板主义、员工努力、客户满意

在多年咨询及培训实践中，我深入接触过上百家企业，发现成功的企业，大都有这么三个特点：老板主义、员工努力、客户满意。

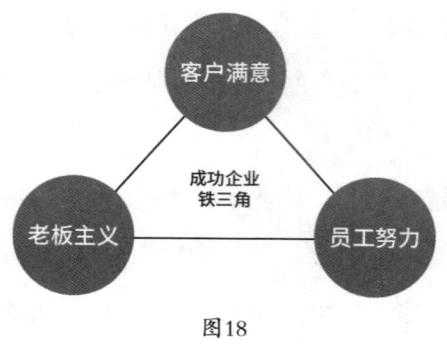

图18

接下来我们分解一下，什么叫老板主义，怎样让员工努力，如何让客户满意？在这个过程中最容易犯的错误是什么？

（1）老板主义

老板主义一般会经历三个阶段：主意、主见、主义。

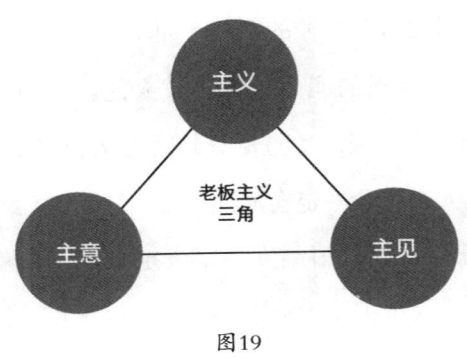

图19

主意：公司什么事都老板一个人拿主意。

主见：有授权体系，管理层会提出管理思路，老板做选择即可。

主义：有长期发展的思路、愿景、目标、文化追求。能够持续成功的老板都是造梦高手。

中国改革开放之后才有真正意义上的企业，尤其是占企业总数99.7%以上的中小企业，大都是从个体户开始的。夫妻、同学、战友、老乡，刚开始都是以"情"，如亲情、友情、爱情等为基础建立起来的小规模的经济组织，慢慢做大后，才开始招聘契约制员工，公司规模从几个人，到几十个人、几百个人，乃至成千上万人。在这个发展过程中，老板的角色必须发生变化。

公司小的时候必须自己拿主意、只能自己拿主意，这个是没办法的事情。

公司超过30个人的时候，一般来说，就必须有授权体系，如果不习惯授权，或者没有明确的分工管理，老板一定会将绝大多数时间用在一线的工作细节上，分身乏术，没有精力考虑公司未来的事情，公司很难做大。

如果老板太有主意，下面留不住能人，也培养不了能人。因为能干的人是需要空间的，需要自我掌控的空间，而不只是做个简单的执行者。

等企业大到超越老板的能力边界，没人能够帮衬时，老板很容易就没主意了，或者老板在下级产生意见分歧时无法分辨了，导致团队冲突严重，老板就压不住人，企业一定会混乱。

这个时候要分权，如果因制度规矩没定好，一分就乱，只好又收回来。但长期来看，是必须把权力分下去的，定好规矩，保证不失控就好。

公司越大，事情越多，很容易发生这样的事：别人干看不上，自己干来不及，根据心情随意安排事情；虽然有组织制度，但是老板不按规矩办，老板的做法就是制度，就是规矩。长此以往，结果往往是能人走光，只留下一群应声虫，公司也不可能做大、做强。

企业过了生存期，或者有一点规模的企业，老板必须有超越金钱的追求，哪怕只是个口头的理想，只是个空中楼阁，也必须敢于描述出来，这在企业里叫使命、愿景，通常属于企业文化的范畴，也是企业战略的核心组成部分。这里称之为"主义"。这个必须有，否则，企业永远让人感觉只是个赚钱的机器，很难吸引及留住有理想、有情怀的人才。这就是所谓的"因梦想而伟大"。老板不必是企业里最有能力的人，也必须不能是企业里最有能力的人，否则就是武大郎开店，越做越萎缩。吸引超越自身能力人才的方法，就是造梦，就是用理想吸引人才，共同做大。这一点，马云是榜样。

简单总结，在"老板主义"三角上，常见的错误有以下几种：

- 永远只有老板自己拿主意;
- 一放就乱,一收就死,从此不敢授权;
- 别人干看不上,自己干来不及;
- 不敢想,不敢做梦;
- 老板没有跟着企业成长而成长,反而成了企业成长的天花板。

总之,老板必须在企业发展的过程中,适时完成自身角色的转变:

- 创业阶段—招鲜,发展阶段—群人;
- 老板刚开始都是业务高手,中间成为组织领袖,再后来要成为精神领袖;
- 老板有思路,组织才有出路,员工才有活路。

(2)员工努力

员工动力,来源有三:有钱、有爱、有梦。

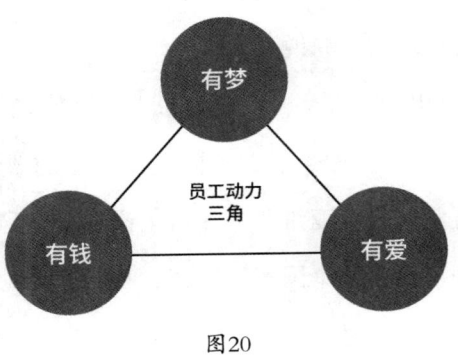

图20

有钱：以工资、奖金、股权激励等为核心的利益分配机制。

有爱：企业中的爱就是尊重。把员工当人而不是机器，让员工有归属感。

有梦：以员工自我规划、公司职业规划、升级通道为核心的自我实现体系。

企业中，老板与员工的关系，就是管理。

管理的对象，无论在什么情境下，首先都是人。其他的各种资源如土地、资金、信息、技术等，也都是靠人来操控的。抓住人，也就抓住了一切。

员工为什么会努力工作？是因为企业能给到员工想要的东西。

从现实的管理情境看，员工管理的核心就是激励。这是管理的第一命题。

从历史上看，任何社会组织，无论古今，无论大小，都是靠激励来维系的。

激励的本质是满足欲望。

欲望的分类与层次，是激励要面对的第一个细节问题。

所以，在说管理之前，先说说人性。

关于人性，历史上无数经典都描述过，无数先人都研究过。从中国的《三字经》《管子》《荀子》，到英国边沁的《道德与立法原理引论》，意大利尼可罗·马基亚维利的《君王论》，美国马斯洛的《动机与人格》。古今中外，任何一个国家、民族、政府、政党甚至最小的社会组织——家庭，所有这些建立的基础，首先是对人性的假设，因为这决定了组织之间人与人最核心的契约——价值创造与价值分配逻辑。

人性到底是怎样的？据我的观察，其实无所谓善恶，但首先都是自私的，是要满足自己基本欲望的，在自身的基本欲望满足之后，才可能接受教化。从孩子成长过程中的行为模式可以感受到这一点。孔子所说的"食色性也"，就是这个意思。

具体来说，人到底需要什么？

马斯洛在这件事上有最清晰的描述。

图21

《道德经》有言，"道生一，一生二，二生三，三生万物"。无论多复杂的事，应该都可以总结为三个基本点。

受此启发，结合自己的经验与马斯洛理论，我概括为三个需求：有钱、有爱、有梦。生理需求与安全需求是靠钱可以满足的；社会需求与尊重需求概括为有爱，自我实现就是有梦了。人性千古未变，了解人性才可能做好管理。

激励组织成员这件事，不是只有企业才有，也不是只有现在才有。

春秋时期齐国的管仲最懂得人性、尊重人性，《管子·牧民》中"仓廪实而知礼节，衣食足而知荣辱"是他对人性的生动刻画，管仲主政时，与百姓同好恶，流通货物，积累资财，使得齐国很快走上国富兵强的道路。人民生活富裕，府库财富充盈，礼仪得到发扬，政令畅通无阻。经过他的治理，齐国很快强盛起来，成为春秋第一霸，历史上也有了齐桓公"九合诸侯，一匡天下"的记载。

统一六国的秦，是在商鞅变法的基础上强大的，商鞅变法最重要的部分，是废除井田制与创立二十级军功制度，废除井田制是富国，创立二十级军功制度是强兵。这些改革充分了解人性、尊重人性，给了普通人得到富足乃至建功立业、自我实现的机会，这是造就强秦最核心的制度。其实放到现在，如果把国家当成企业，二十级军功就是一种真正的股权激励，从第一级的公士到第二十级的彻侯，对应奖励不同数额的田地、住宅、仆人等，到第二十级彻侯，拥有一个县的税收收入并能世袭。只可惜那时秦国的统治者不懂仁政的作用，光有钱，没有爱，刑罚严苛，导致秦朝二世而亡。

山西票号的创立者们是中国历史上最富庶的一批人，也是最懂管理的一批人。在东家与掌柜的管理模式之中，大部分时候，真正干活的掌柜以及掌柜管理的员工，拿到的身股分红是超过票号的所有者东家的；有突出贡献的掌柜及伙计，干满三十年，有的票号可以给永久分红权；在去世后，家人还可以根据其之前所顶的身股，享受一个到三个账期的分红。种种细节的设计，就是给你富足，给你安心，给你足够的体面与尊重，给你实现个人价值的平台。有钱、有爱、有梦，难怪几百年间富甲天下。

见微知著，治人、治企、治国，无二。

中小企业激励员工的方法，在第三章会有详细的论述及案例详解。此处，就不赘述了。

学会了激励，也就掌握了管理的核心，企业即使遇到不好的形势，甚至战略有偏差，市场疲软，只要还有一批忠诚努力的员工，一切皆有可能。因为：事在人为。

（3）客户满意

客户满意包含定位、定价、定心。

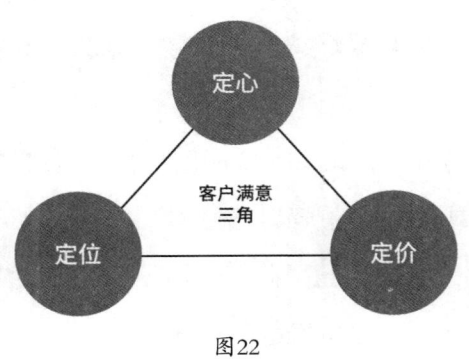

图22

客户满意三角以品牌建设及客户体验为核心。

定位：卖给谁，卖什么，这是最根本的问题，竞争充分的市场越来越细分，定位越精准，营销成本越低，效果越好。

定价：顾客的满足感来自付出（价格）与得到（价值）的比较，好的定价是神器。

定心：渠道、品牌、促销、服务等，都是为让顾客能有好的消费体验，让客户愿意消费，踏实消费，持续消费，品牌的极致是心理依赖。

企业的价值实现，最终都是要靠客户完成的。

无论是企业再生产的资金，还是员工的薪酬、福利、保险等种种支出，从常规财务的角度，都是从客户付费购买企业的产品及服务之后才有可能的。

世界五百强有一大半，也包括中国的百度、阿里巴巴、腾讯，都将"以客户为中心"放在企业文化中最重要的位置。这其实不是文化，这是一种常识，一种基础原则。

彼得·德鲁克先生说："企业存在的唯一目的就是创造顾客。"

为了满足需求，早期人类交换自己的劳动成果，有了货币之后，商业行为成为主流。

生老病死，衣食住行，几乎所有的生活过程，我们都是顾客，都在消费着某个企业组织或者个人的产品与服务。

在短缺经济时代，在缺乏选择的前提下，产品只要有功能，就能够被消费，那时生产是中心。比如福特T型车时代，比如中国计划经济凭票供应时代。

在商品经济时代，大部分产品是供大于求的，或者说某种消费品的替代品很多，这种情况下，竞争就成为企业面临的主要问题。

市场经济的本质是竞争。

面对竞争，企业对外要做的第一件事，不是生产，不是研发，而是研究客户，研究竞争对手。一切从客户出发。（如果您生产的产品或服务是客户需要的，并且只有您一家企业能做，请忽略这一条。）

我们的产品适合什么样的客户？到底满足了客户什么样的需求，在消费者心智中到底是什么占位？客户还有哪些需求没有满足？我们在宣传、渠道、服务等方面，还需怎样的改善以占领消费者心智？这些，就是定位。

客户的满意度，第一个来自自己付出的价格与获得的价值之间的比值。因此，定价体系是最便捷、最有效的竞争力。淘宝、京东等电商，直销、新零售等种种形态之所以发展得那么快，首先是因为购买行为的低成本（低价格、低时间消耗、低沟通成本）。

以雇员最多、营业额最高的沃尔玛为例。沃尔玛公司是一家美国的世界性连锁企业，以营业额计算为全球最大的公司，其控股人为沃尔顿家族。总部位于美国阿肯色州的本顿维尔。沃尔玛主要涉足零售业，是世界上雇员最多的企业，连续5年在美国《财富》杂志世界500强企业中居首位。沃尔玛公司成功的基础，就是一句话：天天低价。

附：最核心的营销知识

在竞争白热化的今天，经典营销理论已经由4P转为4C，再到4R，这个趋势，必须认知。

4P理论。4P理论即产品（product）、价格（price）、促销（promotion）、渠道（place）四要素。4P理论由密西根大学教授杰罗姆·麦卡锡（E.Jerome Mccarthy）于1960年提出，它把营销简化并便于记忆和传播。4P理论思考的出发点是企业中心，是企业经营者要生产什么产品、期望获得怎样的利润而制定相应的价格、要将产品怎样的卖点传播和促销、以怎样的路径选择来销售。

4C理论。4C的基本原则是以顾客为中心进行企业营销活动规划设计，从产品到如何实现顾客需求（Consumer's Needs）的满足，从价格到综合权衡顾客购买所愿意支付的成本（Cost），从促销的单向信息传递到实现与顾客的双向交流与沟通（Communication），从通路的产品流动到实现顾客购买的便利性（Convenience）。4C的核心是顾客战略。而顾客战略也是许多成功企业的基本战略原则，比如，沃尔玛"顾客永远是对的"的基本企业价值观。

4R理论。以顾客战略为核心的4C说，随着时代的发展，也显现了其局限性。当顾客需求与社会原则相冲突时，顾客战略也是不适应的。例如，在倡导节约型社会的背景下，部分顾客的奢侈需求是否要被满足。这不仅是企业营销问题，更成为社会道德范畴问题。于是2001年，美国的唐·E.舒尔茨（Don E Schultz），又提出了关系（Relationship）、反应（Reaction）、关联（Relevancy）和报酬（Rewards）的4R新说，侧重于用更有效的方式在企业和客户之间建立起有别于传统的新型关系。

总之，营销理论处在一个不断发展的过程中。但在社会上影响最深远

的，仍然是4P及4C。

定位精准，性价比高，服务到位。在客户心智中，将企业产品作为首选，愿意重复购买，并分享给身边的人。这样的企业，将永远在竞争中立于不败之地。

简单总结，在客户满意三角中，企业常犯的错误有以下几种：

- 关注产品，忽视需求。
- 缺乏洞察能力，做不出差异化。
- 随意定价：不考虑竞争对手，不考虑客户接受能力（定价太低也不对）。
- 忽视渠道商利益。
- 不重视客户沟通。

4. 老板、员工、客户三位一体的趋势

近些年，随着互联网及新技术的普及应用，商业业态出现了加速进化趋势。在企业金字塔的3＋1要素上，融合已经成为趋势。

老板与员工一体：股权激励、阿米巴、合伙人、平台化等。本质是让员工操老板的心，让员工拥有企业的一部分或者至少有分红权。

老板、员工与客户一体：产品使用者与产品生产及经营者一体——直销、新零售、微商等现代经营模式已经展示了这种趋势。未来这种趋势一定会有增无减。

客户参与产品的设计改进：小米之所以在智能手机中杀出一条血路，

就是用的这个方法,与粉丝互动,让客户参与产品创新的过程,这种参与感带来的忠诚度,绝不是广告可以替代的。现在,今日头条、抖音等蓬勃发展的新媒体,客户与消费者实际上是一群人。

未来的世界,一定是更加融合的;人的天性有更多的机会释放,人的能力有更大的可能施展;人的身份不再固化;传统的组织边界越来越模糊,公司这种组织模式会逐渐被平台＋个人这种新型的组织模式替代。

世界潮流,浩浩荡荡。谁提前把握了这种趋势,谁就会成为传奇。

三、发展过程中的规律性问题

1. 老板要完成从做生意到做公司的进化

企业家一定是生意人,只有很少的生意人能做企业家。

表1用十项内容列出了做生意与做公司的区别,有阶段、有规模、有心态。

老板需要在适当的阶段做出选择:只是赚点钱,还是做一个好企业?

在这个关键问题上,差一点,差很多。

表1

核心区别维度	做生意	做公司
阶段	创业生存期	过了生存期,逐渐做大
核心命题	短期盈利最大化	公司做强做大,长期风险控制

核心区别维度	做生意	做公司
业务选择	盈利是王道，机会导向	发展是王道，公司价值导向
业务组合特征	没有明显的，稳定的相关关系	业务之间基于能力的延展，呈现相关性
盈利模式特征	单次性的，不需要可持续性	必须考虑可持续性，规模空间
发展思路	战术贯彻，快速灵活	战略考虑，系统长远的商业计划
适合的组织特征	小规模，家庭作坊式，亲戚朋友核心圈：效率高，灵活	规模化，去家庭化，沉淀组织能力，在短期盈利和长期发展之间平衡
适合的管理	简化、基于人和信任	逐渐规范化，流程化，基于制度
核心能力	人脉，商机识别、个人能力	系统工程的组织能力
企业家与企业关系	企业是企业老板的一部分：企业成就商人	企业家是企业的一部分：企业家成就企业

2. 从几十万到几十亿，不同规模关注点不同

再大的企业都是从小做起的。在不同的体量阶段，需要的核心能力、关注重点、风险把控的细节也都不一样。

表2从几十万到几十亿，展示了这种区别。这就要求企业家及核心组织，随着企业规模的增长适时完成角色的转变与能力的补充。

表2

销售规模	核心能力	什么最重要	需要跨越	风险控制
<1亿元	·一个好的产品定位、模式 ·成为品类杀手	·企业家的右脑 ·是否具备杀手本能	·产品定位能否走向商业模式的完善	·资金能否支撑到盈亏平衡点出现
1~5亿元 （快速成长）	·运营体系搭建 ·执行力	·企业家的学习能力，把握一个快速扩张组织的意识和能力	·能否实现连续的发展和管控两大命题 ·扩张中的效率和管控	·毛利率 ·现金流 ·不要翻车
5~15亿元 （成长期）	·品牌建立 ·品类管理 ·ERP、IT、KPT等体系建设	·企业家仍然对一线有感觉 ·管理系统搭建和组织建设	·能否成为某一细分品类领导者 ·品牌能否占据消费者心智 ·团队架构完成，层次感和立体感	·关注所处行业、品类的发展和趋势，大方向正确
>20亿元	·创新 ·趋势 ·品类	·文化，价值观 ·组织建设和发育能力	·能否建立起基业长青的文化和价值观，并落实到组织每一个角落	·能否从业务高手变成组织领袖

3. 从靠自己到靠大家，组织发展的不同阶段主要矛盾不同

组织的成长过程，就是危机的解决过程。不同阶段有不同的主要矛盾，也有相应的解决方法。跨越不了，组织成长不起来，老板永远只能靠自己折腾，发挥不了团队的能力，企业不可能有未来。图23为哈佛大学拉瑞·葛雷纳教授提出的"组织成长期与典型危机"图。这部分内容在本书第二章有更详细的描述。

4. 大部分要经历规模扩大、效率降低的过程

按照组织行为学的统计，最有效率的组织规模是30个人。这就是为什么很多老板发现，企业越大，越感觉员工不给力的原因。这是对管理升级的要求，这是成长的阵痛，这也是事物发展的规律。

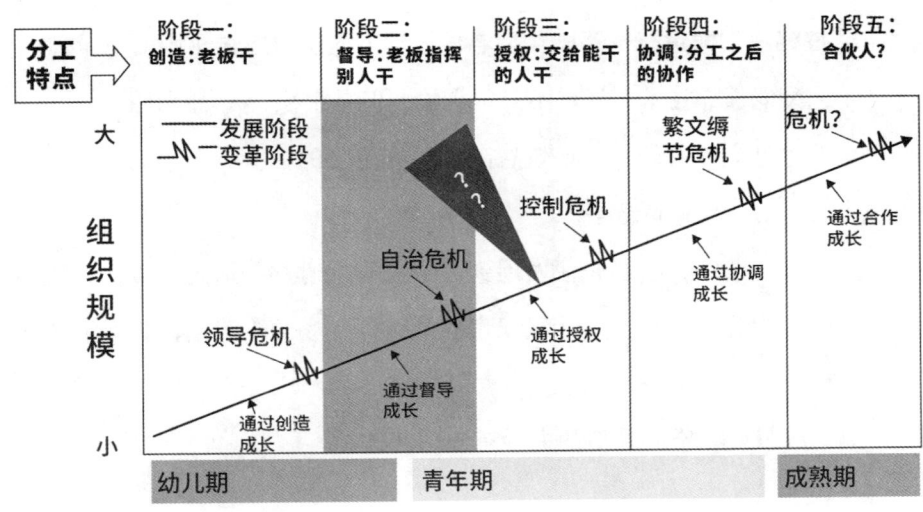

图23

很多企业组织规模做大之后，又想办法"做小"，比如事业部、阿米巴、合伙人等，都是为了尊重这个规律。如表3所示（某公司实际情况，单位：万元）。

表3

年份	销售收入	利润	收入增长率	利润率	人数	人均产值	人均利润
2015	18091	1483	—	8.20%	582	31.08	2.55
2016	24101	2121	33.22%	8.80%	686	35.13	3.09
2017	31202	2215	29.46%	7.10%	823	37.91	2.69
2018	33809	1961	8.36%	5.80%	986	34.29	1.99

5. 性格决定命运——不同类型老板管理下的企业成长轨迹

手艺型老板靠技术，发展不一定太快，但是很稳，比如谭木匠。

企业家型老板有魄力，敢于冒险，抓住机会的话会一飞冲天，但是，也最容易跌宕，比如贾跃亭。

管理型企业家，会在企业发展到一定规模的时候，适时升级，将机会型企业转化为管理型企业，让组织理性消化掉市场的不确定性，保证企业稳定前行，比如段永平。

哪一种最好？不同性格的人会有不同的选择。

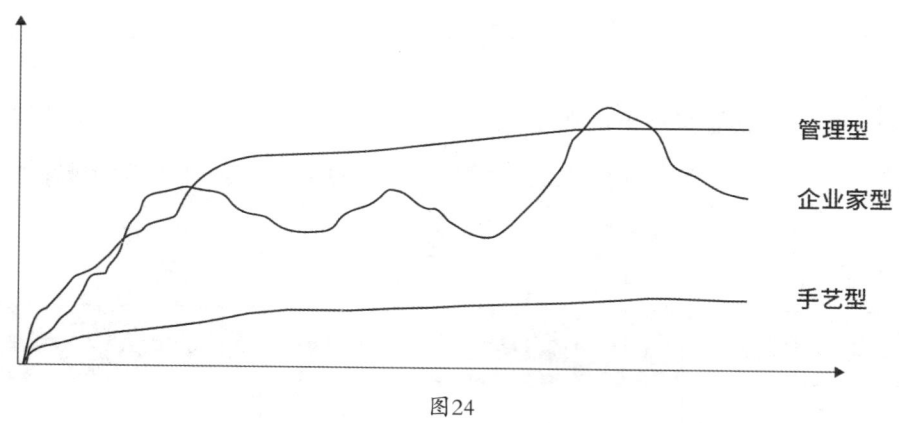

图24

四、向死而生，及时进化

1. 中国企业的平均寿命不到三年

中小规模的民营企业是我们国家经济的主体。按照国家工商行政管理总局公布的2018年的统计数据，中国民营企业已超过千万家；其中中小企业占99.7%以上，解决就业人口占总就业人口80%以上，生产新产品占全国新产品总额的70%，发明专利占65%，贡献了GDP的60%、税收的50%。

同时，还有一个令人痛心的数据：中国企业的平均寿命只有2.7年。能够生存3年以上的企业不到10%，大型企业集团的平均寿命也只有7~8年。中国民营企业存活10年以上的不到5%。其中有40%的企业在创业阶段就宣告破产，互联网创业公司一年成活率低于5%。在中国，每天有三千多家企业倒闭，平均每小时有超过130家企业破产，不到1分钟至少有两家企业破产。

在日本，企业的平均寿命为30年，是中国的10倍；美国企业平均寿命为40年，是中国的13倍。世界五百强的平均寿命是40~42岁，世界一千强的平均寿命是30岁。

2. 中小企业经营管理中常见的12个问题

中国企业联合会2017年对2000多家企业（主要是民营）的抽样调查中，发现中国成长型企业在经营管理中存在的突出问题如下：

- 没有科学系统、条理清晰的经营战略规划（92%）。
- 没有科学的薪酬与工作绩效评估体系，"谈判工资"考验员工谈判能力（90%）。
- 缺乏相对清晰的组织结构及岗位责任体系，很多事情没人管，有些事情多人管，员工常常不知道该找哪位领导，出了事没人负责（89%）。
- 规章制度很不完善，或者不合理，导致制度只流于纸面，或者制度年年大改，缺乏严肃性、延续性，很多工作缺乏具体规范和标准（87%）。

- 对员工苛刻挑剔，鞭打快牛，或者希望员工是全才，越能干的员工越累，结构性短缺明显，人才流失严重（83%）。
- 老板和高管带头破坏企业规则，股东和家族成员对企业多头管理（76%）。
- 过度注重企业所得，忽略员工利益（72%）。
- 滥用家属亲友世交关系，忽视职业能力（69%）。
- 过分集权，基层管理人员基本无授权（67%）。
- 重经营，轻管理。高层重点抓订单，老板是一号业务员（56%）。
- 缺乏品牌意识，忽视企业整体形象及企业文化建设，客户无忠诚度，员工无安全感（55%）。
- 企业主无法有效建立职业经理人信任度，给岗不授权（52%）。

3. 企业常见的12种死法

根据资料及经验总结，企业的常见死法至少有以下12种。

- 病死：管理落后，机制老化，高层分裂等。
- 挤死：竞争中处于劣势，被挤出市场。
- 拖死：产品积压，决策不及时，管理只有过程没有结果。
- 找死：盲目投资，贸然进不熟悉行业。
- 压死：高额贷款。

- 憋死：现金流缺失，一分钱难倒英雄汉。
- 猝死：行业异变，外部环境，天灾，创始人意外。
- 冤死：国家政策多变，牵扯入政治事件等。
- 老死：小富即安，创始人完成原始积累已经满足，不想再做。
- 捅死：竞争对手制造事端，恶意消费，得罪媒体，黑社会等。
- 自杀死：为某种目的主动破产倒闭。
- 不知不觉死：公司有些规模，但各处都有问题，不知哪根稻草压死了骆驼。

4. 转型升级，长存之道

企业由生命体组成，也是个生命体。是生命就要遵循生命进化的基本规则：进化或自然淘汰。企业的平均寿命之所以不到3年，是因为大都无法迈过成长过程中的一道道坎，但是仍然有很多中小企业渡过了一个个危机，顽强地活了下来。就像大自然当中的生命一样，都是因为适时完成了进化，也就是当下流行的一个词——转型升级。

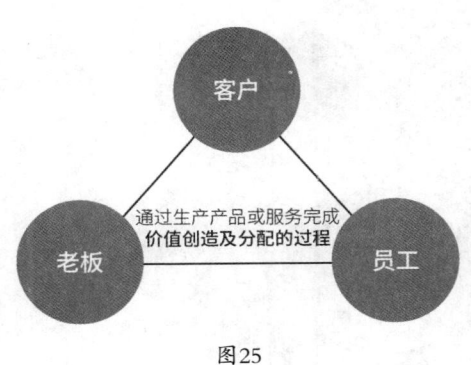

图25

转型升级升什么？回到本体，围绕三个核心组成，转型升级的方向就很清晰了——以老板为核心升级心智模式；以员工为核心升级管理模式；以客户为核心升级商业模式。

（1）老板心智模式升级

从个体户到企业，从几个人到几百上千人，从入不敷出到资产亿万，从辛苦卑微到众星捧月，大部分成功的老板，都会在不长的时间内经历各种变化。公司规模的变化考验老板的管理水平，越来越多的选择考验老板的定力，财富水平的提高考验老板的品位，事无巨细的繁杂考验老板的体力，层出不穷的变化考验老板的智慧。

对于中小企业来说，老板的能力边界就是企业的发展边界。老板既是兜底的，又是封顶的，老板就是企业的中心与灵魂，领头羊或者掘墓人。图26为和君咨询总结的中国企业成长ECRIM模型——企业家是绝对的中心。

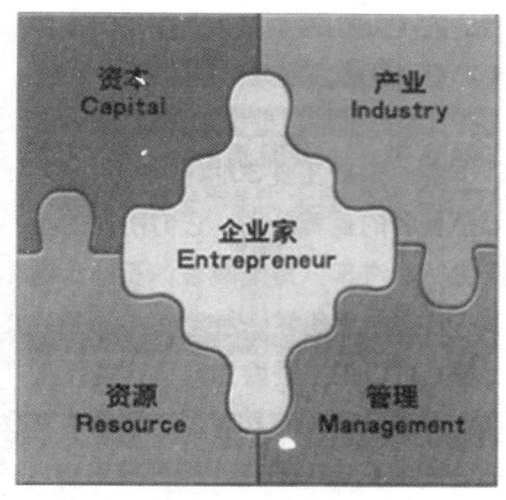

图26

老板真不是个好差事。

活下来的老板,都是"善变"的。

这种"善变",是指随着公司环境的各种变化,随时升级自己的心智与格局的能力。

(2)员工管理模式升级

从允许私营经济到今天有四十多年了,从最早的个体户发展到现在的很多民营集团企业,典型的管理模式也经历了多次进化。这并不意味着大部分的中小企业已经学会了比较先进的管理模式。但是,有一个基本的规律,就像马克思、恩格斯总结的,生产关系与生产力必须匹配,一个时代,一类行业,一定的规模,自然有最适合它的管理模式。

世界潮流,浩浩荡荡,顺之者昌,逆之者亡。

图27简单概括了最典型的进阶模型。

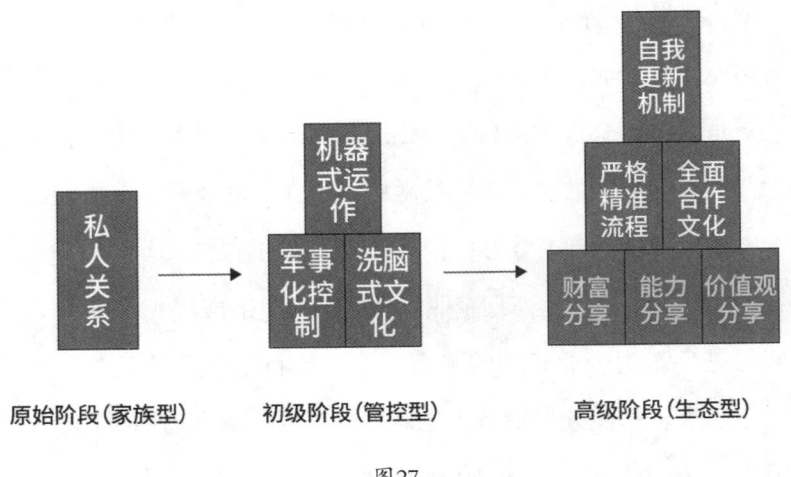

图27

在个体户时期，或者大部分企业刚开始运营的时候，都是父子、兄弟、朋友、夫妻、战友、同学、老乡，等等，大家凑在一起致富，改变命运，维系关系的是血缘或者感情。这就是原始阶段，也叫家族型管理模式。

再后来，企业规模越来越大，很多老板就不知道该怎么管理了，因为靠感情维系，只能是小圈子，而圈外的人，没办法靠这个凝聚。在中国，无论社会怎样变化，有一个组织一直管理得很好，那就是军队，曾经很长一段时间，部队给地方上输送了很多干部。于是很多大一点的企业，开始学习军队的管理模式，或者从军队管理模式中吸取经验，现在很多大企业的创始人，也是军人出身的，比如万达的王健林、联想的柳传志、万科的王石、杉杉的郑永刚、华为的任正非等，这个并非偶然。但是企业并非军队，类似军队的管理模式，在面对企业员工时，长期看来，会产生很大的副作用，最典型的是富士康的十几连跳。现在的企业，员工相当数量都受过高等教育，再加上年轻一代叛逆、自由的特点，互联网高科技越来越普及，自主创业门槛越来越低，要想再用管控型管理模式，大都不会有好结果。

很多觉悟的企业，都已经在人才竞争中，在种种教训中，逐渐学会了如何用更适合的方式来对待员工，创造新型的生产关系，保证企业长期的竞争力。我在与一线的企业亲密接触中，也在帮助他们打造更先进的管理模式，以期达到员工自主努力、客户更加满意的境界。

在这里我解释一下生态型企业管理的这个金字塔。

底层是生态型企业管理的基石，这个基石是尊重员工在企业里最重要的三个需求，从而分享给员工他需要的东西，我在前面讲的"有钱、有爱、有梦"，换个词叫"挣钱（有钱），学本事（有梦），交朋友（有爱）"，在这里,叫"财富分享,能力分享,价值观分享";三观相合才可能一见如故,才可能成为朋友,才可能彼此关爱,这也是企业文化的内核。真理都是相通的,要举一反三,活学活用。

员工安顿好了是基础,在这个基础之上,如何提高团队整体的工作效率,从事的角度是严格精准流程,从人的角度是全面合作文化,目的就是打造低内耗、高输出的团队。

商业生态与自然生态很像,重要的不是你有多优秀,评价你成功的只有一个标准——你活下来了。在激烈竞争的环境中,在瞬息万变的时代里,一直顽强地活着。这就需要企业有自我更新机制,就像能够进化的生命一样。

地球生命至少经历过五次生物大灭绝,最近的一次是6500万年前的白垩纪生物大灭绝,这次大灭绝事件造成了恐龙家族的整体覆灭,而且地球上有80%左右的物种灭绝,持续时间约100万年。那些活下来的20%,都是能够迅速适应环境的生物。

企业如何有迅速适应环境的能力?只有一条路:进化。也就是拥有自我更新机制。

生态型企业并非新鲜事物,国外企业其实已经展开行动,早一点的如谷歌、苹果、亚马逊、Facebook、英特尔、迪斯尼、高通,晚一点的如西门子、通用、惠普、IBM等,都在努力打造生态型企业平台。国内企业如华为、海尔、阿里巴巴、小米等也都在积极构建生态系统。

(3)客户商业模式升级

以客户及产品为核心的盈利模式,就是商业模式的内核。

科技的进步带来新产品层出不穷，互联网尤其是移动互联网的普及，智能手机、移动支付的广泛应用，AI等，均会带来新的需求、新的消费场景、新的商业形态。

客户消费形态是商业模式的源头。说说近年来中国在消费结构、消费方式、消费人群、消费市场格局的几个典型变化，就知道企业为什么必须加快商业模式创新升级的速度。

- 消费结构升级：中高端商品及服务消费成为消费结构升级的新亮点。居民消费总体由"有没有"向"好不好"转变，更加注重品牌和品质。国外高品质消费品和服务加速进入国内市场，进一步优化国内市场供给，熨平国内外消费市场的落差；而且促进上海、北京等一些消费领先城市成为全球消费中心城市，引领区域乃至全球消费升级和创新的能力不断提升。

- 消费方式变化：新技术应用加速消费方式变革。以大数据、云计算、人工智能等为代表的新兴技术蓬勃发展和深度应用，极大推动消费创新，并深刻改变了居民消费方式。以网络零售为例，自2014年以来网络购买保持30%以上的年均增速，明显高于社会消费品零售总额增速。在新技术和商业模式快速发展下，中国已成为世界第二大互联网消费国。

- 主流消费人群变化：消费人群结构变化为消费扩张和创新提供了持续动力。当前中国中等收入群体规模已超过4亿人，成为全球中等收入群体人数最多的国家。中等收入群体具有稳定的收入和较高消费倾向，成为扩张和引领消费升级的中坚力量。另外，老年人和婴幼儿群体消费也不断成为消费市场的亮点。

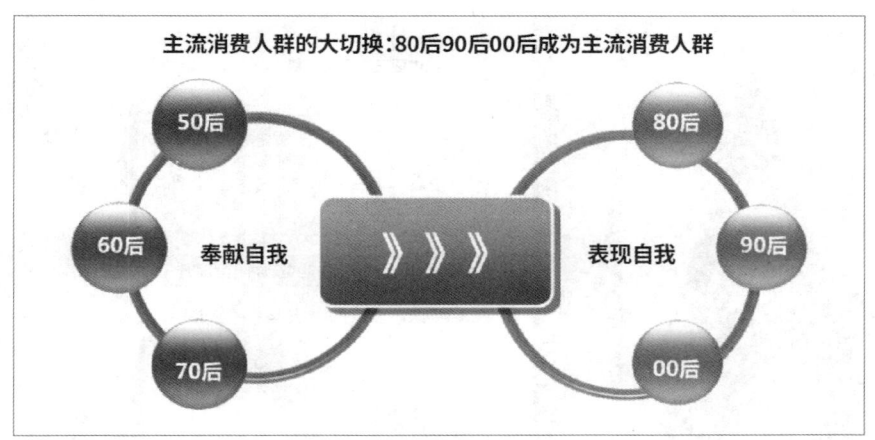

图28

- 消费下沉，农村及西部成为新增长点：互联网的影响是超越地域的，中西部和农村地区居民消费升级加快，消费潜力快速释放。居民人均消费支出增速高于全国水平的地区有2/3来自中西部地区；农村居民消费水平增长高于城镇居民。国家也在大力发展西部及新农村建设，这都是消费的趋势与信号。

这一切，都在呼唤着企业调整自己，迎接变化。（商业模式详解及创新的建议在第二章"识地利"部分。）

转型升级，就像国家改革一样，有激烈的，有渐进的。大多数情况下，笔者主张渐进。因为，老板有一天突然顿悟或许是有可能的，但是员工管理模式及商业模式，要尽量循序渐进，验证可以成功之后再行操作，企业是经不起瞎折腾的。

小步快跑，在奔跑中调整姿势，活下来就是胜利，活得好更是成功。

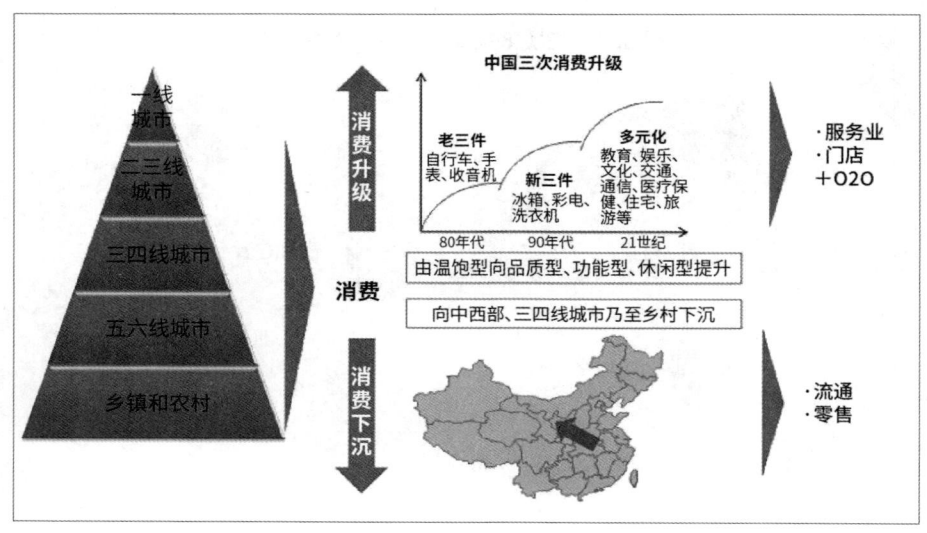

图29

第二章
业绩增长要做——3件事

市场经济的本质是竞争，而企业竞争力的实质，就是持续的业绩增长能力。一时挣钱不难，持续盈利不易。如何才能做到持续增长、基业长青？作者观察、总结成功企业的成功要素，发现影响企业业绩增长主要有3个因素：战略时机选择、商业模式落地、组织效率提升。这正好应和了古人总结的国家竞争力的三要素：天时、地利、人和。本书总结了影响企业战略时机选择的5个周期、商业模式创新的4个方向、组织效率提升的5大管理系统。帮助企业通过整体视角与具体方法，分析、提升自身的盈利能力。

经营企业，一定要打造出自己的核心竞争力，才可能在激烈竞争中生存下来。

在我看来，核心竞争力的实质是持续的盈利能力。

物有本末，事有终始；知所先后，则近道矣。本书第一章从静态的角度分析了企业的本体组成，老板＋员工＋客户。那么从动态的角度，做哪几件事能够让企业拥有核心竞争力，持续盈利呢？

带着这样的思考，结合一线的咨询与培训实践，我认为企业要想持续盈利，应具有几项基本的能力：把握天时，赢取地利，创造人和。有了这三个能力，企业持续盈利就可以实现了。

企业与企业的关系，很像国家与国家之间的关系。国与国之间的竞争，最突出的体现就是战争。现在常用一个词叫"商战"，说的就是这个意思。在战争中，国家如何能够保证胜利呢？《孙子兵法》对此的描述是五个字：道、天、地、将、法。孟子的总结是：天时、地利、人和。就我的理解，"道"在企业里属于企业文化范畴，"将"属于领导力范畴，"法"是制度建设范畴，其实都可以算到"人和"的部分；从这个角度，我认为孟子的概括更精辟。

孟子曰：天时不如地利，地利不如人和。

三里之城，七里之郭，环而攻之而不胜；夫环而攻之，必有得天时者矣；然而不胜者，是天时不如地利也。

城非不高也，池非不深也，兵革非不坚利也，米粟非不多也；委而去之，是地利不如人和也。

故曰：域民不以封疆之界，固国不以山溪之险，威天下不以兵革之利；得道者多助，失道者寡助；寡助之至，亲戚畔之；多助之至，天下顺之。以天下之所顺，攻亲戚之所畔。故君子有不战，战必胜矣。

从企业经营的角度，天时、地利、人和，分别是：战略时机选择，商业模式落地，组织效率提升。

为便于理解记忆，我形象地称之为：踩对点，选对路，跑得快。

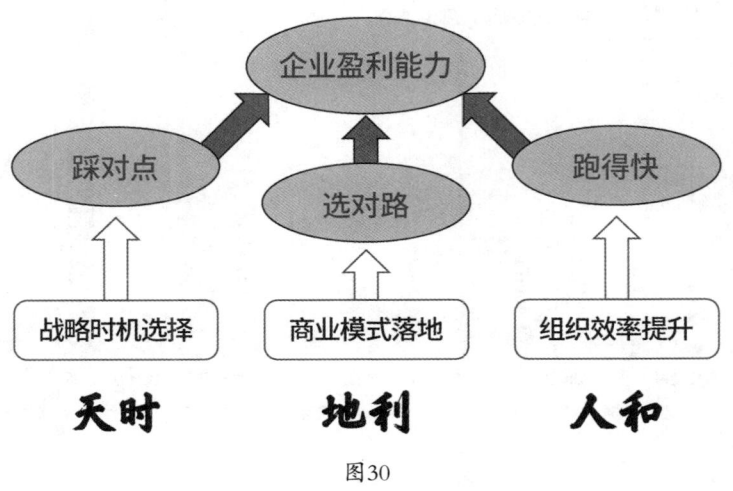

图30

一、观天时——5个相关周期

人类最大的恐惧，是对未来的担心。所以帮助占卜的《易经》被称为万经之源。

时间是一切发生的记录者与控制者，把握了时间，你就能把握一切。

"天时"一般指自然运行的时序、天道运行的规律、适宜做某事的自然气候条件等。人们认为预估未来会发生什么，并据此做出什么时候做、怎么做的决定，就是顺应天时。

哈佛商业评论里，将优秀的成长型公司领导人能力做统计排序，结论是：远见是第一重要的（图31）。

中国话叫：审时度势。

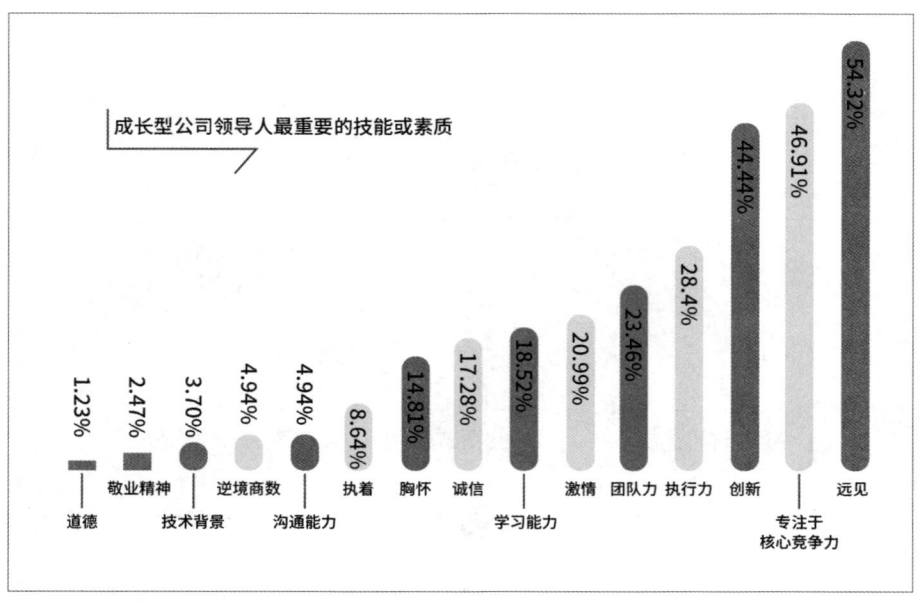

图31

经济领域，风口迭起，抓住趋势，事半功倍。雷军当年关于"风口上猪也会飞"的说法，我推断与他曾经那么努力地做WPS但一路坎坷有关。相对于小米的一飞冲天，雷布斯的感慨颇有分量，在趋势面前，所有的努力都会被放大或者压缩很多倍。还好，WPS上市了。相反的例子，锤子手机的创始人罗永浩，之前做的项目都踩在红利尾巴上，尽管东西做得不错，还是无力回天，可惜。

我曾多次在总裁班上问学员，如果退回20年前，重新选择行业，你会做什么？所有的答案都是——买房子！哈，换作是我也会这样做。

大企业在对未来趋势缺乏把握、自身无法做出重大决策时，通常会考虑做一个战略咨询，让我们看一下国际知名的战略公司做战略规划时的思路。

1. 麦肯锡、罗兰贝格的战略咨询逻辑

麦肯锡的战略咨询逻辑：

麦肯锡公司是世界领先的全球管理咨询公司，由美国芝加哥大学商学院教授詹姆斯·麦肯锡（James O.McKinsey）于1926年在美国创建。自1926年成立以来，公司的使命就是帮助领先的企业机构实现显著、持久的经营业绩改善，打造能够吸引、培育和激励杰出人才的优秀组织机构。

麦肯锡采取"公司一体"的合作伙伴关系制度，在全球44个国家有80多个分公司，共拥有7000多名咨询顾问。麦肯锡大中华分公司包括北京、香港、上海与台北四家分公司，共有40多位董事和250多位咨询顾问。在过去十年中，麦肯锡在大中华区完成了800多个项目，涉及公司整体与业务单元战略、企业金融、营销/销售与渠道、组织架构、制造/采购/供应链、技术、产品研发等领域。

图32是麦肯锡做战略咨询的逻辑流程,从目标设计开始到监控结果结束,共7个步骤、多个子模块,有始有终,结构完整清晰。

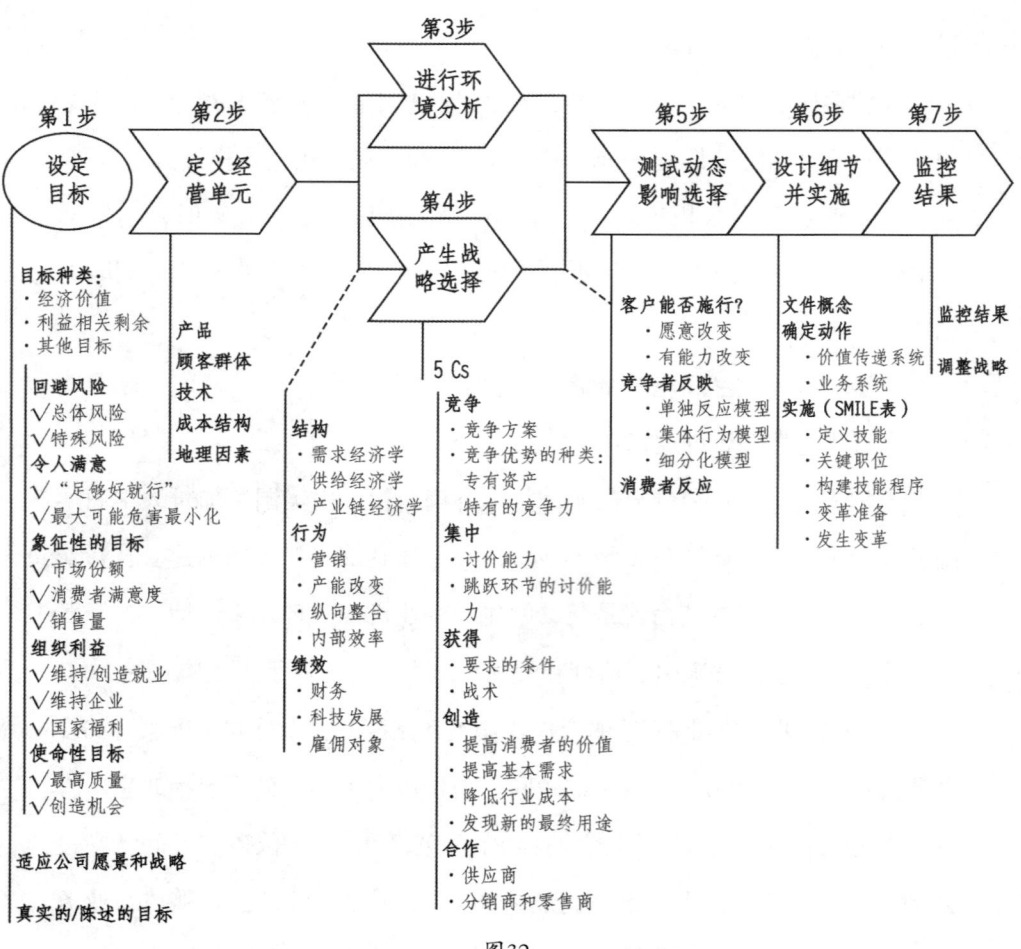

图32

罗兰·贝格国际管理咨询公司（RolandBerger）自1967年在德国建立以来，已经发展成为全球最大的源于欧洲的战略管理咨询公司。罗兰·贝格在欧洲、亚洲、南北美洲25个国家设有36家分支机构，咨询顾问来自近40个国家，形成了行业中心与功能中心互为支持的跨国服务力量。借助紧密联系的公司内部网络和全球知识库，以多文化咨询团队为客户提供国际水准的优质服务。

图33是罗兰贝格的战略咨询流程，从企业调研及环境分析开始，四大步，至少八个子模块。相对来说，更强调战略制定过程中的客户参与，以保证客户的理解与方案实施的效果。

与麦肯锡相比，各具特色。但核心内容，认真对比后会发现，很接近。

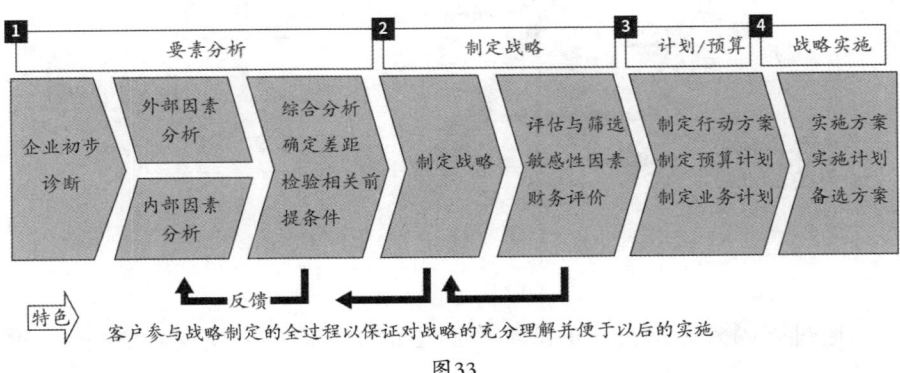

图33

2. 本土战略咨询公司的分析逻辑

图34是国内咨询公司常用的战略咨询逻辑，内容最为丰富，展现了一个非常完整的战略咨询逻辑。

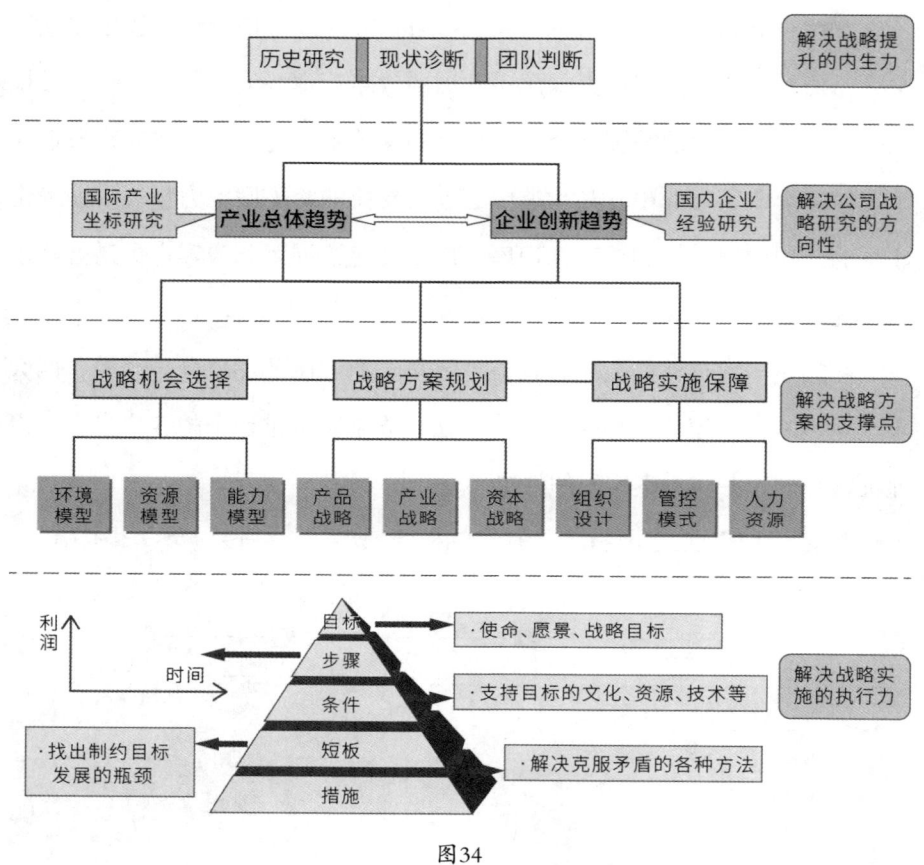

图34

通过国内外多家公司的战略咨询逻辑,我们可以发现一个共性,他们都用相对复杂的语言,说了三个事:环境分析、目标及方案制定、方案实施。

图35是做环境分析最常用的工具PEST,之所以叫PEST是用了"政治、经济、社会、技术"这四个词的英文的首字母组合。

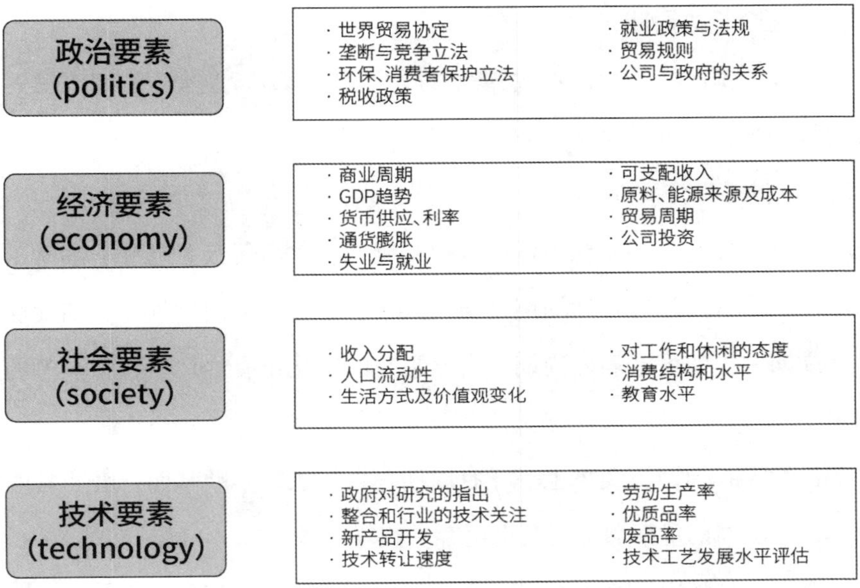

政治要素 (politics)	· 世界贸易协定 · 垄断与竞争立法 · 环保、消费者保护立法 · 税收政策	· 就业政策与法规 · 贸易规则 · 公司与政府的关系
经济要素 (economy)	· 商业周期 · GDP趋势 · 货币供应、利率 · 通货膨胀 · 失业与就业	· 可支配收入 · 原料、能源来源及成本 · 贸易周期 · 公司投资
社会要素 (society)	· 收入分配 · 人口流动性 · 生活方式及价值观变化	· 对工作和休闲的态度 · 消费结构和水平 · 教育水平
技术要素 (technology)	· 政府对研究的指出 · 整合和行业的技术关注 · 新产品开发 · 技术转让速度	· 劳动生产率 · 优质品率 · 废品率 · 技术工艺发展水平评估

图35

对于大部分还需解决生存问题的中小企业来说，需要像世界500强企业那样花费巨额支出来进行繁复的各项数据分析，比如PEST分析吗？显然不现实，也没有必要。

具体情况，大概率是这样的：企业老板需要对社会的发展、行业的走向等有一个方向性的判断，在宏观上指导企业发展的方向及节奏，决定是扩大规模还是谨慎收缩，是走出国门还是安分守内，是纵横捭阖还是闷声发财。

想要在方向上不犯大错，就要对趋势有正确认识，这趋势，具体描述是几个周期曲线。对这几个曲线的认识是战略选择的核心内容，是正确进行企业战略分析及选择的大前提。

3. 五个相关周期

比较关键的几个周期：世界经济周期、国运、行业周期、组织发展阶段、核心产品生命周期等。

（1）世界经济周期

这个世界，事物的根本运动规律是旋回。大海每天有潮涨、潮落、初八小汛、十八大汛等自然周期规律；人本身也有很多周期规律，如女性的生理周期、人的生老病死周期；自然季节的变化也有春、夏、秋、冬的周期规律。

自然界有周期，经济也一样有周期，划船的时候顺水而行会非常的顺利，在经济周期里面顺势而为也更容易获得财富。

典型的经济周期有衰退、萧条、复苏、繁荣四个阶段。

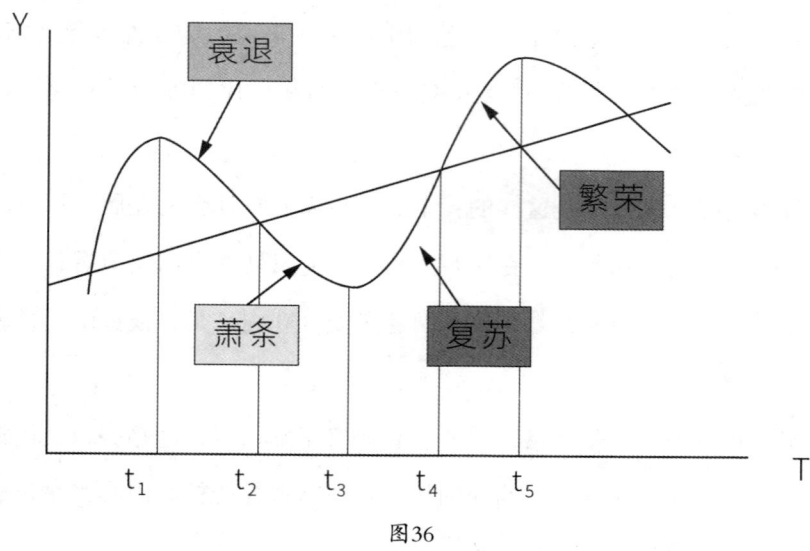

图36

国外经济学家对近两百年的经济做了研究，发现了一些典型的周期规律，如表4所示。

表4

经济周期理论	周期跨度	驱动因素
康德拉季耶夫周期	40—60年（长周期）	技术创新
库兹涅茨周期	15—25年（长周期）	房地产和建筑业兴衰
朱格拉周期	8—10年（中周期）	设备更替、资本投资
基钦周期	2—4年（短周期）	库存投资变化

《涛动周期论》中有更详尽的描述，世界经济史上的五轮康波见表5。（资料来源：《涛动周期论》，前四轮为雅克布·范杜因提出。）

表5

长波（主导技术创新）	繁荣	衰退	萧条	回升
第一波 （纺织工业和蒸汽机技术） （63年）	1782—1802年 （20年）	1815—1825年 （10年） （战争1802—1815）	1825—1836年 （11年）	1836—1845年 （9年）
第二波 （钢铁和铁路技术） （47年）	1845—1866年 （21年）	1866—1873年 （7年）	1873—1883年 （10年）	1883—1892年 （9年）
第三波 （电气和重化工业） （56年）	1892—1913年 （21年）	1920—1929年 （9年） （战争1913—1920）	1929—1937年 （8年）	1937—1948年 （11年）
第四波 （汽车和电子计算机） （43年）	1948—1966年 （18年）	1966—1973年 （7年）	1973—1982年 （9年）	1982—1991年 （9年）
第五波 （信息技术）	1991—2002年 或2004年	2002年或2004—？	？	？

再比如美元，1980年以来美元指数有三次升值大周期，如图37所示。

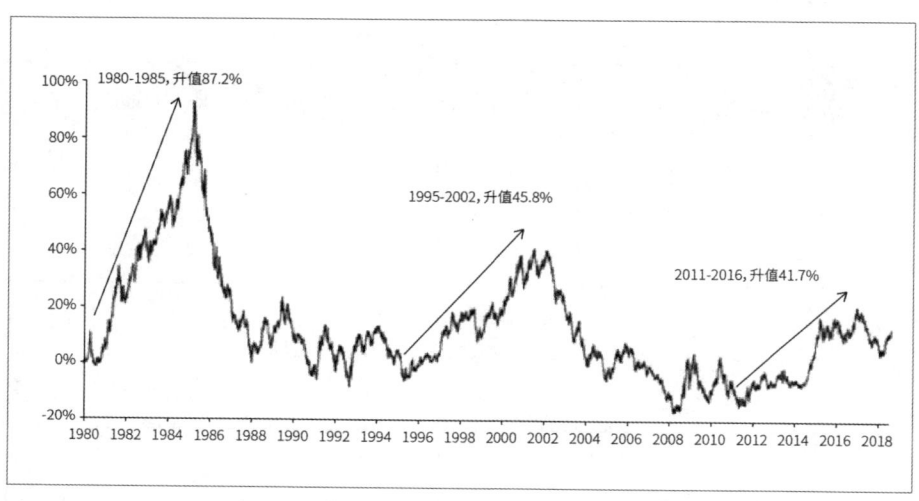

图37

中国人讲：三十年河东，三十年河西，风水轮流转。否极泰来。

经济周期论是一个大概念，这里不做详细论述，我也并非此方面的专家，只是希望做企业的人，要明白一点：好日子不会一直在，坏日子也不会没有尽头。日子不好过的时候，想想这世界还会转回来的，咬咬牙挺一下，也就过来了。看看自然界中的生命，活得长的就是最后的胜利者。

记住这四个字：剩者为王。

（2）国运

国运，是指国家命运，或曰国运维艰（国家前途晦暗，发展困难衰退），或曰国运兴隆（国家前途光明，发展顺利壮大）。

中国古代的《周易》预测学家们认为宇宙间的万事万物都会产生一个

"从无到有"而后再"从有到无"的"阴阳交替"的周而复始变化的过程,现代人把事物"阴阳交替"所产生的周而复始变化的过程叫作事物的运动变化规律,中国古代的易学家们则把事物"阴阳交替"所产生的周而复始变化的过程叫作事物的命运。那么,国家在前进道路上所产生的"阴阳交替"、周而复始变化的过程,就称作国运。

看看中国近代史,就知道我们生于当代是何其幸运,没有战争饥荒,没有内乱纷争;可以安静地读书,也可以靠自己努力积累财富改变命运。中国和平发展了几十年,已经成为全球第二大经济体,在经济、航空航天等领域取得的成就,以及基本解决了全球20%人口的温饱与安全等问题,等等,这些足以说明我们生活在当代中国是多么的幸运。

中国人从不缺精神。"天行健,君子以自强不息(乾卦)。地势坤,君子以厚德载物(坤卦)。"这,就是中国人的底层价值观。或许很多人没读过什么书,不知道什么易经八卦,但是口耳相传的神话,已经渗透每个人的骨血里。在我们的记忆里,天地是盘古用斧头劈出来的,盘古的眼睛化为日月,血肉化为江河田土,将自己完全奉献给了世界;人是女娲娘娘造的,女娲后来为了补天,最后把自己化成了天的一部分;世界性的大洪水恐怕真的发生过,在西方是祷告等待上帝的救助,中国人是大禹治水,三过家门而不入,大禹的智慧以及大公无私精神被世代相传;太阳多了就射下来(后羿);海淹死了我我就填满它(精卫);山挡住我家的阳光就挖掉它(愚公),不信邪,不认命,我命由我不由天!这就是自强不息,这就是厚德载物。这些故事,每一个中国人都知道,它们奠定了我们的底层性格。我认为,这是中华民族伟大崛起最根本的动力,这就是中国人的精神，这就是国运的基石。

到2021年，中国的改革开放已经有43年了，在这四十多年中，不同阶段，企业财富的主要来源，其实是由几个红利带来的：改革红利、开放红利、政策红利、资源红利、人口红利。最早创业的人，主要靠胆子大，短缺经济，只要做出来就有市场，就能当万元户，这是靠着改革红利；煤老板靠的是资源红利及赶上了能源周期；开放红利及人口红利成就了珠三角。但是，大部分红利只能依赖一阵子，比如人口红利，本质是靠劳动力的低工资来参与竞争，如今这个优势已经不太明显了。还有些红利是有周期性的，比如改革及政策红利。最近国家又接二连三发文支持中小企业的发展，对于广大中小企业是大利好。

经济本来就与国家政策息息相关，政策对经济的主导作用非常明显，无论你做什么行业，都要有政策敏感性。比如一带一路、节能减排，任何一个国家倡导的方向及大事件，都有可能成就你，顺势而为，事半功倍。

从历年来中国企业百强排名我们不难看出，做的最大的企业，都是抓住趋势，立足风口的，但也是经常变化的：今年是你，明年是他。难怪海尔的张瑞敏先生会说：没有成功的企业，只有时代的企业。

所有大企业都曾经是小微企业，而所有大企业都是因为与国运同步，顺势而为，助力成就的。

即使是小企业，也要仰望星空，心怀天下。因为覆巢之下，安有完卵；阳光普照，泽被善恶。所以天下兴亡，不只是匹夫有责，而是我们每个人的命运，都跟国运息息相关。

(3)行业周期

所有的企业必定先属于某个行业,行业分周期性行业与防御性行业。

周期性行业(Cyclical Industry)是指和国内或国际经济波动相关性较强的行业。

周期性行业的特征就是产品价格呈周期性波动,汽车、钢铁、房地产、有色金属、石油化工等是典型的周期性行业,其他周期性行业还包括电力、煤炭、机械、造船、水泥等。

还有一些产业被称为防御性产业(或逆周期行业)。这些产业运动形态的存在是因为其产业的产品需求相对稳定,不受经济周期性衰退阶段的影响。在经济衰退时,防御性产业或许会有实际增加,例如,食品业和公用事业属于防御性产业。

图38行业生命周期发展路径图,能较好地说明"把握时机"的重要性。

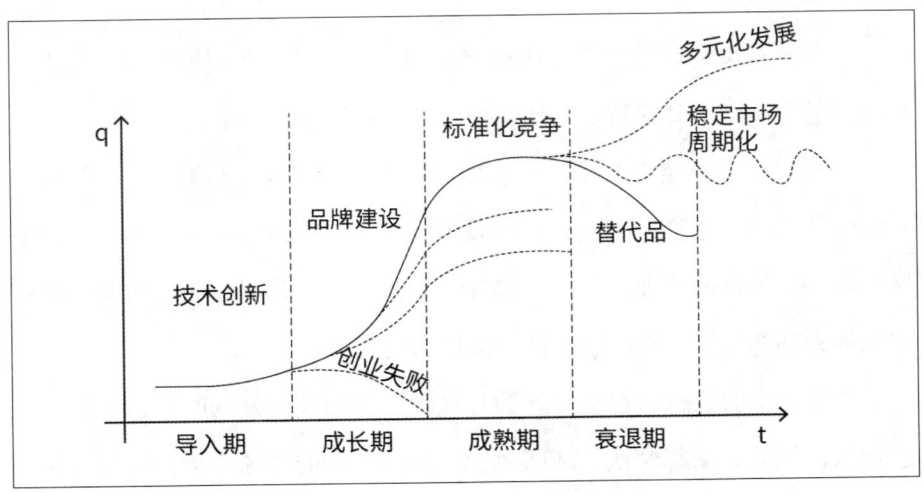

图38

这个模型认为，行业生命周期，分为导入期、成长期、成熟期和衰退期。

- 导入期：觉得有需求，一群理想主义者划一片地，吭哧吭哧做完了艰苦的基础设施。
- 成长期：需求增多，第一拨人发现商机，新产业出现；行业扩张，第二波人涌入，进入残酷的竞争；行业成熟，第三拨人努力挤入，分食剩余空间。
- 成熟期：行业稳固，第四拨人接盘，获取微薄利润。
- 衰退期：行业下滑，有人留守，有人迁移找新机会。

进入一个新行业最好的时期，是导入期后期。

第一波获得50%溢价，第二波抢到30%溢价，第三波瓜分10%溢价，等到第四波的时候，只有微薄利润，没有太多溢价了。一不注意，就会错过进场的好机会。

人一辈子遇到好的机会，大概有3~4次。这是康波理论给我们最大的提示。赶上一个上升的行业周期，投入进去，就能改变命运。

这些年，中国经济增速一直很高，高在哪里呢？高在投资上。投资的主力是什么呢？地产、基建，都是投资的主力。所以经济好的时候，投资增速就快，那这些行业，地产、基建，包括相关的建材、工程机械、装修家电等，都非常好，所以这些行业都是顺周期的。

而且这个时候银行也会好，为什么呢？因为经济好的时候，大家都愿意贷款，然后大家都赚钱，坏账也少，所以银行的业绩也会很出色，所以经济形势好的时候，这些行业就会很好。那反过来，当经济形势不好时，这些行业就会比较差。为什么？因为所谓经济形势不好，往往是因为宏观调控，或者经济过热了，要往下压一压，压也是压投资。压投资的时候，这些行业也就感受比较强烈了。主要压的是地产和基建的投资。要刺激经济，主要也是房地产和基建。

上面说的是典型的周期行业。哪些是逆周期行业呢？

其实严格意义上说，没有逆周期行业。为什么呢？因为经济不好的时候，所有行业都受影响，所有行业都联系在一起。

但是，在经济不好的时候，有些行业受的影响就比较小。比如教育、医疗、娱乐，一般的说法是，即使经济不好的时候，大家也不能不看病、不能不上学，反而会有更多的时间充电，所以经济不好的时候，成人教育、培训反而会很火。

而且形势不好的时候，大家时间多，心情郁闷，更有时间去娱乐。所以，娱乐行业会好一点。

经济学上还有一个名词叫作"口红经济"，也就是说经济不好的时候，大家都没有钱去买很多昂贵的东西了，像口红这样的小件消费品，能满足一下女孩子的这种消费心理，所以这时候反而会销量很好。

这些说法有没有道理？有点道理。但是，我觉得更多还是一些吸引眼球的说法，因为它们在数据上并不明显，比如还存在其他可能性，经济不好的时候，收入紧张，你就可能增加工作时间，或者打两份工，其实并没有时间去娱乐。

所以，这些行业叫抗周期行业可能会更好一点。就是说经济不好的时候会下跌，但是程度比那种与直接的投资相关的行业，像地产、基建会好一点。

关于顺周期和逆周期，还要注意的是，这些行业的特点可能发生变化，比如说前些年家电是顺周期行业，那是因为受到房地产行业的影响，买了新房的人也要买家电。未来不一定是这样，因为大家的家电不一定经常换，等房产销售逐步饱和了，家电变成了普通消费品，所以周期属性会慢慢变弱。

了解了这一点，结合自己的行业属性，可以做出关联判断。比如做铸造的，必须了解钢铁周期；做建筑相关的，无论是建材、装修等，对房地产的周期要有感觉。

即使是非周期行业，虽然没有典型的周期性特点，但行业总量的增减，也是有它的节奏的，也会在市场表现上有一些周期性特点，比如猪肉价格，也有自身的波动规律。

先清楚自身行业特性，再做趋势判断，就不会犯大错了。

（4）组织发展阶段

组织像任何有机体一样，存在生命周期。

管理学家格林纳（Greiner）提出了组织成长与发展的五阶段模型，很有代表性，后来他又补充了一个阶段。

格林纳认为，一个组织的成长大致可以分为创业、聚合、规范化、成熟、再发展或衰退几个阶段。每个阶段的组织结构、领导方式、管理体制、员工心态都有其特点。每一阶段最后都面临某种危机和管理问题，都要采用一定的管理策略解决这些危机以达到成长的目的。

这一描述性架构，可以帮助理解在组织发展到一定时期，为什么有的管理方式、组织结构、协调机制就能发挥作用、运作良好，而有的就不行。

- 创业阶段

  在组织诞生初期，其阶段特点是企业家精神培育、信息收集、艰苦创业以及低回报。这是组织的幼年期，规模小、人心齐、关系简单，一切由创业者决策指挥。因创业者一般是"业务型"，不擅管理，于是到了这个阶段的后期，一场领导力危机引发第一次组织变革，标志着第一阶段的结束。

- 引导阶段

  企业进入持续成长期，随着组织结构功能化、会计制度建立以及资本管理、激励机制、预算制度、标准化管理的出现，组织变得更加多样化和复杂化。这是组织的青年时期，企业在市场上取得成功，人员迅速增多，组织不断扩大，职工情绪饱满，对组织有较强的归属感。为了整顿正陷入混乱状态的组织，必须确立发展目标，以铁腕作风与集权和管理方式来指挥各级管理者，这就是"成长经由命令"。在这种管理方式下，中下层因为事事听命于上级而感到不满，要求获得自主决定权，自主决定权危机引发第二次组织变革，标志着第二阶段的结束。

- 授权阶段

  分权型组织结构引发组织再次进入成长期，这一阶段企业拥有分散的组织结构、运营及市场层面的本位责任、各自的利益中心、盛行的财务激励机制、基于阶段性回顾的决策机制。这是组织的中年时期，这时企业已有相当规模，增加了许多生产经营单位，甚至形成了跨地区经营和多元化发展。如果组织要继续成长，就必须采用分权式组织结构，即"成长经由授权"。时间长了，高层主管感到由于采取过分分权与自主管理，使组织陷入控制危机，当管理层试图重新控制整个公司时，新的剧变又开始了，第三阶段结束了。

- 协调阶段

这一阶段的特点是，各种正式的管理系统被一一建立起来，如正式的产品组群、正式的规划评估、中心化的支持系统、企业人员海外协调以及企业资本支出、产品组层面上的投资回报责任、组织低层的利益均享促进，等等，以此来协调和监督组织管理。这个时期是企业的成熟阶段，因"失控危机"，促使高层主管加强监督，强化各部门间的协调、配合，加强整体规划，建立管理信息系统，成立委员会组织，或实行矩阵式组织。此阶段"成长经由监督、协调"。至此，许多规章制度、工作程序和手续，逐渐形成官样文章，文牍主义盛行，产生了"官僚主义危机"或"硬化危机"。虽然企业获得了成长，却又使组织陷入一场官僚危机，新的变革又开始了，第四阶段结束了。

- 合作阶段

组织进入新的成长阶段，这一阶段强调通过团队协作来解决各项问题，克服官僚危机，其特点是跨功能区的任务团队、去中心化的支持团队、矩阵式组织结构、简化的控制机制、团队行为教育计划、高级信息系统、团队激励，等等。这个阶段也叫成熟后的阶段，组织的发展前景既可以通过组织变革与创新重新获得再发展，也可以更趋向成熟、稳定，也可能由于不适应环境的变化而走向衰退。为了避免过分依赖正式规章制度和刻板的手续所形成的文牍主义，必须培养管理者和各部门之间的合作精神，通过团队合作与自我控制以达到协调配合的目的，另外要进一步增加组织的弹性，采取新的变革措施，如精简机构，划出核算单位，开拓新的经营项目，更换高级管理人员等。这一阶段最终结束于组织的又一次内部成长危机。

- 外部组织解决方案阶段

这一阶段通过并购、持股及组织网络等外部手段实现组织成长。

表6

	创业阶段	引导阶段	授权阶段	协调阶段	合作阶段
管理重点	生产和销售	生产效率	扩大市场	加强组织	管理革新
组织结构	非正式组织	职能制	地区性事业部制	直线管理及生产集团、超事业部	矩阵式结构、任务小组
高层领导风格控制系统	个人业主式市场结果	指导式标准规格及成本中心	授权式汇报制度及利润中心	监察者计划及投资中心	参与者相互间的目标管理

	创业阶段	引导阶段	授权阶段	协调阶段	合作阶段
阶段特点	组织诞生初期：企业家精神培育、信息收集、艰苦创业、低回报	持续成长期：组织结构功能化、会计制度建立、资本管理、激励机制、预算制度、标准化管理出现、组织多样化和复杂化	分散的组织结构、运营及市场层面的本位责任、各自的利益中心、盛行的财务激励机制、基于阶段性回顾的决策机制	建立起各种正式的管理系统，如正式的规划评估、中心化的支持系统、企业资本支出、产品组层面上的投资回报责任、组织低层的利益均享促进，等等	跨功能区的任务团队、云中心化的支持团队、矩阵式组织结构、简化的控制机制、团队行为教育计划、高级信息系统、团队激励等

实际的企业，在组织发展规律方面并不是严格按照这个模型进行的，经常是跨越或者并行，比如跨越——在第二阶段就会引进第六阶段的方法；并行——在组织模式上，职能、事业部、矩阵结构、任务小组也常常同时出现。一定要活学活用，切忌生搬硬套，一切都以如何对企业发展最有利为前提。

现在的企业，组织进化速度越来越快，也更倾向于更快地进入高级阶段的管理模式，或者说，管理革新的速度越来越快，方式越来越多，因此，第五阶段的结构与风格，越来越适应现代信息化及90后、00后的价值倾向，因此越来越流行。

（5）核心产品生命周期

企业所有的收入都来源于顾客，而顾客给企业的钱都是通过购买企业的产品实现的。因此，产品的生命周期是企业最应该重视的周期。这个也是企业最有可能自己把控的周期。

产品生命周期（product life cycle，PLC），是产品的市场寿命，即一种新产品从开始进入市场到被市场淘汰的整个过程。产品和人的生命一样，要经历形成、成长、成熟、衰退这样的周期。就产品而言，也就是要经历一个开发、引进、成长、成熟、衰退的阶段。

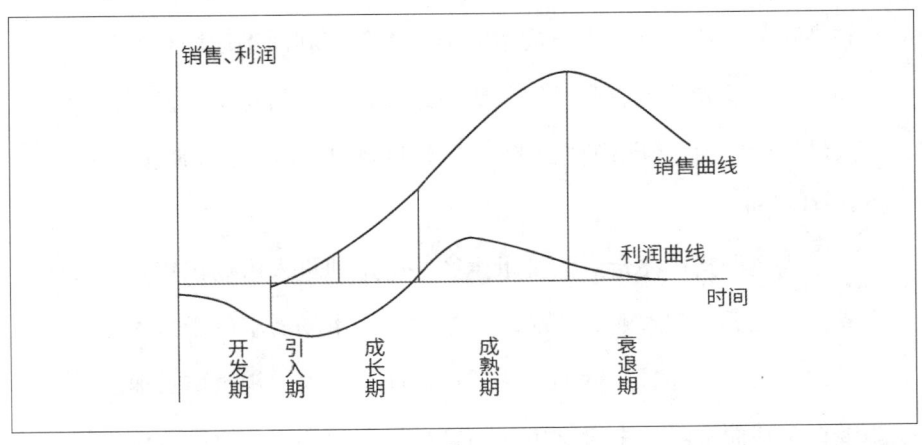

图39

- 引入期

　　引入期指产品从设计投产直到投入市场进入测试阶段。新产品投入市场，便进入了介绍期。此时产品品种少，顾客对产品还不了解，除少数追求新奇的顾客外，几乎无人实际购买该产品。生产者为了扩大销路，不得不投入大量的促销费用，对产品进行宣传推广。该阶段由于生产技术方面的限制，产品生产批量小，制造成本高，广告费用大，产品销售价格偏高，销售量极为有限，企业通常不能获利，反而可能亏损。

- 成长期

　　当产品进入引入期，销售取得成功之后，便进入了成长期。成长期是指产品通过试销效果良好，购买者逐渐接受该产品，产品在市场上站住脚并且打开了销路。这是需求增长阶段，需求量和销售额迅速上升。生产成本大幅度下降，利润迅速增长。与此同时，竞争者看到有利可图，纷纷进入市场参与竞争，使同类产品供给量增加，价格随之下降，企业利润增长速度逐步减慢。

- 成熟期

　　成熟期指产品走入大批量生产并稳定地进入市场销售。经过成长期之后，随着购买产品的人数增多，市场需求趋于饱和。此时，产品普及并日趋标准化，成本低而产量大。销售增长速度缓慢直至转而下降，由于竞争的加剧，导致同类产品生产企业之间不得不在产品质量、花色、规格、包装、服务等方面加大投入，在一定程度上增加了成本。

- 衰退期

　　衰退期是指产品进入了淘汰阶段。随着科技的发展以及消费习惯的改变等原因，产品的销售量和利润持续下降，产品在市场上已经老化，不能适应市场需求，市场上已经有其他性能更好、价格更低的新产品，足以满足消费者的需求。此时成本较高的企业就会由于无利可图而陆续停止生产，该类产品的生命周期也就陆续结束，以致最后完全撤出市场。

这就是典型的产品生命周期理论。

随着技术迭代速度越来越快，还有新的销售模式的助推，大部分产品的生命周期有越来越短的趋势。

不同行业、不同类型的产品，生命周期差异是很大的，比如现在很多微商产品，生命周期就只有几个月；智能手机，一年左右就会换代；而同仁堂的很多传统产品，比如安宫牛黄丸，估计至少还能卖上百年。做企业的，脑子里必须有产品生命周期的概念，这样在不同的阶段，就知道用不同的对策来营销、经营产品；同时还要明白产品的更新迭代是一个必然，这样，时时警醒，保持创新的觉知与能力，这是面对竞争的正确态度。

二、识地利——4个创新方向

这里的"地利"，内涵远远超过地理位置的概念。这里的"地利"指的是，在什么地方、用什么方式、针对什么样的客户，实现企业盈利。用现代的经营管理词汇，叫商业模式。

商业模式落地，就是地利。

商业模式的核心是怎么赚钱。

最早的商业，就是把一个地方生产的东西，运到另一个地方，让需要它的人购买，从而产生差价利润。这个地方，可能是集市，也可能是另外一个城市或者国家。几千年以前早期城邦的产生，就是为了保护集市的商业行为不被强盗骚扰掠夺。而跨区域的货物流通，更是产生了文化的交融，带动了世界文明的进步，产生了如丝绸之路、茶马古道等文化交融的管道，以及吕不韦、沈万三、乔致庸（乔家的票号最早也是为异地贸易做金融支持)等一代大商。

历史都是相似的。中国改革开放，第一批富起来的人是倒爷。

只是到了交通运输、信息传递如此发达的今天，商业行为的内容，已经远远超越了简单的异地买卖。因此，用现代的商业模式这个词来描述会更精准些。

如果说，"天时"是我们决定了在什么时间段，选择某个行业，那么，"地利"就是我们在这个行业，用什么方式赚钱。比如酒店这种业态，有以住宿为主的，有以餐饮为主的，甚至主要靠做婚庆的；在揽客方法上，有靠自营App的，有主要靠携程、去哪儿等第三方公司的，也有靠高端会员或者专门对口某些机构的。再比如牛肉面，李先生牛肉面就主要在火车站、飞机场，兰州牛肉拉面就主要分布在居民区、闹市区，针对的是不一样的客户。再复杂一点的商业模式，比如麦当劳、肯德基，表面上是挣餐饮的钱，实际上主要利润是靠房地产，这就是商业模式。随着互联网尤其是移动互联网(手机)的普及，商业模式的形态越来越丰富。

商业模式这个词第一次出现在20世纪50年代，但直到20世纪90年代才开始被广泛使用和传播。今天，虽然这一名词出现频度极高，但关于它的定义仍然没有一个权威的版本。

彼得·德鲁克先生对于商业模式的定义是三句话：

- 谁是我们的顾客？
- 他们需要什么？
- 如何用合理的成本满足他们的需求？

来自瑞士的亚历山大·奥斯特瓦德（Alexander Osterwalder）博士是商业模式理论及创新研究的集大成者。他给出的商业模式定义及9要素理论有很强的可操作性：商业模式是一种包含了一系列要素及其关系的概念性工具，用以阐明某个特定实体的商业逻辑。它描述了公司所能为客户提供的价值以及公司的内部结构、合作伙伴网络和关系资本（Relationship Capital）等用以实现（创造、推销和交付）这一价值并产生可持续盈利收入的要素。

九要素如图40。

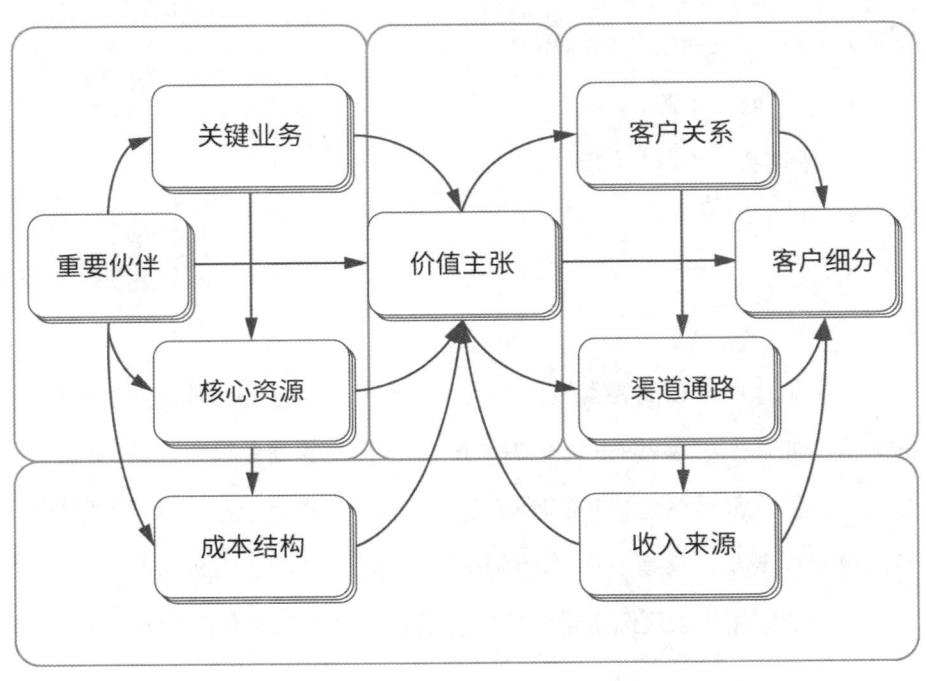

图40

解释问题容易，解决问题难。大部分相似业态的企业，用的商业模式是接近的，要想在竞争中立于不败之地，在商业模式上，要有创新的能力。

从德鲁克及奥斯特瓦尔德的定义中，我们可以推断有很多商业模式创新的方向：

- 拓展新顾客（或将原有顾客细分）。
- 挖掘顾客未被满足的需求。
- 重新定义价值主张（品牌推广新定位）。
- 调整渠道交易结构。
- 调整成本结构（降低成本）。
- 增加收入来源。
- 挖掘新的资源与伙伴。
- 调整关键业务。
- ……

如果把这些单独的要素做一些组合，理论上会有上百种商业模式创新的方法。如果把"互联网+"，或者"+互联网"也算商业模式创新的话，又是一堆。但这都是概念。其实所有的企业都是互联网企业，当下互联网已经跟电一样普及，只是工具层面的东西。等无人驾驶、人机协同、物联网等人工智能应用场景逐渐走进人们的生活，到时候应该会再出现"AI+"或者"＋AI"的说法，社会总是需要热点来吸引人的眼球，但这都不是本质。

就笔者一线的操作经验与观察分析来看，最常用的商业模式创新，有以下四种：

- 发现未被满足的需求。
- 调整相关利益者交易结构。
- 革命性降低成本与提高效率。
- 品牌溢价。

接下来，用一定的篇幅，用案例详解的方式，说明具体商业实战中商业模式创新的方法，希望读者能够从中得到实在的启发与帮助。（因多数案例是笔者亲自参与或主导操作的，为保护企业隐私，案例中的部分信息做了脱敏处理。）

1. 案例1：挖掘用户需求——第 × 科技商业计划书

- 案例背景

该公司是某核心城市给大企业及机关单位等做第三方客运的公司，主要负责企业员工上下班时的接送。公司有近二十年的历史，有几百辆车，规模不小。公司服务的客户以500强居多，受互联网创业潮启发，找到我们，希望挖掘每天在大巴车上超过3小时的上班族的需求，成立新公司立项并争取投资。于是有了这个案例，也是一份商业计划书。原商业计划书有23页，本书节选重要部分。

- **案例实施**

△解读：这个案例呈现的是一个商业计划书，受投资者青睐的商业计划书必须简明扼要，主题突出。一个好的商业计划书最关键的3点：事情对、人对、用数字说明这一切。

目录里6个部分，就是按照这个逻辑做的。

第二章 | 业绩增长要做——3件事

Part 1
项目简介——B2B2C

第*科技是一家基于线下租车业务，通过互联网的方式整合商业客车企业端，为众多商用大巴车使用者——高端白领提供更多增值服务的互联网平台公司。产业+互联网的方式让集成B端优质客户再利用，辅助大数据分析为规模化的C端用户服务，整体既利用了闲置C端时间资源提升效率（闲置时间利用），又通过规模C端整合产品降低成本（生活采购成本）。我们的目标客户主要分成两类：

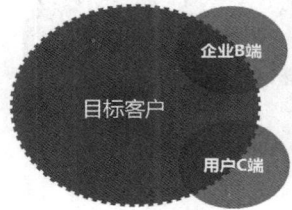

企业B端：为中大型企业提供定制化的租车服务，满足班车巴士需求。（传统产业，已占北京班车巴士服务份额的40%，17年运营经验，积累大量B端优质客群。）

用户C端：为班车巴士的使用者白领提供增值服务，涵盖购物、近场社交、学习、休闲、物流、金融衍生品等一体化服务。（产业+互联网。解决集中的城市白领面临的多种需求：早餐、快捷超市、学习、休闲娱乐、交友、猎头等，由于人群单一固定且消费行为较为一致，通过资源整合降低营销成本，极大提升客户黏性。）

Part 2
目标客户及痛点

目标人群

我们的客户主要是需求商用班车的中大型企业。这些企业有刚性的班车需求，第*科技通过业内资源整合，目前已经涵盖了包括*度、**、***、***、***、**国际学校、**保险集团等北京20%左右的大中型企业（多为500强企业）商用班车。这些人群有以下几个特点：

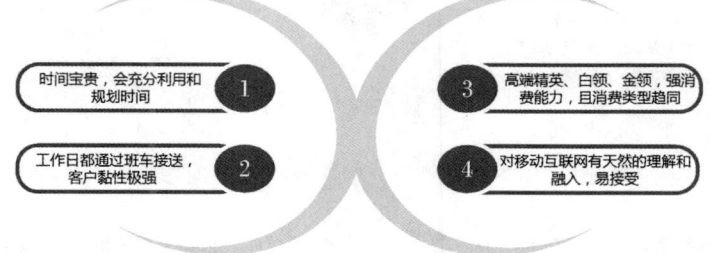

1. 时间宝贵，会充分利用和规划时间
2. 工作日都通过班车接送，客户黏性极强
3. 高端精英、白领、金领，强消费能力，且消费类型趋同
4. 对移动互联网有天然的理解和融入，易接受

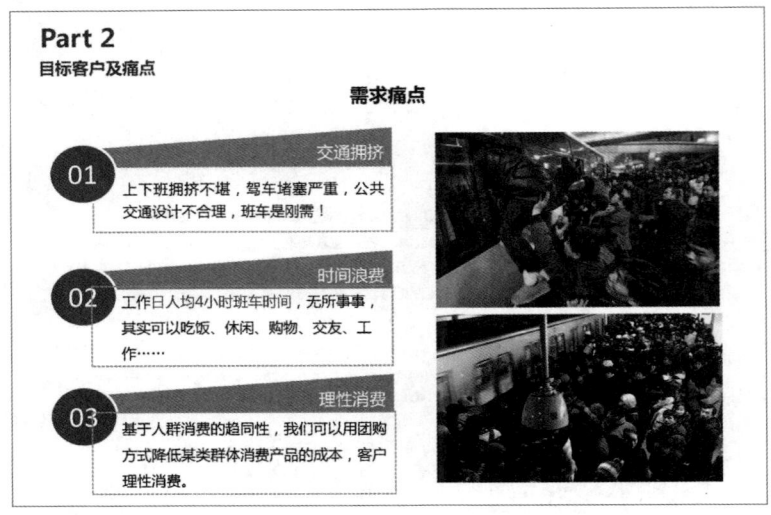

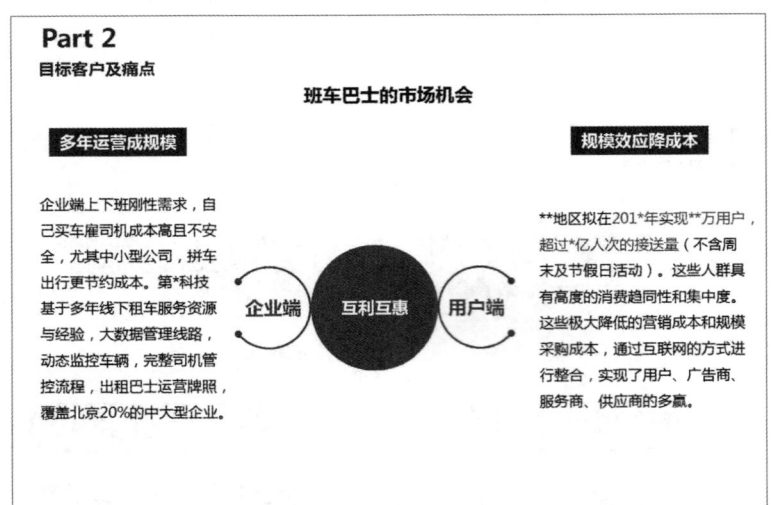

△解读：目标客户的痛点，就是市场的需求点；这种显而易见的社会难题，最容易被投资者接受。

第二章 | 业绩增长要做——3件事

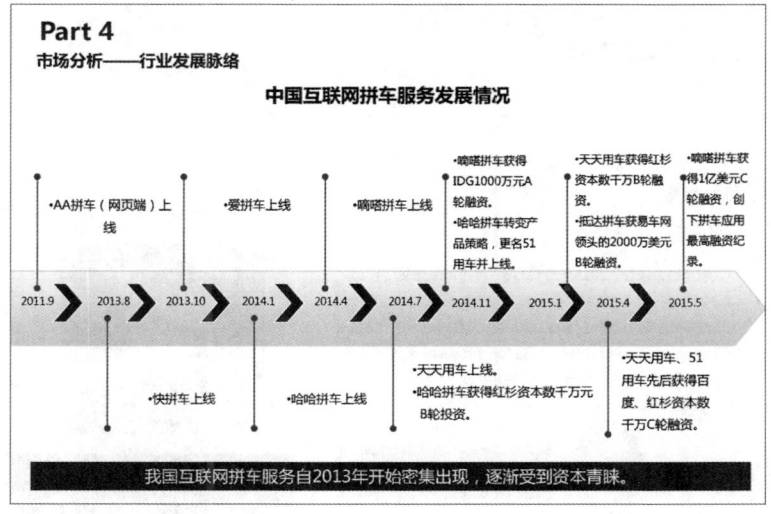

△解读：盈利模式是这个计划书中重点。3部分收入，每一种收入的描述，都符合场景，符合常识，并有相关验证。这就是发现需求的过程。

市场分析，行业历史、已经在运作的企业，以及失败了的企业简介；尤其是失败了的企业，是为了后面反衬该项目的优点准备的，这个更有杀伤力。

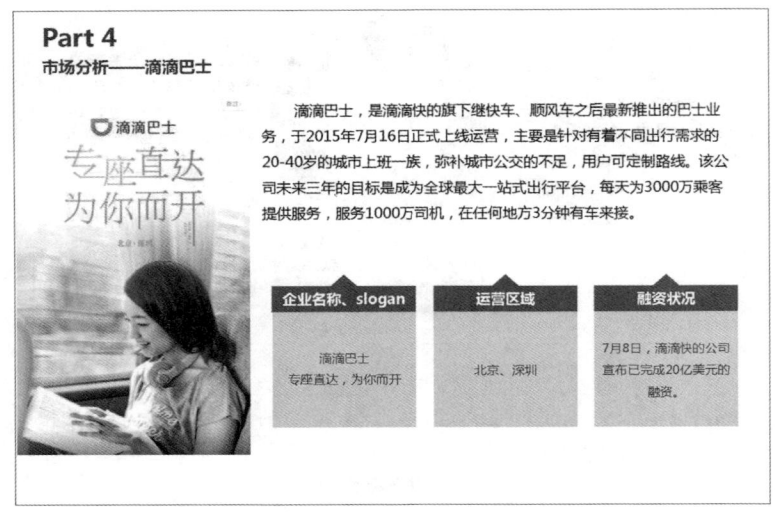

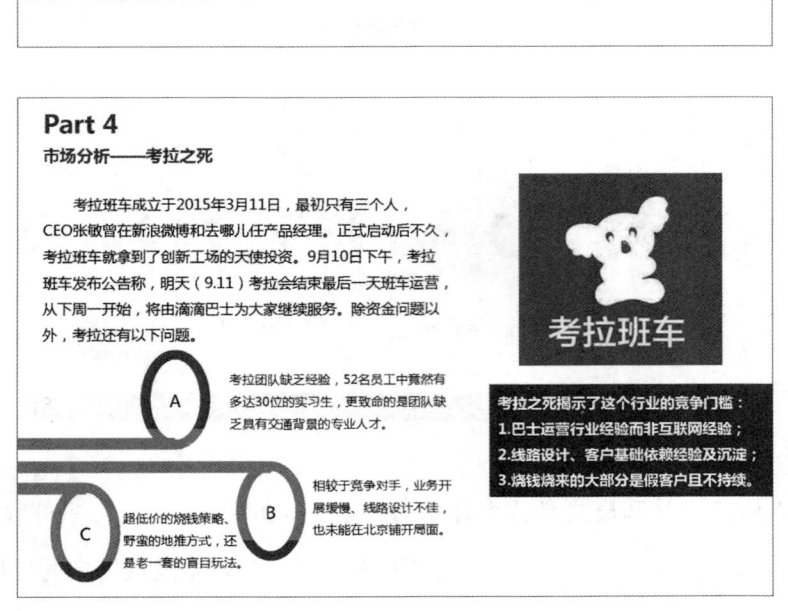

第二章 | 业绩增长要做——3件事

Part 4
市场分析——竞争优势

1. 第*科技拥有多年车辆管理运营经验与组织保障

定制公交服务对于巴士行驶中的安全度要求极高，并且定制巴士属于新兴行业，竞争极其激烈，从车辆清洁度到行驶中为乘客提供的舒适度要求甚高。这就对工作人员提出了更高的要求，大巴司机是个非常难以管理的群体，非传统运营公司难以以高标准、严要求的天****（第*科技的最大战略合作伙伴）竞争。天****旅游客运有限公司有17年的客车运营管理经验，是任何一家互联网基础的公司无法短期内替代的。

2. 第*科技拥有稳定的企业、客户资源

个人用户召集非常困难，需要线上和线下多种渠道。而个人用户每个人的需求都不一样，很难将这些需求统一起来。尽管有需求的企业多，但实际运营起来仍是困难重重。企业用户确实相对稳定，但他们的要求很高，比较重视班车的服务，且希望价格低于租赁公司。

Part 4
市场分析——竞争优势

3. *****作为第*科技重要的战略合作伙伴，资源整合完整，产业+互联网，天然实现O2O

按照目前的政策背景，出行软件公司的车辆来源都是有资质的租赁公司。据滴滴公司介绍，目前在车辆方面，滴滴巴士主要是与有经营资质的旅游公司和有合法资质的租赁企业合作，结合线下闲置大巴资源进行数据匹配，搭建平台完成用户找车需求。

易到大巴也曾经采取这种模式，但在实际操作中，车源不如想象得好找。并不是所有的租赁公司都愿意和软件公司合作。天****拥有400多辆车，年底达到1200辆，2016年底将达到3000辆，且新增车辆均为纯电动巴士。

4. 相对于其他互联网租车企业，第*科技合法合规更到位，有效规避法律风险

民间大巴有点类似公交定制班车的形式，但如果从事道路运输服务，需要满足三大条件：
一、经营者需要有经营资格。
二、经营车辆需要有运营资格。
三、从业人员尤其是客运驾驶员也需要有从业资格。

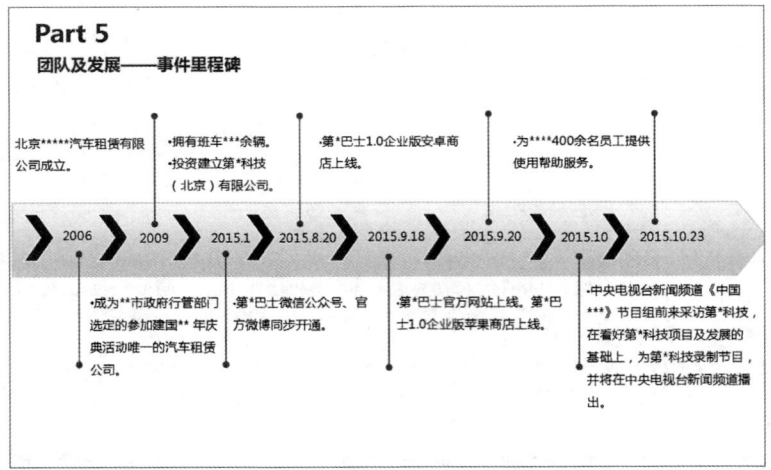

△解读：前面3部分要说明事情对，很有前途；第4、5部分说明这事情为什么我们做合适。其实看到需求没有那么难，难的是真要做了，你有什么竞争优势，因为之前有很多案例，先看到需求的人让后面的人看到了机会，但更有优势、更有资源的企业会超越先驱，让先驱成为先烈。

Part 6
财务相关——收入预测

一、201*年的收入预测：以**区域为例，第*科技的战略合作伙伴*****201*年底将达到自有*000辆巴士，整合业内**00辆，共**00辆。日接送量将达到***万人。以下数据按*000辆车，每车每年运行225天保守计算：

收入类型	车体广告	车内广告	大巴超市	服务	数据	合计
计算方式	*k×12月×*00辆	DM直投PAD广告	15万人×0.08×50×225	15万人×0.5%×300元×50周	15万元×**元×3家	
年度收入	*****万	*****万	1.5亿	1170万	****万	2.**亿

收入说明：
1、按20%的车能做广告计算；
2、大巴超市按转化率5%，平均每天消费50元计算；
3、服务人数按15万人，转化率0.5%计算；
4、详细算法及推演过程需细述。

二、20**年的发展规划：*****预计在20**年车辆规模达到*****辆，日接送***万人次；在***个1线、2线城市设立分支机构，人员规模将达到****人以上；综合收入预计在25～30亿。

Part 6
财务相关——融资规模及使用

01 本次项目公司计划出让**%股份融资*000万人民币。其中*00万用于公司日常运营，包括员工工资及日常办公费用等；*00万用于技术研发，包括公司数据系统开发及升级硬件等；**00万用于市场宣传推广费用，此推广方式非用户补贴方式。

02 *000万费用支出依照201*年发展规划测算。

03 股权融资可分两个阶段，首批资金****万，对应投资人股权*%。

04 公司计划两年内启动下一轮融资，筹集1亿元用以拓展十个以上城市的新能源大巴车租赁市场。

△解读：收入预测是商业计划书的又一个关键点。德鲁克先生对商业模式的总结很凝练：谁是你的客户，他们需要什么，如何用合理的成本满足他们的需要。第三点，也就是财务问题，是项目能否盈利很重要的说明；在商业计划书里，收入的预测决定了融资的额度。

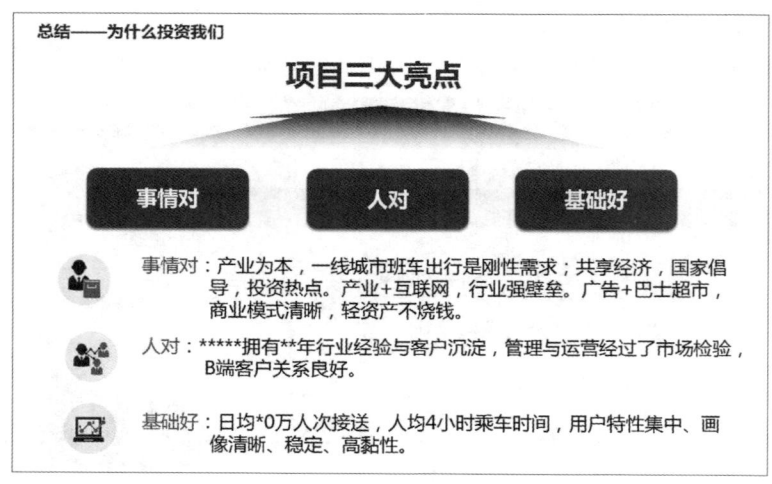

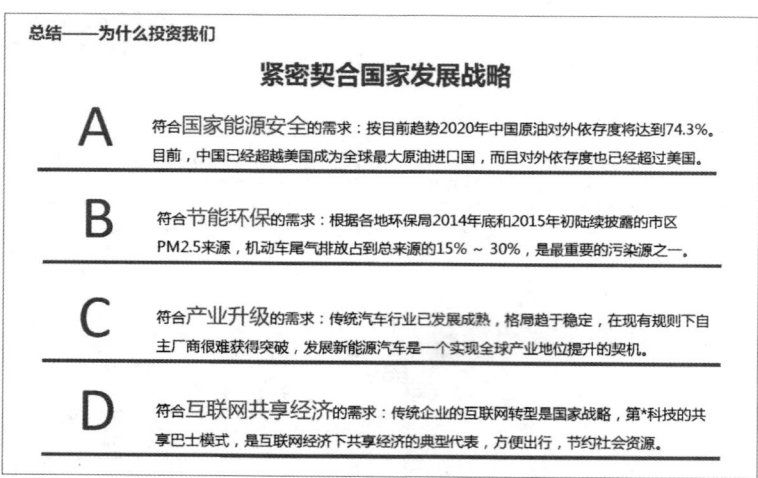

△解读：商业计划书最后的收尾，是对前面所有篇幅重点的再一次总结与提升。其中有两个核心，一个是这个需求很真实，且我们做最合适；再一个是这件事符合国家大的发展趋势，这是应天时，是投资者都很看重的一点。

- **案例总结**

从商业模式创新的角度，任何一个案例，实际上都是综合性的，一般不可能只用一种创新方式，但要说以哪个创新方式为主，还是可以明确的。本案例，或者说本商业计划书最核心的地方，是Part2、Part3与Part6。

Part2就是在讲"天时"，行业规模与大概的发展阶段，这是很好的踩点；"紧密契合国家发展战略"又在更高的维度讲了这个"点"踩的有多对；在Part3盈利模式的设计中，我们可以模拟场景来推断，所有的需求都是真实的，甚至是刚性的。Part6中的测算，每一步都是符合商业规律的，无论是转换率，还是单次消费金额，都是源于互联网行业的大数据统计结论。

在这个商业计划书中测算出的年度收入，超出客户的预料，在数次核实之后，客户决定加大融资额度，降低股权出让比例。定稿之后，客户去找大的投资商融资，反馈很好。

最近十多年，新技术的迭代速度越来越快，各种应用层出不穷，社会变化的速度超越想象；而每一种新的技术、新的应用以及新的社会服务的产生，都会带来新的客户需求以及满足方法。

从这个角度，商业模式创新无论是哪种方式，其实都是在用更好的形式或者内容来满足用户的需求。无论是物质需求还是精神需求。

而人类的需求，有没有尽头？未被满足的需求，还有多少？

我的答案是，没有尽头，还有无限的需求未被满足。

这也是创新的原动力。

2. 案例2：调整相关利益者交易结构＋革命性降低成本提高效率

- 案例背景

湖南长沙一家以家具装修装饰为核心业务的创业公司（生产中心在湖南，运营中心在北京），创始团队有海归，有原万科的高管，有材料技术专家，他们希望用工业化的方式重新定义装修行业。

项目基础是改进了一种硅酸盐变性材料，做成板材，即有木地板的质感与弹性，又可以做出与接近瓷砖的硬度与光泽，还非常容易打理，防火，没有甲醛等装修污染。用这种材料，结合中国传统木工家具的榫卯技术，既可以做地板，又可以做墙砖、背景墙等；而且在家里量好尺寸选好装修风格，在工厂里加工好，到房间现场拼装，速度快、没有垃圾产生，具有很多优点，是有取代传统家装材料及装修模式的潜质的。企业当时正在国内建设几个生产基地，同时向住建部申请优惠政策。在生产基地建设期间，希望快速理清商业模式，明确品牌战略，有望在3～5年内做成行业领头羊。于是就有了这个项目，项目发生在2016年初。

- 案例实施

项目周期4个多月，报告有五六个，总共数百页，这里把最核心的内容部分呈现，以说明项目在商业模式创新上的内涵。

产品及服务特点：

品牌理念体系提炼思考

我们有什么？

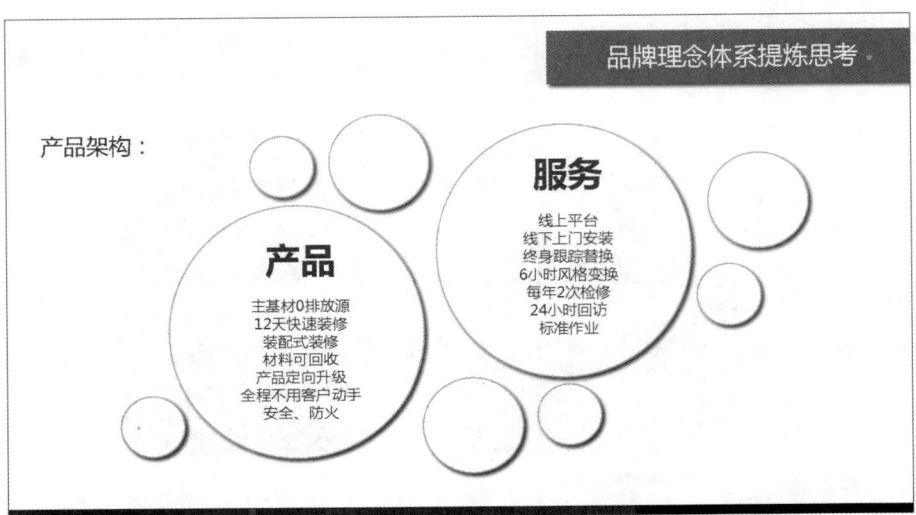

品牌理念体系提炼思考

产品架构：

产品
主基材0排放源
12天快速装修
装配式装修
材料可回收
产品定向升级
全程不用客户动手
安全、防火

服务
线上平台
线下上门安装
终身跟踪替换
6小时风格变换
每年2次检修
24小时回访
标准作业

目标客户（需求）分析：

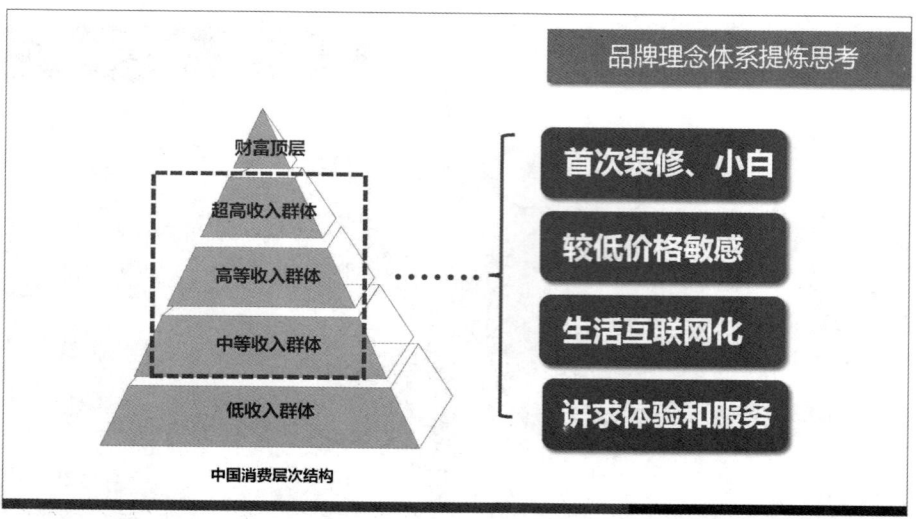

第二章 | 业绩增长要做——3件事

品牌理念体系提炼思考

从一个目标用户的角度，我们来模拟下他们的决策流程：

家，是两个人的期待……

目标：
北京土著小两口，毕业4年，结婚半年，已购婚房，准备装修。

品牌理念体系提炼思考

但是装修的过程是繁琐甚至崩溃的……

客厅怎么摆？
电视墙怎么搞？
整体什么风格？
划分什么格局？

079

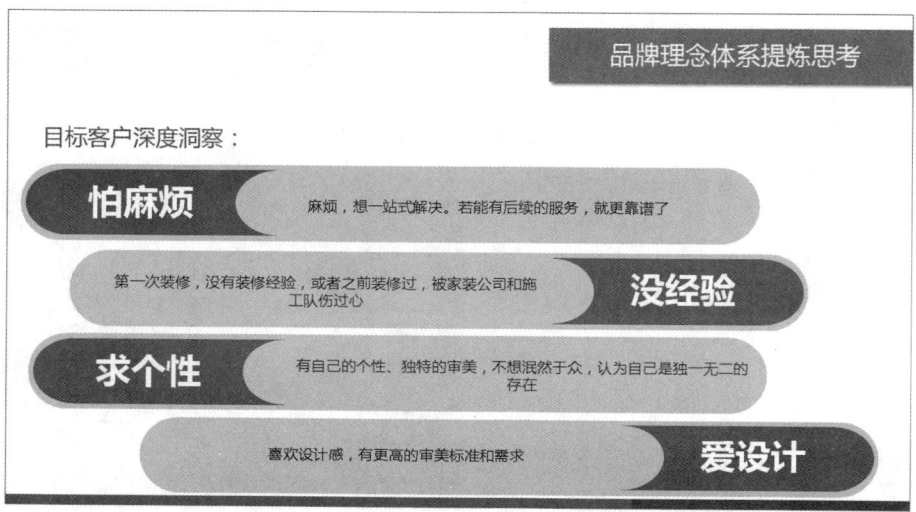

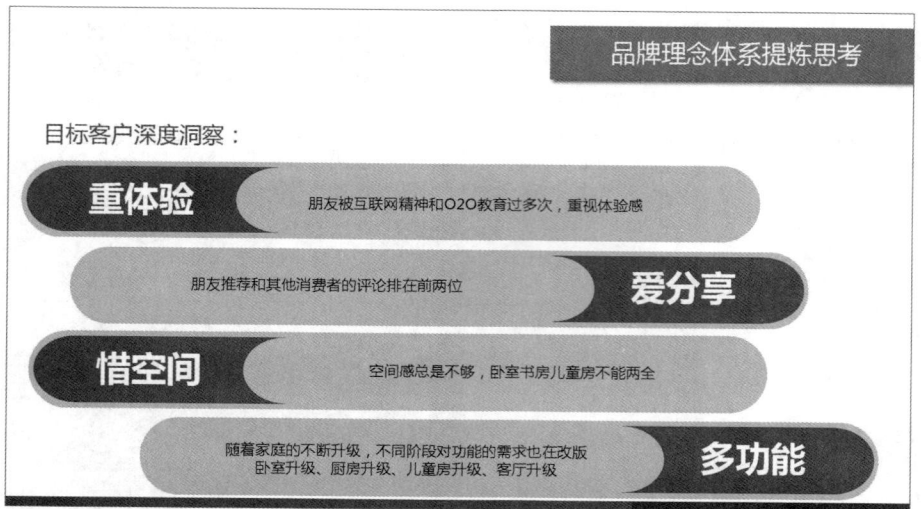

第二章 | 业绩增长要做——3件事

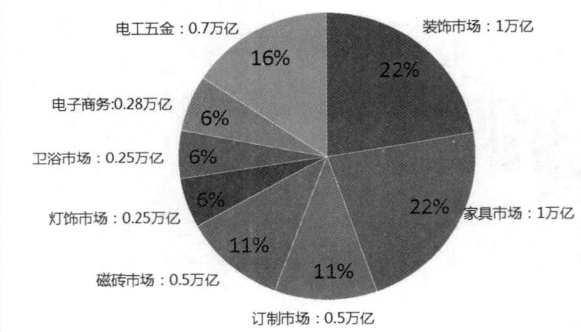

行业分析：（市场规模、趋势预测、发展阶段、竞争环境）

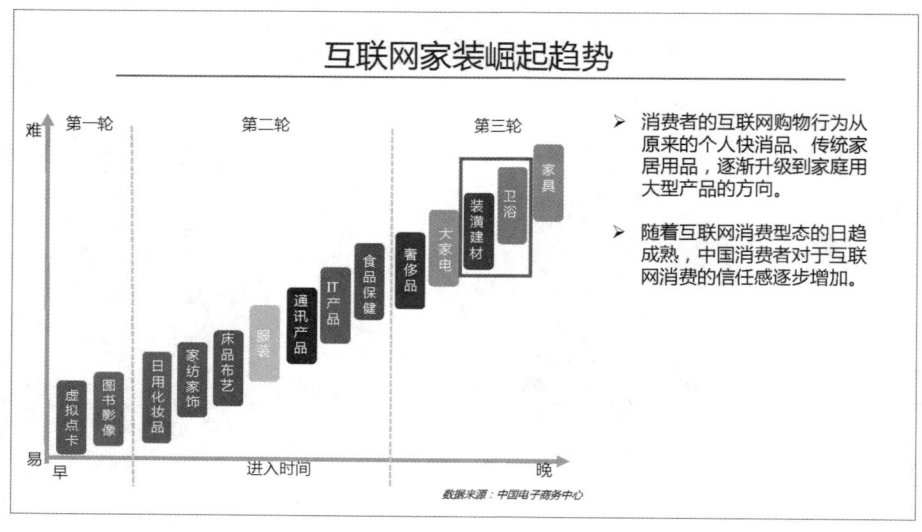

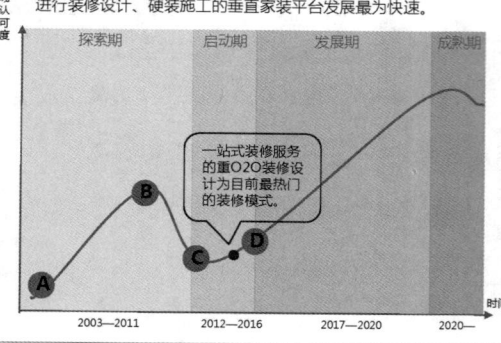

极致互联网家装平台价位比较

品牌	价位	天数	地点	备注
525我爱我家	666、888、1288/m²	N/A	上海、北京等多个城市	包建材、包施工、包设计
蘑菇装修	599/m²	45天	北京、西安等六个城市	整居全包
美家帮	777/m²	40天	10多个城市	整居全包
爱空间	699/m²	20天	北京、上海等15个城市	包主材、包施工、包设计
红星装修公	319、369、466/m²	N/A	上海、南京、合肥、郑州	包材料、包施工、包设计
有住 youhu.com	599、699、899、1699/m²	49天	21城市	线上选择风格，包施工、建材
柚子装修	499/m²	N/A	上海	半包，设计量房免费
爱家纪	698/m²	45天	深圳	包建材、包施工、包设计

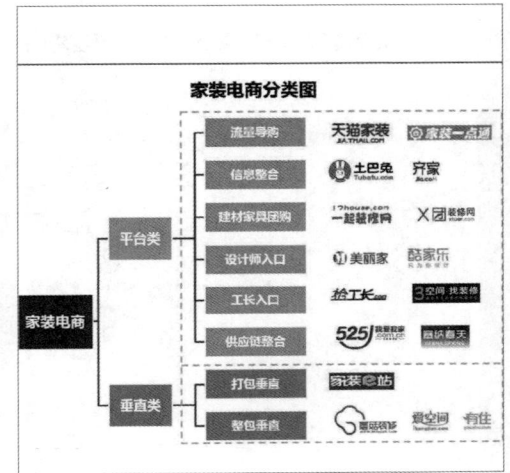

装修过程的用户（C端）痛点分析

- **市场中的消费者痛点**
  - 装修过程烦琐复杂，涉及环节多（设计师方案、家居建材选择、装修队选择），消耗精力巨大，消费者疲于应付。
  - 家居建材产品数量多且品种复杂，产品价格透明度低，产品信息情况介绍不清，质量参差不齐，使用效果只能通过周边人士的口碑得到了解，难以选择到最优产品。
  - 装修专业性高，装修过程高度不可控（设计方临时改方案、装修队临时改换家居建材），消费者难以对突发情况进行正确判断，装修质量也难以保证，消费者与装修公司和施工队伍缺乏第三方协调机制。

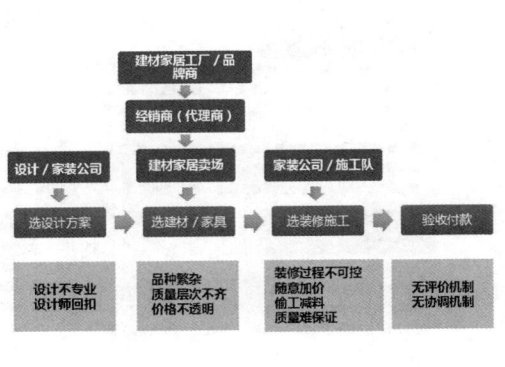

相关利益者关系（价值链）与痛点分析：

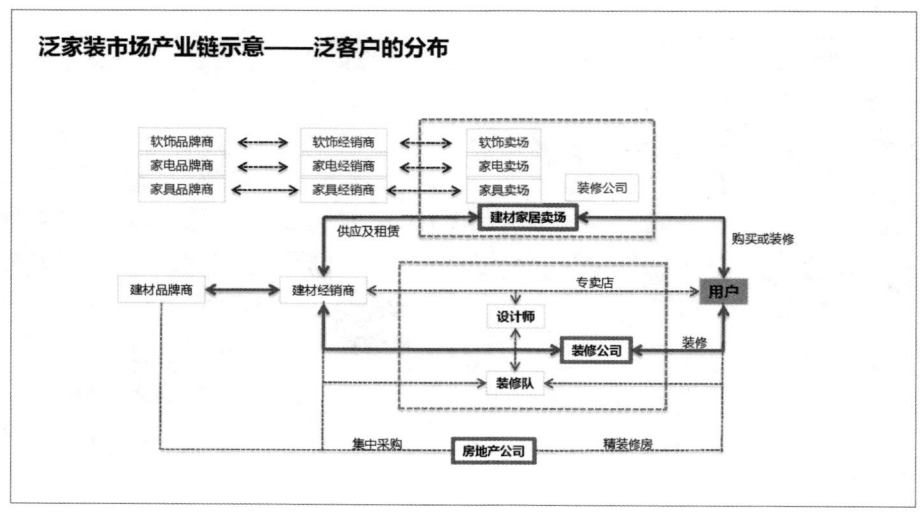

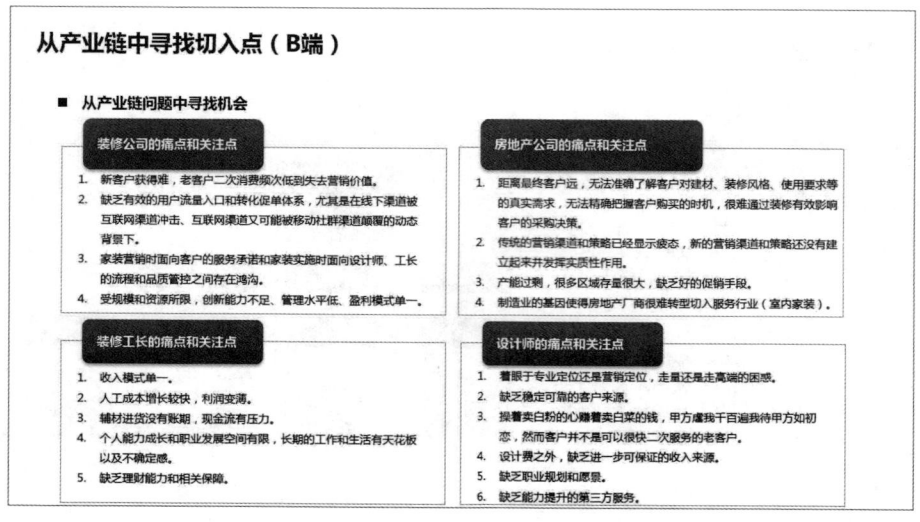

商业模式创新梳理：

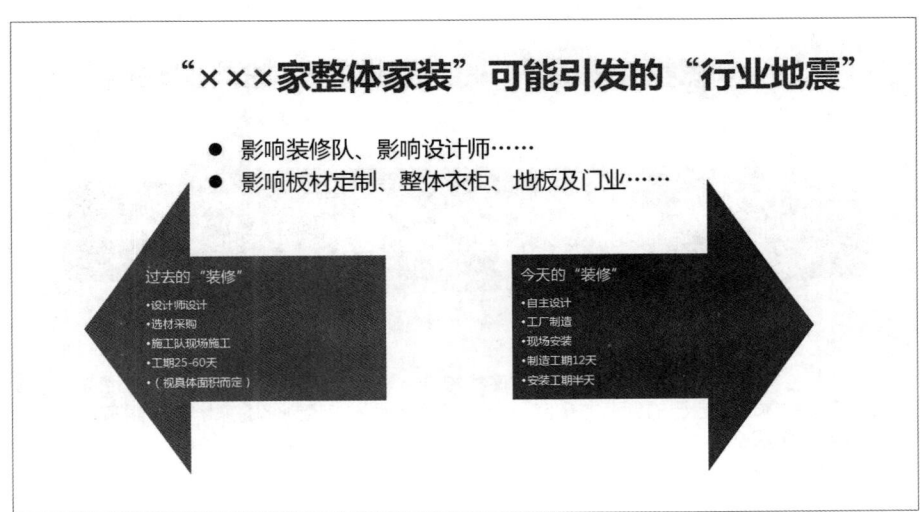

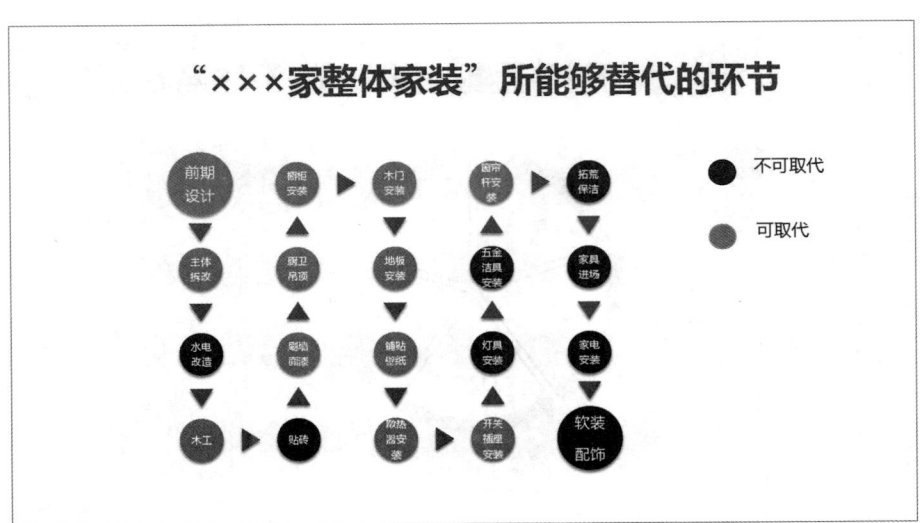

"×××家整体家装" + "互联网"的再次颠覆

客户选择风格 → 客户/工人测量尺寸 → 客户通过虚拟软件获得效果图和报价 → 客户确认，工厂出工程图 → 工厂生产 → 现场安装

从此，家装中最体现客户品味的"风格设计"，由客户"半自助式"地完成了，并体现了自己的创造力，自己作为"设计师"的定制化的家，将非常有成就感。

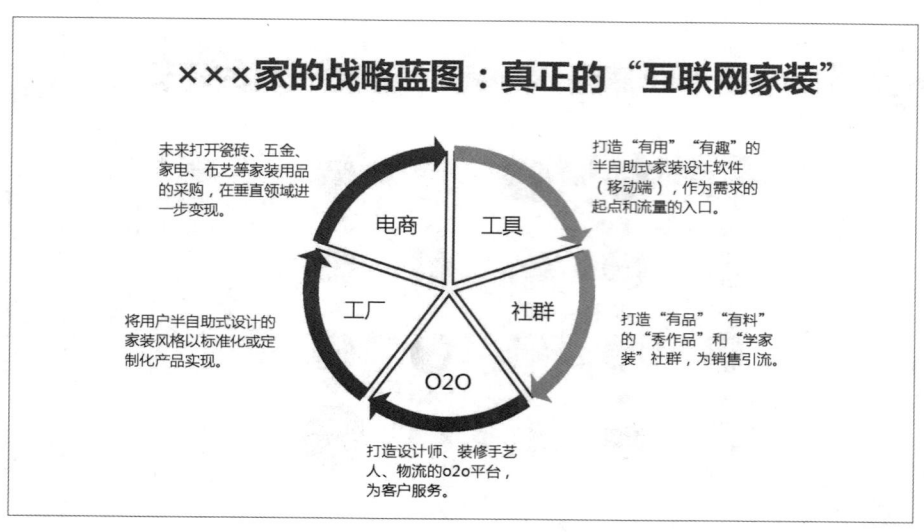

×××家的战略蓝图：真正的"互联网家装"

- 电商：未来打开瓷砖、五金、家电、布艺等家装用品的采购，在垂直领域进一步变现。
- 工具：打造"有用""有趣"的半自助式家装设计软件（移动端），作为需求的起点和流量的入口。
- 社群：打造"有品""有料"的"秀作品"和"学家装"社群，为销售引流。
- O2O：打造设计师、装修手艺人、物流的o2o平台，为客户服务。
- 工厂：将用户半自助式设计的家装风格以标准化或定制化产品实现。

明确品牌定位：

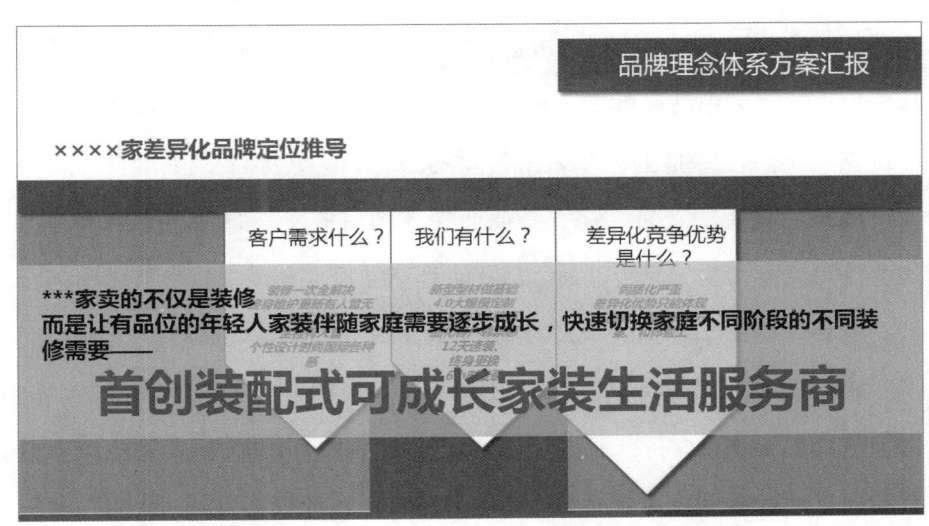

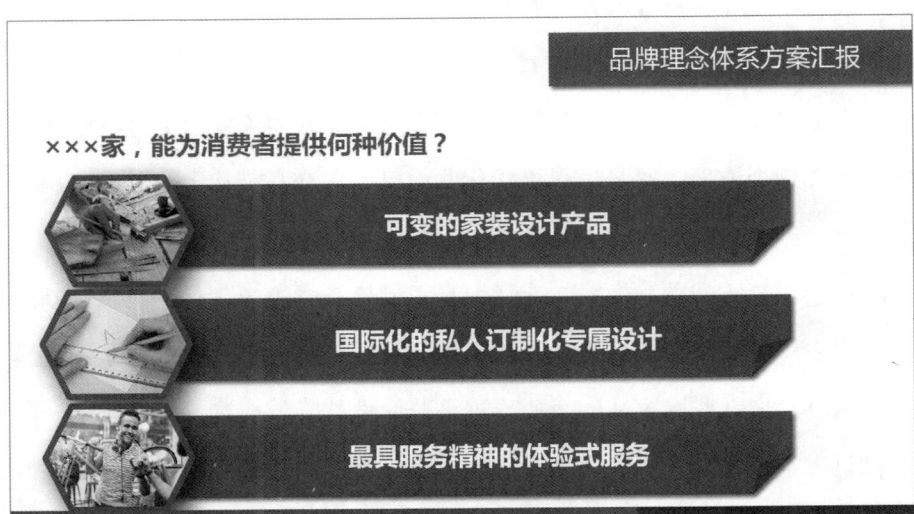

- **案例总结**

    本案例内容涉及客户调研、产业研究、竞争对手分析、相关利益者痛点分析、商业模式创新梳理、运营成本及定价（涉及商业机密战略）、品牌战略定位等。大白话说就是：卖什么（产品及服务定位）？卖给谁（目标客户定位）？怎么卖（商业模式及品牌定位）？

    相关利益者的交易结构，是商业模式的内核，是原材料、半成品、现金流等商业元素的流转过程。每一个环节的痛点与需求，环节之间的合并、跨越，都有可能成为商业模式创新的来源。

    通过上面的分析可以看到，泛家装行业的相关利益者涉及很多，每个环节几乎都有痛点，商业模式创新的目的，就是围绕他们尤其是最终消费者（C端）的痛点，调整交易结构，用"互联网＋技术及服务创新"的模式，替代传统家装行业涉及的环节，压缩购买流程及服务链条，颠覆行业规则。

    上面也提到，其实"互联网＋家装"的模式，已经有很多企业在做了，该企业在这个方面，只是做得更优化些而已，在交易结构上，并非颠覆式创新。

    该企业真正的盈利模式，或者说真正的核心竞争力，是新材料与新的工业化生产模式与装配式装修，在很低的材料成本与全流程服务上，超越其他所有只做互联网家装的企业。这是革命性的降低成本提高效率——降低材料成本、用户的采购成本、装修成本，提高时间效率、采购效率、装修风格的转换效率等。这才是该企业的大杀器。

3. 案例3：品牌溢价——×××门窗品牌重塑之路

• **案例背景**

长沙一家门窗的生产及代理商，在陕西有自己的大型铝型材生产基地，在湖南省代理德国高端品牌铝包木门窗，在大型建材市场如红星美凯龙等有多家自己的店，销售代理的高端品牌门窗同时，也生产自主品牌的门窗，都是铝包木结构，且生产工艺及部分原材料都是源于德国，经营多年，自己生产的门窗质量虽然与欧洲品牌差别不是很大，但是销售价格却只能卖到欧洲品牌的1/3～1/5，否则无人问津。客户寻求突破方式，看看如何能让自主生产的门窗让人感觉更上档次，提高销售价格。于是有了这个品牌重塑项目。

• **案例实施**

本书省略调研分析部分，直接呈现《品牌定位及命名报告》的部分核心内容。原报告超过100页PPT，这里选取部分呈现。

报告内容：

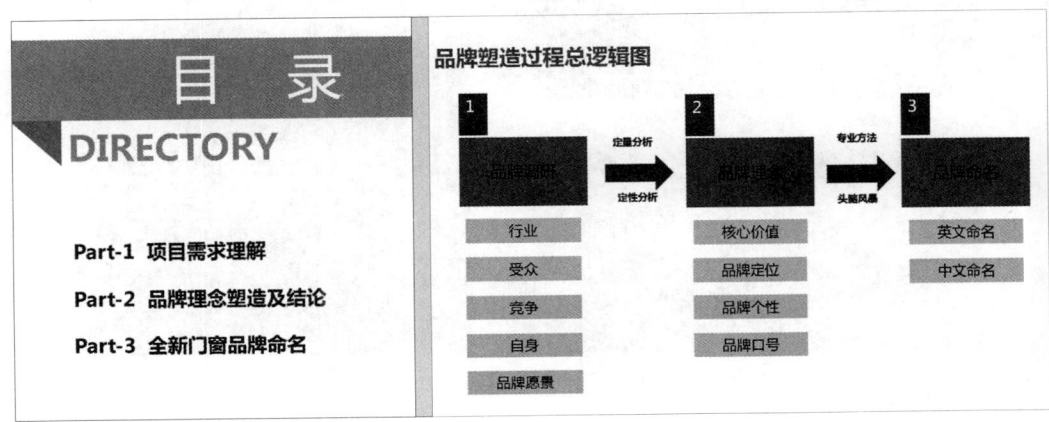

品牌调研：

在市场调研中，我们挑选在品牌运作中有参考价值的竞争（参照）品牌，作为对标品牌进行研读，共选出以下六个：

第二章 | 业绩增长要做——3件事

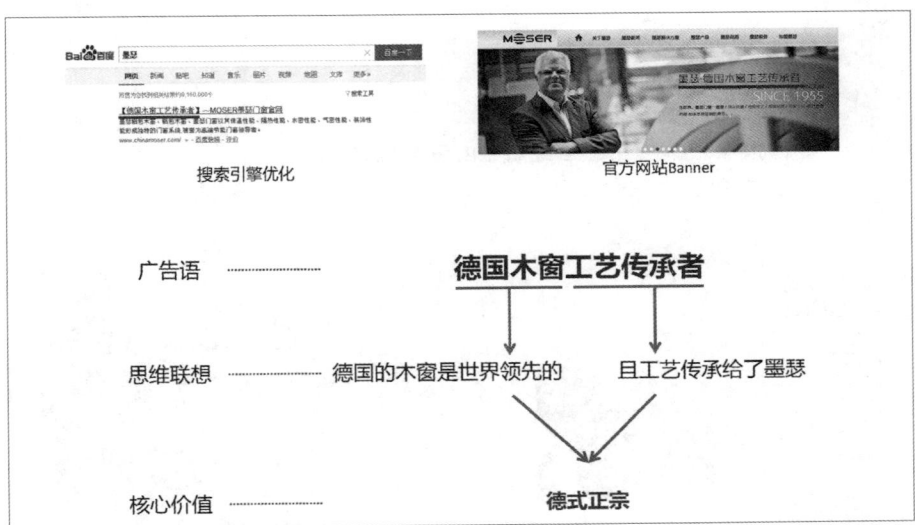

市场竞争品牌分析 —— 皇派

　　皇派创建于2007年，是一家集自主研发、设计、生产、销售于一体的别墅铝合金门窗公司。公司秉承"睿智、责任、包容、进取"的企业精神，以"品质与品牌同步，企业与社会共赢"为经营理念，品牌专卖店已超1000家，产品遍布全国四百多个城市及美国、德国、英国、法国、意大利等二十个国家和地区。
　　皇派经过数年的发展，获得"广东居室铝门十大品牌""2012年中国家居行业服务口碑奖""中国整体家居联盟主席单位""广东省门业协会副会长单位"等诸多荣誉和称号，被中国门都网评选为2012年中国铝门窗行业十大品牌冠军。

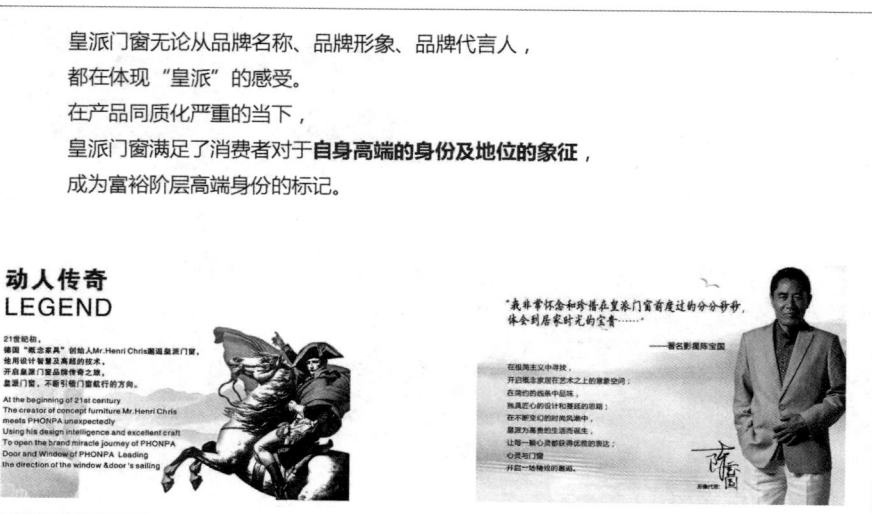

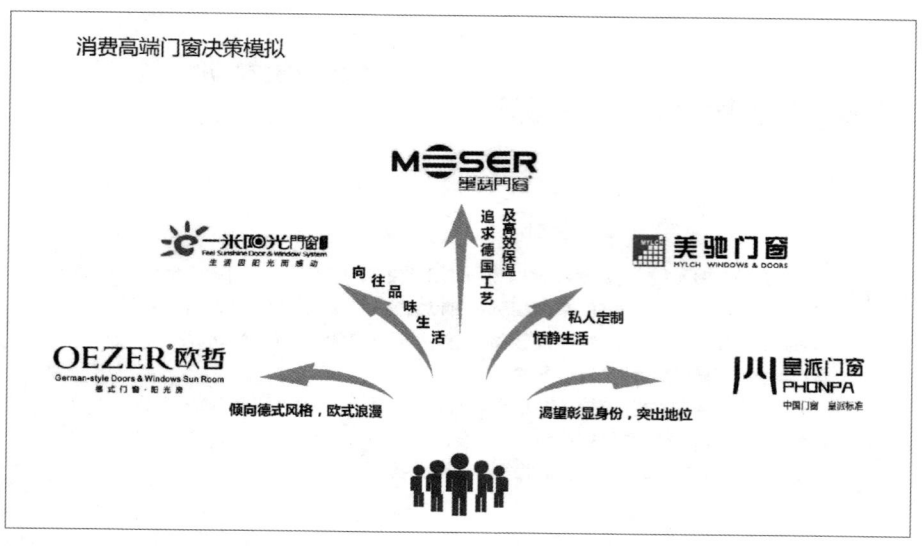

目标客户分析：

富裕阶层

高端门窗消费者以富裕阶层为主

富人定义财富的标准发生改变

社会地位的衡量标准
富裕阶层的人数在持续增多，而财富不仅反映在数额上，也包括他们综合的成就感和精神层面。

现在的富人 ≠ 土豪暴发户

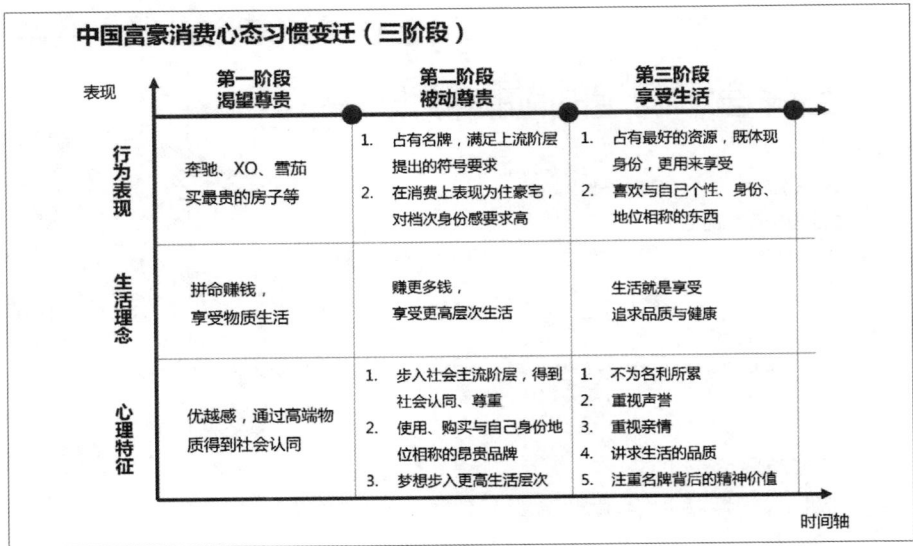

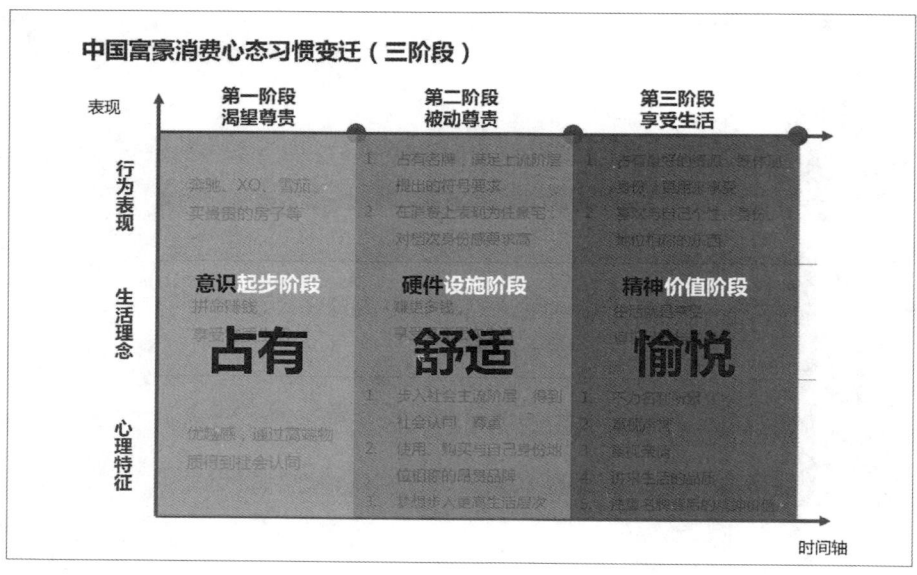

品牌定位分析：

品牌理念确定的前提假设

做为全新品牌，理念的分析基于如此假设：

1.定位国产精品？

- 门窗是耐用消费品，国人无暇经历品牌培育过程，只能迎合定位国外大品牌？
- 否定

2.定位世界合作？

- 如意大利设计，德国工艺，中国生产？不是不可以，但是会增加品牌解释的成本。而高端品牌看中的血统，这样定位也有关公战秦琼的违和感。
- 可以考虑

3.定位德国品牌？

- 虽然市面上德国及号称德国品牌很多，但是行业内品牌运作水平普遍较低，很多真正的德国品牌不重视宣传，缺乏品牌定位和传播。现在这样定位，有机会在不长的时间内深入消费者心智。
- 首先考虑

品牌核心价值分析：

品牌核心价值的概念

品牌核心价值是： *我们卖的是什么*

品牌资产的主体部分，它让消费者明确清晰地认识并记住品牌的利益点与价值，是促使消费者认同、喜欢乃至爱上一个品牌的主要力量。

品牌核心价值的战略意义：

核心价值是品牌的灵魂与精髓，是企业一切营销传播活动的原点。

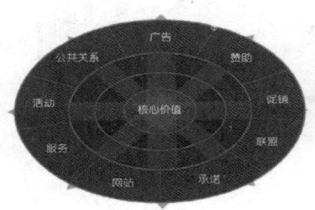

我们的全新高端门窗品牌，能为消费者提供何种价值？

我们有：
1. 持续改善的德国门窗高新工艺；
2. 更适合中国市场的品牌运作；
3. 有保障的门窗材料持续供应。

核心价值分析

1. 上面的结论只停留于产品/理性层面。
2. 如果以此表面结论推出与墨瑟、欧哲相似的核心价值，作为跟随者，我们会付出更大的代价陷入同质化竞争中，我们必须站在更高的维度进行**降维打击**——精神层面。
3. 高端消费者同样迫切需要感性价值，结合富人的分析结论，我们认为，应该将产品**理性作为内核**，用感性的**描述包装**。这样，才能在定位中彰显风格，易于切入客户心智。就像耐克，宣扬一种价值观及生活方式总是要超越产品质量本身的。

品牌口号创作：

在品牌口号的创作时，灵感来源于：

约翰·沃尔夫冈·冯·歌德

歌德（1749—1832年），德国著名思想家、作家、科学家，作为诗歌、戏剧和散文作品的创作者，他是德国最伟大的作家，也是世界文学领域出类拔萃的光辉人物。毕生作品数不胜数，最堪称经典的便是史诗长篇巨作《浮士德》。

在品牌口号的创作时，灵感来源于：

It is so beautiful, please wait for me !
——歌德《浮士德》

转瞬之美，为我停留

第二章 | 业绩增长要做——3 件事

品牌命名创作:

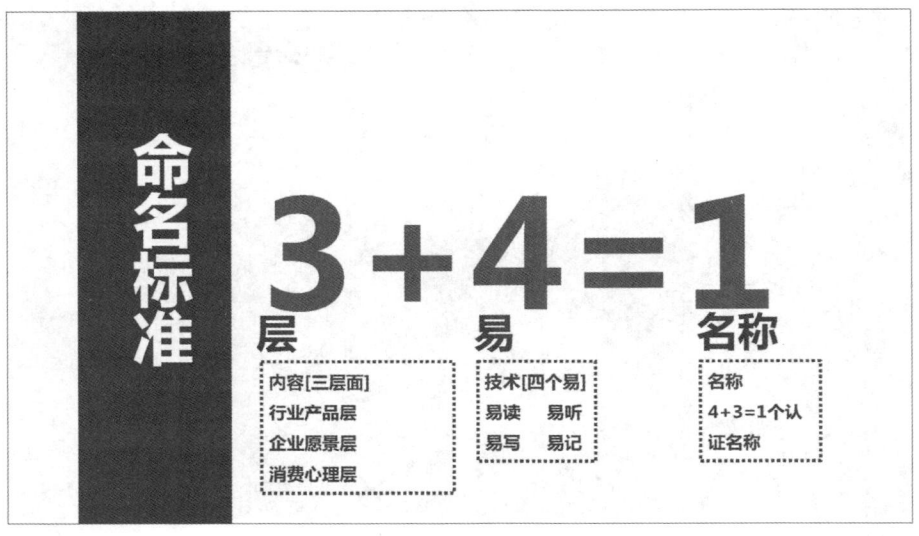

英文命名:

Obben
[ˈɒben]

名称释义:
- 音通open，引申为打开窗户之意，且有开朗意味的形容词；
- 两个开口音，朗朗上口，便于记忆；
- 外国男子名称。

中文命名:

奥本

名称释义:
- 奥-奥秘，人生就是在不断探索中前行；
- 本-本源。奥本，人生的意义，与品牌理念连通"懂得生活本质，追寻生活之美"。

英文命名：

Windest

['windest]

名称释义：
- window-窗户，直接体现行业属性，认知品牌所属产业；
- -est 最高级，形容某个物品最怎么样，体现我们是门窗行业最优秀的品牌；
- wind-清风，体现透过窗，清风拂面的感受；
- win-胜利，表示未来品牌发展的胜利成果，预示品牌成功之路。

中文命名：

温戴斯特

名称释义：
- 温，表现门窗的保温性能优越，名称整体给人温暖的感受；
- 戴，覆也。表示品牌将占据行业领先位置；
- 斯特，英文直译，有外国人名称的感受。

德文——中文命名：

karösen　卡尔森

名称释义：
卡尔是典型的德国名字，是很多名人的名字，如卡尔马克思，卡尔蔡司，卡尔奔驰等，家喻户晓；
- 森是森林的森，符合木—铝材料，环保舒适贴合自然的感觉；
- 开口音开始，音调流畅自然，顺口好记；
- ö是很典型的德国字母，放在最中间，既有浓浓德国味，又稳定对称；
- **感觉男性化，硬朗。**

德文——中文命名：

Mükon　慕客

名称释义：
- 从字母、到中文，直观感觉都是国外大品牌；
- 中文中，慕是渴望，客有多重含义，暗合品牌核心价值理念：转瞬之美为我停留；
- **ü 是很典型的德国字母，在地名中最常用，浓浓德国味；旭格也用了这个字母。**
- **中性化，更感性。**

备选名：			
Moosen	慕森	Berssen	柏森
Konssen	康森	Ulin	沃林
Hamen	瀚美	Drotsen	多森

注：经与客户讨论后，最终用的名字是某德文词根的组合，因是真实企业，不再展示细节了。

- 案例总结

本项目给企业重新定位了品牌，从原来的模糊不清，确定为德国品牌，并帮助企业完成了海外的注册，命名、口号以及店面陈设全都重新设计。

品牌的定位与设计，属于营销范畴，必须以客户为中心。本项目所说的铝包木门窗，一般都是别墅装修用，每平方米平均价格都在三千元以上。用这样的门窗装修一套别墅，光这一项就百万以上。因此，目标客户肯定是先富起来的这批人。

确定为德国品牌而不是中德合作，是为了向消费者妥协，调研发现，这部分消费者是不相信合资品牌的，贵一点没事，反正别墅动不动就千万甚至上亿，所以，价格不是主要问题，东西让人感觉好最重要。

纯正德国进口品牌的铝包木门窗价格一平方米经常在万元以上，墨瑟、欧哲等一线品牌均价在每平方米六千元以上，企业自己生产的铝包木门窗在品牌重塑之前，只能卖到六七百一平方米。启用新品牌之后定价在两千至三千的范围，销量情况也还不错，利润提升比例可以想象。

实际上，调研之后才知道，标榜德国品牌中，真正德国生产的门窗是很少的，大部分都是在中国生产，甚至很多都是国内企业注册国外品牌，或者买下国外的一个产品重新包装上市，这在家具建材等行业早已是公开的秘密，比如很多沙发、床，比如某某家居，只是很多消费者不知道而已。其他很多行业也是如此。

读完这个案例，会发现，从利润提升的角度，品牌重塑是投入产出比最大的。但是这一招也是险棋，案例中的客户，原来自己的品牌没什么影响力，所以可以视为在白纸上作画，不会有转换成本；但如果自身本来就有一定的影响力，有相当的客户认知度，就不能随便调整品牌定位了，不然后果可能会很严重。

三、创人和——5步提升效率

人类之所以能够在地球上成为食物链的顶端，创造辉煌的文明，不是因为人有速度，更不是因为比别的动物有力量，而是因为人会互相协作。

任何一个人都必然属于一个或多个组织。按马克思的说法，人是一切社会关系的总和。从广义上说，组织是指由诸多要素按照一定方式相互联系起来的系统。从狭义上说，组织是指人们为实现一定的目标，互相协作结合而成的集体或团体，如党团组织、工会组织、企业、军事组织等。狭义的组织专门相对人群而言，运用于社会管理之中。在现代社会生活中，组织是人们按照一定的目的、任务和形式编制起来的社会集团，组织不仅是社会的细胞、社会的基本单元，而且可以说是社会的基础。

从管理学的角度，所谓组织是指这样一个社会实体，它具有明确的目标导向和精心设计的结构、有意识协调的活动系统，同时又同外部环境保持密切的联系。

人类最早的组织是氏族部落，为了获取食物，女人组织在一起采摘，男人组织在一起打猎，这些事都不是一个人可以完成的，可以说，组织是人类得以生存的前提。到了新石器时代后期，有了私有财产，产生了婚姻制度，从此，最小的人类组织单位是家庭。

家庭、社团、家族、民族、政党，等等，都是某种组织形式，人们为了能够产生聚合的力量，必须让更多的人团结在一起，为了一个共同的目标努力，这就是组织的本质。

企业是一种典型的经济组织，按照前面说的，企业由三类人组成，老板、员工、客户，如果再组合，老板与员工是企业内部人，客户是企业外部人。企业内部人在一起，产生价值的能力，就是组织效率。这是几乎所有管理学研究的核心命题。

在我的企业工作经历中，经历过很多职位：市场专员、区域经理、大区经理、产品经理、综合管理部经理、总经理助理、副总经理，用了十二年的时间，在公司里面从事过销售、市场、品牌、渠道管理、人力资源管理、公司综合管理；年龄越来越大，职位越来越高，迷惑却也越来越多——管理到底是怎么一回事？后来我进入了咨询与培训行业，从事管理咨询及管理培训的经历中，我越来越深刻地意识到，中小企业在经济、民生中的重要作用，于是，帮助中小企业提升价值就成为我的使命。但是，在实践中，我很快发现，在读书时学习的那些学院派系统的、高大上的工具，在中小企业所起的作用，犹如隔靴搔痒，收效甚微。而且我发现我的同事们，同样也是学院派的咨询师、培训师，他们用的也是这样的办法，效果大都还不如我的。那么，是这些学院派的理论、工具不对吗？显然不是。

在第一章的开始，曾经举过一个例子，北京一家做建筑涂料行业的张总，在听完学院派体系的咨询报告后，他说："郝老师，这些学院派的东西我也都学过（张总读了EMBA），但是感觉不好用啊。我们用学院里教的东西，做了一堆的制度，新招了两个副总，财务支出增加很多，效率没感觉有所提高，销售额反而降低了。到底是怎么回事？"

简单说就是这么一句："道理我都知道，问题是，有没有更简单、真正有效的方法？"

我们常说：解释问题容易，解决问题难。

中小企业到底应该用什么样的管理思想及工具？

我开始重新思考中国中小企业管理问题的解决思路。还好自己有超过十年在企业一线摸爬滚打的经历，加上平时也喜欢读书思考，我发现，学院派的管理学与社会上流行的管理思想、工具，用于中小企业时，的确存在一些不太适合的地方。

- 成熟度差异：中国市场经济若从1978年开始算也才四十多年，西方自由经济已经有超过500年的历史，成熟度差异太大了。
- 规模差异：学院中教的方法，大都是世界五百强的管理经验总结，基本上是英文翻译过来的，作为学习对象可以，但是中小企业要照搬，那就是给自己挖坑。再者，社会上流行的管理思潮，言必谈阿里巴巴、华为、腾讯、海尔、小米等，都是雇员上万、规模千亿以上的企业，他们的管理方法，并不适合中小企业照搬。
- 政策法律基础差异：政治经济学，本质是政策经济学，这是土壤；市场经济的本质是法治经济，中外的政策制度差异是很大的。
- 文化背景差异：管理是个跨界学科，经济学、社会学、心理学、经济规律等可能是相通的，但是社会学及心理学都有着千百年的地域文化基础，西方建立在新教伦理基础上的管理学，有很多的底层价值观，与中国经典传统文化及各地区域文化，差异很大。
- 经理人群体成熟度差异：西方相对完善的经理人阶层，使得老板只需要懂公司经营管理的一部分就可以，中国的老板们几乎什么都得懂，以防止人才不足，防止被不成熟的经理人欺瞒。

相对于大企业，中小企业有自己的特点：

- 发展快，变化多，制度不宜固化：统计数据说明，大部分中小企业没有完善的管理制度，要让中小企业从人治变成法治，就需要实行制度管理。我在企业一线发现，完全实行制度管理不太现实，制度是要有，但是制度为了适应企业的发展，必须经常调整，太固化的制度会限制企业的发展，就像给5岁的孩子穿3岁孩子的鞋一样。所以，必须对中小企业授之以渔。告诉他们企业管理的基本原理，让老板、经理们自己知道怎么阶段性地调整制度，匹配发展。

- 管理不一定是最重要的：统计结论也说中小企业大都缺乏深度的战略思考，没有远景发展目标，等等。实事求是地说，很多中小企业，都是基于机会、关系、资源建立起来的，很可能对于企业盈利能力来说，管理不是第一要素，因此，必须具体问题具体分析，分析价值链组成。从而才能清楚，在什么阶段、什么规模，管理能起到多大的作用。

- 人才永远不足：管理学里的组织结构设计、人才配置，都是基于理想的条件下。按此设计中小企业的发展蓝图，都是纸上谈兵。实际的情况是，人才永远不足，有的是因为企业支付能力有限，有的是区域限制，根本就招不到合适的人。那么组织效率提升的命题，更多应聚焦于如何让现有的员工发挥潜力，创造更高业绩。

- 老板是组织的核心：现在的中小企业，绝大多数还是创业的老板在经营，无论你怎样设计组织结构，最终必须符合老板的性格、行为习惯、能力侧重、体力等；如果按照教科书生搬硬套，说起来很有道理，但大都执行不下去，或者做一做就走样了。在第三章第三节会有明确说明。

- 围绕业务做管理：制度要因陋就简，逐渐完善，在奔跑中调整姿势。不可能一步到位，也千万不要一步到位。根据企业的发展阶段匹配适合的制度体系，切莫追求高大上。

- 制度一定要简单：管理是成本。在能够解决问题的前提下，越简单越好。简单才能容易被理解、容易被复制、容易被执行；简单才能降低对人才的依赖、对组织结构完整性的依赖；简单才能富有弹性，方便变通。整一堆复杂的概念，在十年前可能会让人觉得你挺有学问，到现在，只能说明你书生气，没学明白。

总之，中小企业是不适合照搬西方的、国内大企业的管理思想及管理工具的。在这一点上，"先进""时髦"的管理思想，大都是坑。如果照此设计公司制度体系，一定会陷入"管理文学化"，使得管理成为巨大的成本消耗，甚至南辕北辙，拖累企业经营成果。

管理上没有先进落后，适合自己的就是好的。

在我看来，中小企业需要简单、实用、见效快的，容易理解、容易执行、富有弹性的管理思想及工具。

基于这些思考，就有了本书的思路，有了接下来组织效率提升的落地工具。

这个最初专为快速成长中的中小企业设计的战略落地、瓶颈突破、效率提升的管理工具，核心的设计思路如下：

基于问题——中小企业所有的管理问题都是业绩问题；

面向目标——企业发展有很多目标，首要目标一定是业绩目标；

回归常识——目标靠谁完成：组织中的人，能不能做到（能力）？愿不愿意做到（动力）？可不可以一起配合做到（合力）？这三个回归常识又最接近本质的问题，就是这个工具的基础结构。

再回到第一章里讲的：越复杂的问题，越要回到常识；越简单，就越接近真理。

按照这个思路，就形成了"创人和"——通过提升组织内部效率，达到企业业绩目标实现，战略落地的工具："S-APC铃铛"管理瓶颈突破模型，分为5步内容（见第三章）：

1. 清晰发展战略；

2. 做好目标管理；

3. 提升组织能力；

4. 激发员工动力；

5. 创造团队合力。

这个工具的核心价值，并非是做出了超乎寻常的概念创新，而是用最简洁的描述方式，用一条清晰的管理路径，重新组合了影响组织效率的关键要素，让复杂的管理问题聚焦化、结构化、闭环化，让企业能够迅速抓住主题，少走弯路，同时用最低的成本突破瓶颈，达到目标，不在非主要矛盾上消耗精力。质朴、实用、接地气。

这个工具从最早的雏形到基本成型，用了超过五年的时间，接着又在数十家企业落地应用。我亲自指导方案落地的企业，第二年的平均增量不低于40%，若干家企业销量翻两三倍。可以说，这套思路和工具，经受住了市场的检验。

工具的详解与落地应用案例，本书第三章会有详述。

四、三件事的关系：跑得够快，你就可以超越周期

天、地、人，在中国也被称为三才。

《易经·说卦》："是以立天之道，曰阴与阳；立地之道，曰柔与刚；立人之道，曰仁与义；兼三才而两之，故《易》六画而成卦。"

这三才即是宇宙最核心的组成部分，又涵盖了最终极的规律，也是古人讲的命运形成的原因。

才＝材＝财。

在竞争领域，天时、地利、人和，这三点，是最高维度的指引。无论对于国家，还是企业。

经营企业，把握了天地人，也就必然能够持续立于不败，赢得财富，改善社会，基业长青。

1. 天

这其中，第一是要把控天时。

现代人所说的，时机，时势，时局，时代造英雄，识时务者为俊杰；了解时间的规律，是成功最省力的办法。

孔子知天命后最常说的是："时也，命也。"这是智者给我们的终极忠告。

我们都是时代的产物，也都是时代的创造者。

对中小企业来说，把控天时，就是了解上面所讲的几个周期，在企业发展的总思路上，能够在周期的曲线上"踩对点"，知道什么时候该做什么事。

关于踩对点，再给几点终极建议：

- 几个周期的侧重：世界经济周期是让我们有个宏观的认识，在分析具体企业时一般用不上；国运在操作层面是政策研究；行业周期就是分析行业发展趋势，这个在中小企业战略时机选择上是最重要的影响因素，一定要有感觉；组织发展阶段分析主要看组织内部管理成熟度，以及企业规模及行业特点决定的最适合的管理大思路；产品生命周期让我们对市场与客户需求的变化时刻保持觉知，也很重要。
- 趋势决定战略：对于具体的企业，很少超越行业看周期。通常都是研究行业发展曲线，了解当前处于什么样的阶段，确定在什么位置，然后选择加大投资发展，还是紧缩、谨慎、安全第一。这其实是最大的战略。

- **反应速度比预测更可靠**：准确预测其实是不现实的，最现实的是提高团队反应速度：机会来了，我们能不能第一个抓住？这是对组织能力的要求，也表明人和做到了，天时也不容易错过。

- **比竞争对手好一点**：预测与反应，没有企业可以做到完美，但是，也不用担心；因为在竞争的环境中，重要的不是做到完美，而是只要比竞争对手好一点点，就可以了。

- **最大的远见是慈悲**：商业周期的本质是源于人类欲望的阶段性与无限性——人们总是在一个欲望满足之后，期待更好的满足，没有尽头。《道德经》告诉我们，反者道之动。回到源头，逆向思考，我们会得到终极智慧。试着爱我们的同类，倾听他们内心深处的声音，感受不变的人性永恒的追求，就很有可能超越变换的周期，始终立于不败。商圣陶朱公，三散家财，越散越富。经营之圣稻盛和夫，做企业最重要的是追求员工幸福，而非企业利益最大化，却白手起家成就了两家世界500强。这就是榜样。这就是敬天爱人，这就是悲智双运，这就是厚德载物。

2. 地

天时不如地利。

天是时间，地是空间。

商业的源头源于商品地理位置的转换，即便到现在，最大的生意依然是国与国之间的贸易往来，石油、军火、外汇，等等。所以说，地，位置，空间的转换，是商业的源头与本质。商业模式落地，更是地利的延伸。

之所以说天时不如地利，是因为在不同的空间，时间的周期表现很可能是不同的。这一点，在企业竞争力的要素上，地利比天时就有更实在的影响。比如，早些年那些成功学大师，在一线城市已经完成了洗脑的普及，逐渐被大众清醒认识并离弃，几无市场；很多人以为他们消失了，了解后才发现，在更广阔的二三线地区，更大的受众在接受他们的"洗礼"，他们比之前挣钱更多了。很多相对落后的工业品，比如老式的空调、洗衣机等家电，转换战场——广大的西部以及农村市场，消费下沉的需求，崛起的新农村，让这些看起来过气的产品，焕发着第二春。（我们国家曾经相对落后的汽车工业，多少年来一直用着日本、美国等发达国家落后的生产线产出的简配产品……诸如此类。）

中国幅员辽阔，人口众多，中国人的需求层次、购买水平、接受程度的差异在世界上都是最丰富的。在中国，稍微转换一下思路，扩大一下视野，商机无限。哪怕就只是换个位置，就有可能是让企业起死回生的伟大创新，更何况是更为深入细致的商业模式创新：发现未被满足的需求（以发掘需求为核心）、调整相关利益者交易结构（以交易结构为核心），革命性降低成本、提高效率（以降低成本为核心），品牌溢价（以品牌重塑为核心）。

踩点，常常只能等待，因为周期我们可以了解，但几乎无法控制。

但是商业模式创新的方法太多了，让我们完全可以掌控主动，超越周期规律，创造新的商机。

对于选对路，再给几点建议：

- 回归商业本质；
- 创新源于洞察；
- 围绕需求与价值；
- 对新技术、新应用要敏感；
- 创新很重要，但必须注意创新的成本，最好的创新是模仿创新、组合创新，做先驱，不做先烈；
- 商业创新的应用要谨慎，局部地区实验成功后，才可大规模推广。

3. 人

天时不如地利，地利不如人和。

上面这两句话是孟子说的，浩然之气的孟子，与孔子比肩的"亚圣"，他的智慧与勇气穿透时代，照耀华夏几千年。但是如果我们觉得，并未管理过国家、指导过战争，只是教书育人、谏言国君的孟子，说的话可能过于理想主义、不一定实用的话，那就说说《孙子兵法》。

《孙子兵法》在全世界被翻译成30多种文字，影响力堪比《道德经》，它是作者孙武在战争中总结的经验，又用它指导了多次以少胜多的战斗，并影响了之后两千多年的世界战争史，到现在还是美国陆军军官学院、哈佛大学商学院等诸多学校的必修内容。用来指导战争的文字，关乎生死，来不得半点浮夸渲染，自然经得起最严谨的推敲。

> 兵者，国之大事，死生之地，存亡之道，不可不察也。故经之以五事，校之以计，而索其情：一曰道，二曰天，三曰地，四曰将，五曰法。道者，令民与上同意，可与之死，可与之生，而不危也；天者，阴阳、寒暑、时制也；地者，远近、险易、广狭、死生也；将者，智、信、仁、勇、严也；法者，曲制、官道、主用也。
>
> 凡此五者，将莫不闻，知之者胜，不知之者不胜。
>
> ——《孙子兵法》

在《孙子兵法》中，战争制胜的关键被总结为五个字：道、天、地、将、法。

放在现代企业管理的角度，道是人心，是目标一致，是凝聚力，是企业文化；将是管理层，是领导力；法，是组织结构，绩效考核，是管理制度。

企业文化、领导力、管理制度这三样，是什么？就是人和。放在第一位的道，也就是企业里的企业文化，更是人和的结果，也是企业竞争的一大关键。国家是大企业，企业是小国家，管理是相通的。我们可以看到，越大的企业，对文化的依赖程度越高。

关乎战争胜负的五个字，三个字是关于人和的。因此可以断言，在《孙子兵法》里，人和的重要性，从顺序上、从比重上，都是第一位的。

人和，组织效率，是军队制胜的关键，也是现代企业竞争力的核心。

从企业竞争力的角度，如果我们一定非要说天地人这三个哪个更重要，那需要具体问题具体分析。实际的场景，三个要素是共同起作用的，任何一个点做得好，企业都可能在竞争中获胜。要说这三个要素作用的差异，那就是，人和，组织效率做得好，企业会更稳定，更持续。管理要是做好了，战略与商业模式自然差不了，会有自动调节能力。

事，都是人做的，抓住了人才，抓住了人心，就抓住了一切。

因为产业选择是很难改变的，商业模式是容易被模仿的，而管理的效率是很难复制的。

趋势对的公司很多，但活下来的都是会做事的。

换句话说，虽然赛道常常比赛马重要，但最终，人和还是起决定作用的。

只是前面两个做不好，管理好也很累。所以天时地利人和，都要兼顾，最后重点放在人和上。

理论上来说，在开放的市场、透明的管理机制、公平的资源获得的前提下，所有企业最终赚到的，都是平均利润，而平均利润的高低，是由企业的管理水平决定的。比如汽车是个开放市场，丰田汽车，就是靠着领先的管理水平，成为全球规模最大、利润最高的汽车集团。

在现实的企业经营情境上，越来越凸显出通过经营人才、塑造文化来提高组织效率的价值。

第三章专门介绍人和——组织效率提升、管理瓶颈突破工具的实战应用，内容更加详尽，这里就不做特别的建议了。

第三章

突破管理瓶颈——5步法

("S-APC铃铛"模型及案例应用详解)

只有业绩增长不利,我们才会讨论管理。可是,中小企业的管理瓶颈应该如何突破?应该以什么样的基本态度对待管理问题的解决?

笔者在帮助上百家中小企业解决管理问题的过程中感悟、实践到一个指导方针:中小企业在解决管理问题时,要面向未来,着眼当下,不追求完美的管理,只考虑突破当前影响业绩增长的瓶颈,等业绩增长一段时间后又受阻碍时,再分析那时的瓶颈。循环突破,持续增长!——这就是瓶颈循环突破理论。

杜绝复杂的管理建设,用简单、系统、实用、落地的工具,帮助企业突破管理瓶颈,创造业绩倍增。

具体的落地工具就是"S-APC铃铛"模型。

本章是本书最重要的部分。

上一章用大量的篇幅详细阐述了企业获得持续盈利需要的三个能力，并用几个案例详解了具体商业形态下商业模式创新的方向建议。

这一章，将用更具体的工具与更翔实的案例介绍：以战略作为出发点，如何调动人和的力量，提高组织效率以完成企业目标，达成业绩倍增的结果。

为了实用性和可读性，全部用问答的方式阐述。

所引用案例无特别说明的，全部是作者亲手操作的。

企业找咨询师，一定是企业遇到了自身无法解决的问题。下面的问题是企业经常遇到的问题中的一部分：

- 公司人才流动率太高，留不住人，该怎么办？
- 公司发展了十几年了，组织结构总觉得不顺，应该怎么设计？
- 竞争对手总是用更高的薪水挖我公司的人，应该怎样留住他们？
- 公司管理层跟了我很多年，最近做事好像有点不够用心，是不是该引进个新的副总？
- 工资年年涨，但是业绩没提高，这是为什么？

- 公司能干的老人有几个,每年业绩都还不错,但新人总是留不住,该怎么办?
- 最近几年行业整体有些下滑,我们公司定目标是应该降低一些,还是保持增长?
- 公司高层开会时总是意见不一致,是不是该做个企业文化了?
- 公司定了每年不低于40%的增长目标,应该怎么完成?
- 公司连续几年都没有完成计划的目标,到底出了什么问题?
- 副总带着几个人离开了,是不是因为没有做股权激励?
- 公司很多年没调整过薪酬体系了,有必要在总额支出很小的前提下调整一下员工工资吗?
- ……

企业就像人一样,会生各种各样的病。如果遇到什么问题,就只去解决那个问题,常常发现,越解决,问题越多。

随着经验积攒和观察思考的深入,慢慢发现,所有的问题,其实都是一个问题。

下面的几个场景,都是发生在企业一线真实的事情。

其中最关键的证悟是:只要目标完成得好,一切问题就都不是问题了。

场景一:

江苏某LED灯具公司的葛总问:"郝老师,为什么我们企业人才流动率那么高?普通工人流动就算了,连工作多年的高级技师也有很多离开,新招的人才，往往待半年就走了，让人力部门增加培训、改善居住条件、也涨了工资，想了不少办法，但收效甚微啊。"

我问公司在场的人资总监刘总："到底什么原因导致流动率高？一定要说实话！"

刘总："新人流动主要原因是工资缺乏吸引力；老人流动是因为觉得公司没前途；提高工资一级就只涨一百元，想涨多点，公司又没钱。"

我："为什么不能给员工高于行业平均水平的薪酬？"

葛总："近三年公司业绩完成得不好，利润微薄，再给员工高工资，那企业就连买原材料的钱都不够了。"

我："我看您这几次开的车都不一样，每辆都得上百万元吧？"

葛总："这个有什么关系啊？"

我："公司的使命愿景是什么？"

葛总："很多年前开会定了一个口号：持续增长，创造奇迹。"

我："持续增长跟员工有啥关系呢？"

葛总：……

△解读：员工最大的不满意，就是离职。员工离职的原因，是需求没有被满足。"有钱、有爱、有梦"，"钱"是基础，"爱"是关系，"梦"是未来。"有钱"的前提是公司业绩好，有利润；"有爱"是员工之间的关系让人很舒服；"有梦"是感觉跟着一个有理想的老板、有未来的企业。而葛总的企业，因为企业只有简单的业绩目标，没有方向感，再加上连续几年业绩不好，让新老员工都觉得没前途了；公司在这种情况下，老板消费气势不

减，员工会感觉自己只是老板的提款机。关键还是战略及目标管理配套的问题。如果业绩目标完成得很好，自然涨薪有底气，员工也能看到蒸蒸日上的未来，离职率自然降低。

场景二：

天津某健康产业公司邓总问我："这几年感觉组织结构总是不顺，想调整一下，郝老师看看有没有什么好的建议。"

我："为什么想要调整组织结构呢？"

邓总："有两个副总，十几年前创业的时候就跟着我了，功劳很大，职位也都只在我之下。最近几年给两位副总安排的任务指标，一直完成得不理想。公司希望10年之内业绩能达到100个亿，每年要保持30%的增量目标，最近几年总是差一点，低于预期，这个行业近几年一直以20%的增速在上涨，我们公司是领头羊，是掌握核心技术的，品牌口碑也好，完成30%的增量应该是没有问题的。这两个核心的副总在近几年感觉配合不如之前默契了，是不是应该调整一下分工，让他们配合得更好一点？"

我："如果这几年业绩一直完成得很好，你还会觉得组织结构有问题吗？"

邓总："嗯，如果业绩一直达标，我想这也就不是我关注的重点了，我还有研发的一堆事需要操心呢。"

我："如果组织结构调整了，但业绩还是没有达到预期呢？"

邓总：……

△解读：邓总公司的问题，根源还是公司目标达成的问题。只是因为目标没有达成，邓总把当前的一个问题放大，认为是影响业绩的关键因素。在我看来，不一定。企业要说找问题，没有哪个企业是没有问题的，这个世界上，管理完美的企业绝对没有，关键是，我们根本没必要追求完美。管理是为经营服务的，只要业绩保持增长，在这个阶段看起来存在问题的，在下一个阶段很有可能就自然消失了，不必纠结。

场景三：

某智能家具行业公司严总问我："郝老师，负责营销的副总我有点控制不了，给的工资奖金挺多的，但他还是我行我素，是不是他想要更多？应该做个股权激励刺激一下吗？"

我："为什么觉得营销副总控制不了？是在外面有自己的生意了？还是发现他假公济私，中饱私囊了？"

严总："那倒没有，要是有这种情况，早跟他翻脸了，怎么可能还考虑给他股份？是因为我认为每年增量30%是没问题的，可是营销副总总说市场不好，能有15%的增量就不错了，他说比我更了解市场一线，于是目标总也下达不下去。让我感觉很不好。"

我："如果股权给了，目标还完不成，是不是要给更多的股权？"

严总：……

△解读：严总说的问题，一定是股权的事吗？我看不一定。如果没有严格的目标管理体系，没有战略目标下对应的实施保障计划，给百分之几

的股权，根本是舍本逐末。我这些年接触了很多想做股权激励的企业，最后发现，真需要做股权的，十之一二，即使做股权激励，具体工作中，大部分的工作与股权无关。说到底，还是公司业绩目标的事。一把手对于目标管理缺乏掌控，没有牵住牛鼻子，就想用别的方式笼络人心，以为分点股权就能药到病除，这都是天真的想法。

场景四：

某教育出版社王总找到我，希望重新规划出版社战略，我因为忙，推荐专门做战略的同事过去，聊了几次，出版社相关领导都不满意。于是有了下面的对话。

我："出版社为什么想要做战略啊？"

王总："出版社最近这些年库存积压严重，出的很多新书销售情况都不好，出版社已经好几年没什么盈利了，实际上要把未统计的损耗算进来，亏损更多。出版社希望重新设计一下战略能够改变局面。"

我："为什么我推荐过去的同事你们不满意呢？"

王总："其实您推荐的老师水平不错，说的都在理，对出版业也比较了解，但是同事们一起讨论他的建议时，总觉得缺点什么，导致下不了决心做。"

我："战略是个很大的概念，出版社到底是想要换一个方向发展呢？还是希望想办法提高出版社的业绩水平，多卖书、卖好书，保证盈利？"

王总："是想看看能不能换个方向，当然最着急的还是多卖书，保证盈利，同事们好几年的奖金都没怎么发了，跟当年辉煌的时候比，现在简直太落寞了，好多能干的年轻编辑都走了。"

我："做战略跟抓业绩提升这两件事如果只选一件，你选哪个？"

王总迟疑了一下，答道："应该还是想办法多卖书，保证盈利重要！"

我："如果战略做出来，说你们应该做新媒体、做读书会、做互联网……不做传统书了，你们能转型吗？"

王总："就是要转型，现阶段没有人才，也没有资金，更没有经验，谈何容易！"

我："你们现在有做得好的书吗？编辑还有能干的留下吗？"

王总："有啊，有两个编辑中心的书经常上热销榜，有一批老编辑是很能干的。"

我："那您觉得出版社应该先做什么？"

王总："还是先想办法做业绩吧，等业绩好了，有了资金缓过来了，再考虑其他的。"

△解读：新技术的迭代，导致很多传统行业整体面临挑战，企业面临困境。在困境面前，大多数企业首先想到的，很可能是换跑道，也就是重新踩点。但是，谈何容易？在一个行业待久了，人才、经验、资源、渠道、品牌等，都在这个行业积累了，转换成本非常高。如果一开始没有踩上点，之后等快要活不下去时，才想起来换跑道，先不说有没有能力，现在，最好的时机、靠机会挣钱的风口八成已经过去了。大部分情况下，只要行业还存在、需求还在，就有翻身的机会。就像这个案例，出版社剩下的人才与实力，就是想转型，也只能是第二步考虑了，第一步，只能是想

办法做好当下的事。放大当前的优势，提升销量及利润，逐渐吸引人才，为丰富业态适应变化做准备。

做企业的，是不是上面的场景似曾相识？

在我二十多年跟中小企业打交道、几十个企业亲身咨询的过程中，反反复复地思考验证，让我越来越清晰一件事：

- 企业所有的问题，都是业绩的问题。
- 看起来不是业绩的问题，都是业绩引起的。
- 业绩好了，根本没有问题。
- 从业绩入手，就牵住了企业的牛鼻子，就找到了乱麻的线头，就在迷雾中看到了灯塔。

物有本末，事有终始，知所先后，则近道矣。

本末现在知道了，先后呢？

业绩目标是从哪里推导出来的？——战略愿景

企业目标如何成为可以实现的结果？——目标管理

团队完成目标的基础与前提是什么？——能力

团队为什么愿意努力完成目标？——动力

团队怎样配合一起完成目标？——合力

综上所述，可以看到一个典型中国底层逻辑的管理模型推导：

道生一（战略愿景）；一生二（公司目标及目标分解）；二生三（能力、动力、合力）；三生万物（业绩完成，老板开心，员工富足，客户满意，社会进步）。

当然，上面这个推导从有思路到确定下来，中间经历了很多次的否定之否定，用了几年的时间，这个逻辑顺序，是下面要介绍的工具的基础。

在这个推导逻辑上，就有了图41的"S-APC铃铛"模型。

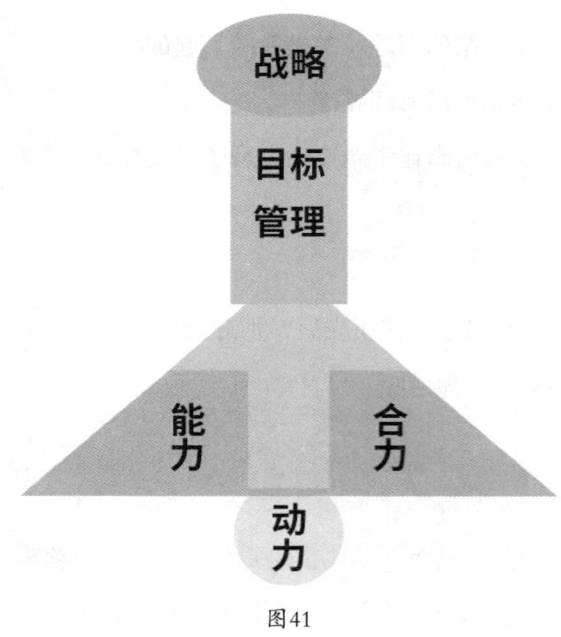

图41

此工具分五大系统，分别是：战略愿景系统、目标管理系统、组织能力系统、员工动力系统、团队合力系统。

一、战略愿景系统

1. 战略愿景在"S-APC 铃铛"模型中的内涵是什么？

战略愿景包含两个关键词：战略、愿景。

第一，什么是战略？

战略本来是个与战争有关的词。战略（strategy）一词最早是军事方面的概念。战略的特征是发现智谋的纲领。在西方，"strategy"一词源于希腊语"strategos"，意为军事将领、地方行政长官。后来演变成军事术语，指军事将领指挥军队作战的谋略。

人类社会有了战争，就逐渐形成了战略。在中国古代，有关战争全局的筹划与指导曾使用兵略、谋略和方略等特定的术语来表述战略。汉成帝于公元前26年命步兵校尉任宏校对兵书。任宏将兵书分为兵权谋、兵形势、兵阴阳、兵技巧等四类，其中兵权谋讲的就是战略。战略一词，在中国最早见于西晋初史学家司马彪所著《战略》一书，后屡见于《三国志》《廿一史战略考》等史籍中。这些术语，其核心含义与现代战略意义有类似之处，但与战役法、战术区分不严格，有时还含有政治、外交谋略和战法之意，使用也不统一。19世纪末，中国开始用"战略"翻译西方的"strategy"一词。20世纪30年代，毛泽东在《中国革命战争的战略问题》中指出："战略问题是研究战争全局的规律的东西。"毛泽东关于战略的论述，奠定了现代中国战略定义的基础。

在军事上，分析战略上成功的战例，将军们可以提高运筹和指导战争的能力。古今中外对战略的称谓繁多，性质不同，定义各异，但有其相同之处：即都是指在一定时期，建设和使用以军队为主体的军事力量，筹划和指导战争全局的准备与实施，以达到一定的政治目的，为一定的阶级、国家、民族和政治集团的利益服务。随着战略理论的发展，西方有的国家出现了更高层次的大战略、国家战略、国防战略及有关的发展战略。

战略这一概念，已扩大延伸到军事领域以外，为其他许多领域所借用，泛指对全局意义重大的、高层次决策的谋略。

具体企业场景中，战略通常是指重大的决定，发展战略、经营战略、创新战略、人才战略、品牌战略、营销战略，等等，战略这个词在现阶段用得已经比较广泛了。

第二，什么是愿景？

愿景是一个汉语词语，意思是希望看到的情景。一般认为，愿景是一种由组织领导者与组织成员共同形成，可以引导与激励组织成员想象未来情景，在不确定和不稳定的环境中，提出方向性的导向，把组织活动聚焦在一个核心焦点的目标状态上，使组织及其成员在面对混沌状态或结构惯性抗力过程中能有所坚持，持续遵循明确的方向、步骤与路径前进；并且藉由愿景，有效培育与鼓舞组织内部所有成员提升职能，激发个人潜能，促使成员竭尽全力，增加组织生产力，达到顾客满意度的组织目标。因此，愿景受到领导者及组织成员的信念和价值观、组织的宗旨等影响，是一种对组织及个人未来发展预期达成未来意象的想法，它会引导或影响组织及其成员的行动和行为。

何谓企业愿景？是指企业的长期愿望及未来状况，组织发展的蓝图，体现组织永恒的追求。企业愿景体现了企业家的立场和信仰，是企业最高管理者头脑中的一种概念，是这些最高管理者对企业未来的设想。是对

"我们代表什么""我们希望成为怎样的企业"的持久性回答和承诺。企业愿景也不断地激励着企业奋勇向前，拼搏向上。

简单说，企业愿景就是企业的长远目标，告诉客户及员工，我们要成为什么，为大家带来什么。

下面列举一些知名企业的战略愿景：

华为：丰富人们的沟通和生活。

格力：缔造全球依靠的空调企业，成熟格力百年的世界品牌。

宇通：成为中国一流的以商用车业务为主业的新兴产业集团。

惠普：为人类的幸福跟发展做出技术贡献。

麦肯锡：帮助杰出的公司和政府更为成功。

星巴克：为客人煮好每一杯咖啡。

英特尔：超越未来。

2. 在这个"S-APC 铃铛"工具里，战略愿景具体如何体现？为什么？

上面讲的企业战略愿景，是一个大方向、大目标，但是很难作为具体的管理工具，因为，目标只有被量化才能被管理。

所以，在这个工具里的战略愿景，有虚的部分，一定也要有实的部分，虚的部分是理想主义，实的部分是现实主义。

文字描述的理想主义部分指引方向、振奋人心；数字描述的现实主义部分给我们清晰的节点、具体的要求。

一阴一阳之谓道。我在参与企业战略愿景设计时，都会按虚实结合的方式来设计：

虚的部分：愿景目标，比如，为客户带来××××，成为××行业的×××；实的部分：量化目标（3～5年或者更长时间），比如，十年一百亿、三年做到行业前三，等等。

3. 企业战略愿景设计上的常见问题有哪些？

中小企业很多都不重视企业的战略愿景设计，或者做了但很不科学，在实践中，我发现主要有以下问题：

- 缺乏愿景规划，只有短期目标；
- 愿景规划只有数字，没有对客户、对员工、对社会的价值体现；
- 老板自以为有愿景规划，但是没有文字化，没有经常宣传，员工、客户都不知道；
- 愿景规划过于宏大、不切实际，起不到指导作用；
- 过于保守，希望做到一定规模后，再描述愿景；
- 愿景目标调整过于频繁——有志者，立长志，无志者，常立志；
- 不考虑行业特点及团队实力，随意抄袭其他公司愿景。

4. 中小企业有必要设计战略愿景吗？尤其是理想化的愿景，价值何在？

中小企业非常有必要设计战略愿景。但，事实上，相当多的中小企业，最多只做到年度目标，不清楚设计愿景及长远目标的价值。

中小企业设计战略愿景，最主要的作用是吸引人才、凝聚人心。

前面已经分析过，员工在企业工作，最高的境界是把企业当成自己的事业用心投入、不遗余力，这是管理的最高境界，做到这一点，企业一定差不了。那么，员工为什么在你的企业里会努力工作呢，无非要三样：有钱、有爱、有梦。中小企业，尤其是初创型、规模小的企业，能够给员工的金钱回报常常有限，那优秀的员工为什么要跟着你？一定是因为你能给他除了钱之外的东西。规模小的时候，员工关系一般差不了，那么，真正能吸引员工，尤其是能吸引有理想、有能力的员工的，一定是企业的未来。

如何让员工相信企业有未来？

那就是：企业有明确的发展目标，有用文字明确写出来的理想，并且昭告天下，经常复述。

如果企业没有长远的发展目标，在员工眼里，企业无非是老板用来改善生活的提款机罢了。那么，员工很可能也只会用混饭吃的态度来工作，或者努力学习技艺，准备有朝一日再攀高枝。为钱来的，迟早也会为钱走。

老板如果没有理想，吸引的员工能力一定不如自己，时间久了，就是武大郎开店。

有理想的企业，吸引来的人才会感觉自己与老板、同事一起实现一个伟大目标，这是真正的合作心态。从一条船变成一条心、从利益共同体变成命运共同体，产生的能量，不可同日而语。

国共内战前国民党的总兵力为430万,它占有3.39亿以上人口、730万平方公里土地,控制着几乎所有的大城市和绝大部分铁路交通线;它不仅接收了100余万日军和数十万伪军的装备,而且美国还为他训练和装备了50万军队。

解放军的总兵力为127万,装备基本上是缴自日军的步兵武器;解放区的人口为1.36亿,面积约230万平方公里,而且是被分割、包围的,在物质上得不到任何外援。

这场内战的结果,国民党只剩下100多万部队逃到台湾,共产党兵力超过400万。

三年之内,发生如此大的反转,为什么?

最主要的原因,就是解放军的理想是建设一个属于劳苦大众的新中国,让人民翻身做主人。在这一理想的感召下,每一个参与解放战争的士兵以及协助后勤的农民兄弟,都是在为自己以及自己的父母子孙的未来而战斗。国民党军队最多是利益共同体,仅仅是一条船,不同的部队往往一条船都不是;而共产党的军队是命运共同体,是一条心。所以,结果是必然的。

社会上常说的企业家精神,最核心的就是敢于做梦。

企业梦想意味着老板对员工未来的承诺。或者说,至少是给员工的一个希望。

用金钱激励员工的,是合格的老板;用梦想凝聚人才的,是优秀的老板。

有理想不一定能实现,但没有理想一定很难成功。

理想就是还没有实现，一定也会为努力的过程起到加速作用。

就像马云说的：理想还是要有的，万一实现了呢？

5. 具体的企业设计战略愿景时一般怎么操作？

具体操作有两步，第一步是梳理战略，第二步是明确愿景。

刚才讲的"一阴一阳之谓道，"愿景里面既要有文字化的理想（阴），又要有数字化的目标（阳），否则文字化的理想只能是空中楼阁。

愿景可以从企业创始人的意愿出发，有些理想主义也没有关系，也不一定需要验证可行性；但是作为数字化的目标，其可操作性就必须经过一番推敲。所以，在明确愿景尤其是量化的愿景时，必须先进行战略的梳理，以确定愿景的可行性。

第一步：梳理战略。

在给具体的企业进行战略落地咨询时，主要内容并不是要给企业重新设计战略，而是对企业现有的战略进行梳理，分析其方向性及可行性。当然也少不了对战略咨询流程的涉及与工具的应用。

要了解战略梳理，首先要清晰战略制定的原则与流程。

战略制定的原则：

- 有利于企业的可持续发展（走一步，看三步）；
- 综合考虑企业外部环境与内部条件，扬长避短（以己之长，克敌之短）；
- 着眼未来，适当冒险（要有点狼性）。

战略制定的流程：

- 评估企业现行的战略（我们在哪里？出了什么问题）；
- 综合分析企业的外部环境：找出主要机会与威胁（我们要去哪里，为什么，有什么阻碍）；
- 综合分析企业内部条件：找出优势和劣势（跟竞争对手比，我们的优缺点是什么，要达到我们的目标，我们还有哪些不足）；
- 对内外部条件对比分析，准备战略方案（就我们现在的位置和条件，我们该怎么做）；
- 评价和选择战略方案（不止一条路，哪一条路最好）；
- 确定战略方案（拍板，执行）。

以上在具体场景中，会分析趋势（天时），模式（地利），效率（人和），也会用到价值链分析以及SWOT分析。

第二步：明确愿景。

理想主义部分，主要看企业核心管理层的意愿。严谨一点说，这属于企业文化部分。已经描述过愿景的，讨论确认即可。如果之前没有确定过愿景，就需要根据企业的发展阶段与核心管理层的意愿，考虑做一个相对完整的企业文化，企业文化的操作参看本章第五节"团队合力系统"。

量化目标部分，在战略愿景中的量化目标，一定是相对长期的一个量化目标。作为目标管理的依据，是需要很严谨的，绝不可随便拍脑门就定出来。具体设计时要考虑的因素很多，如公司历史业绩情况、行业发展趋势、公司资源能力分析、创始人意愿及团队士气、竞争环境等。大部分内容与战略制定流程是接近的。这个相对长期（三年、五年至十年）的发展目标，最关键的是要能够振奋人心，同时又让团队核心成员觉得自己努力之后可以达到。

麦肯锡对于战略愿景的描述值得借鉴：

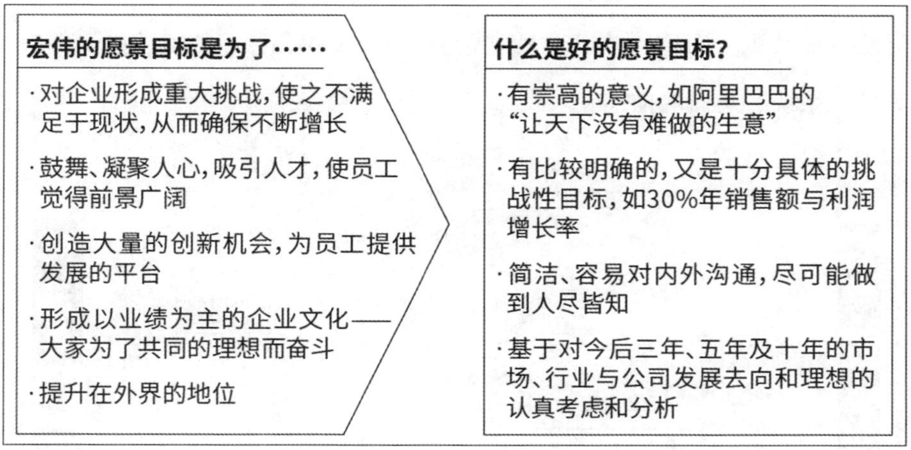

宏伟的愿景目标是为了……
- 对企业形成重大挑战，使之不满足于现状，从而确保不断增长
- 鼓舞、凝聚人心，吸引人才，使员工觉得前景广阔
- 创造大量的创新机会，为员工提供发展的平台
- 形成以业绩为主的企业文化——大家为了共同的理想而奋斗
- 提升在外界的地位

什么是好的愿景目标？
- 有崇高的意义，如阿里巴巴的"让天下没有难做的生意"
- 有比较明确的，又是十分具体的挑战性目标，如30%年销售额与利润增长率
- 简洁、容易对内外沟通，尽可能做到人尽皆知
- 基于对今后三年、五年及十年的市场、行业与公司发展去向和理想的认真考虑和分析

图42

6. 战略愿景与公司目标是什么关系？愿景目标落到具体的年度目标时怎样操作？

在中小企业的管理实践中，年度目标是最常用到的目标管理依据。

在战略愿景中，具体的目标通常只会给一个相对长期的，简单直接的量化描述，比如几年之内、达到多少、增长多少。作为一个指导依据，在具体目标管理时，是无法直接使用的。

因此，第一步必须将相对长期的总目标，落实到年度目标上，而这个年度目标，需要更加具体。具体到什么程度？给读者两个案例，一个是战略地图的逻辑，一个是某民营医疗器械公司总经理的年度目标管理卡。

战略地图（Strategy Map）由罗伯特·卡普兰（Robert S. Kaplan）和戴维·诺顿（David P. Norton）提出。他们是平衡计分卡的创始人，在对实行平衡计分卡的企业进行长期的指导和研究的过程中，他们发现，企业由于无法全面地描述战略，管理者之间及管理者与员工之间无法沟通，对战略无法达成共识。"平衡计分卡"只建立了一个战略框架，而缺乏对战略进行具体、系统、全面的描述。

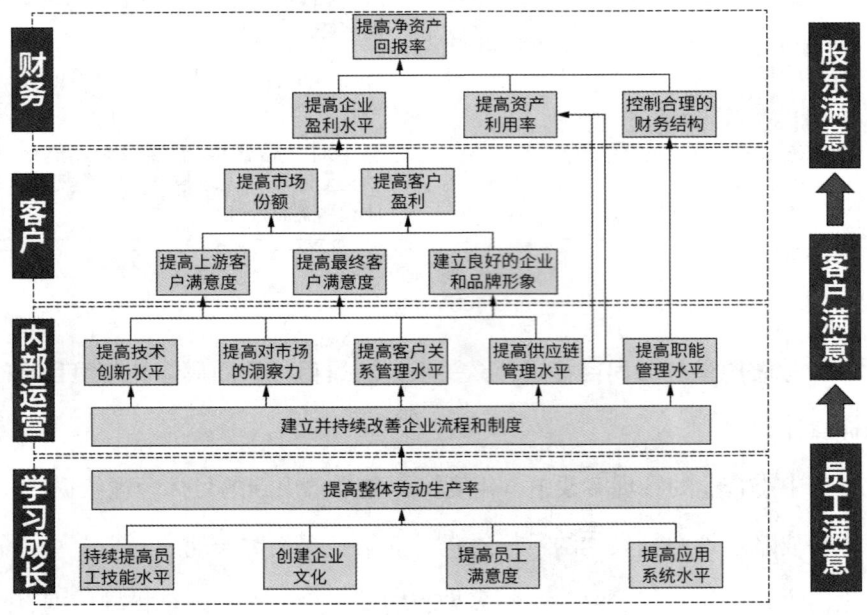

图43

战略地图的核心内容包括：企业通过运用人力资本、信息资本和组织资本等无形资产（学习与成长），才能创新和建立战略优势和效率（内部流程），进而使公司把特定价值带给市场（客户），从而实现股东价值（财务）。

大部分世界五百强的高级管理人员，包括国内很多大企业总监以上的管理人员，都会在管理中用到战略地图这个工具，如年度目标的分解逻辑，在操作上叫"平衡积分卡"。中小企业在管理上，尤其在年度任务的设计上，可以借鉴战略地图的思路与部分内容。

表7是某国内知名医疗器械公司总经理某年的年度目标管理卡。这个具体的年度目标管理卡，任务细分，权重明确，责任人具体，作为公司年度目标的总纲，是其他部门负责人年度目标分解的依据。

表7

序号	指标形式	目标归属	分值	依据完成效果设定的考核标准	目标关键要素
		目标实施责任岗位：总裁			目标监督人：董事会
1	KPI 指标	每股收益率（财务数据）	20	基本目标：85% 挑战目标：100% 超过或达到挑战目标，得满分；目标值与基本目标相差1%±0.3分	Q1 利润 635−4235×0.15 Q2 利润 847−4235×0.2 Q3 利润 847−4235×0.2 Q4 利润 1271−4235×0.3 基本目标：全年利润 ×× 万
2	KPI 指标	销售额目标（销售数据）	20	基本目标：2.1亿 挑战目标：2.5亿 超过或达到挑战目标，得满分；目标值与基本目标相差200万元，±0.1分	国内业务 8000 万元 医疗系统 7000 万元 国际业务 6000 万元 共计 2.1 亿
3	季度重点工作目标	品牌美誉度和知名度提升（耿 ××/ 刘 ×/ 万 ××/ 谈 ××/ 张 ××）	5	基本目标：9方面工作都全面升级 挑战目标：×× 仪器被认为是一流品牌 超过或达到挑战目标，得满分；达到基本目标，得单项4分	1. ×× 战略 2. 展会升档 3. 媒体推广 4. 访客 / 电话 / 办公环境品位提升

序号	指标形式	目标归属	分值	依据完成效果设定的考核标准	目标关键要素
		目标实施责任岗位：总裁			目标监督人：董事会
4	季度重点工作目标	燕郊工业园（徐××/陈××）	10	基本目标：一期入住 挑战目标：二期入住 超过或达到挑战目标，得满分；达到基本目标，得8分	按照项目计划进行（徐×）
5	季度重点工作目标	IPO（李×/徐××）	15	基本目标：完成 挑战目标：国庆节前 超过或达到挑战目标，得满分；达到基本目标，得单项12分	1.募投清晰 2.法人治理
6	季度重点工作目标	财务能力建设（徐××）	5	基本目标：会计/金融/管理/投资核心成员到位 挑战目标：运行良好 超过或达到挑战目标，得满分；达到基本目标，得单项4分	1.架构、岗位、职责 2.人员 3.流程 4.效率
7	季度重点工作目标	销售能力提升（张××）	10	基本目标：建立覆盖全国的网络，直属机构32个，分销商200家 挑战目标：实现电子化商流、物流、资金流控 超过或达到挑战目标，得满分；达到基本目标，得8分	1.××仪器–北京××–地方××–分销商的职责 2.商业模式 3.业务流转
8	季度重点工作目标	医疗系统工程业务创出品牌（沈×/张××）	5	基本目标：品牌特点清晰，工程质量良好 挑战目标：医疗系统工程业务概念取代净化工程业务概念 超过或达到挑战目标，得满分；达到基本目标，得单项4分	1.精华工程业务模式 2.品牌内涵建立 3.品牌推广
9	季度重点工作目标	国际业务超越国际销售（魏××）	5	基本目标：配合国际战略建立具有技术能力的团队 挑战目标：国际合作启动10家 超过或达到挑战目标，得满分；达到基本目标，得单项4分	1.美国、欧洲、非洲、东亚、西亚、南美大区团队建设 2.各区域业务模式 3.各区域3年规划
10	季度重点工作目标	制造创新（高××/肖××）	10	基本目标：制造工序优化完成，供应商合作启动 挑战目标：成功实现5家供应商合作 超过或达到挑战目标，得满分；达到基本目标，得单项4分	1.制造创新战略 2.供应商战略 3.供方管理部职责及团队建设 4.工序优化
11	季度重点工作目标	研发管理升级（高××）	5	基本目标：建立电子化项目管理体系，项目完成率达到90% 挑战目标：实现成本核算 超过或达到挑战目标，得满分；达到基本目标，得4分	1.研发管理部成立 2.培训和顾问咨询 3.POM

目标实施责任岗位：总裁					目标监督人：董事会
序号	指标形式	目标归属	分值	依据完成效果设定的考核标准	目标关键要素
12	季度重点工作目标	人力资源整合（纪××）	10	基本目标：核心团队稳定，岗位职责清晰，工作目标得到有效管理 挑战目标：梯队建设 超过或达到挑战目标，得满分；达到基本目标，得8分	1. 职等体系 2. 薪酬激励机制 3. 岗位职责 4. 培训和适岗能力评价
满分值：120分			120	/	考核得分

7. 除了前面介绍的几个工具，在帮助具体企业设计战略愿景时，还会用到哪些常用工具？

在帮助企业设计战略愿景时，除了之前介绍过的工具方法以外，最常用的还有两个工具：价值链分析和SWOT分析。这两个工具很重要，在这里做个简单的介绍。

第一，价值链分析。

价值链（value chain）概念首先由迈克尔·波特（Michael E.Porter）于1985年提出。最初，波特所指的价值链主要针对垂直一体化公司，强调单个企业的竞争优势。随着国际外包业务的开展，波特于1998年进一步提出了价值体系（value system）的概念，将研究视角扩展到不同的公司之间，这与后来出现的全球价值链（global value chain）概念有一定的共通之处。之后，寇伽特（Kogut）也提出了价值链的概念，他的观点比波特的观点更能反映价值链的垂直分离和全球空间再配置之间的关系。

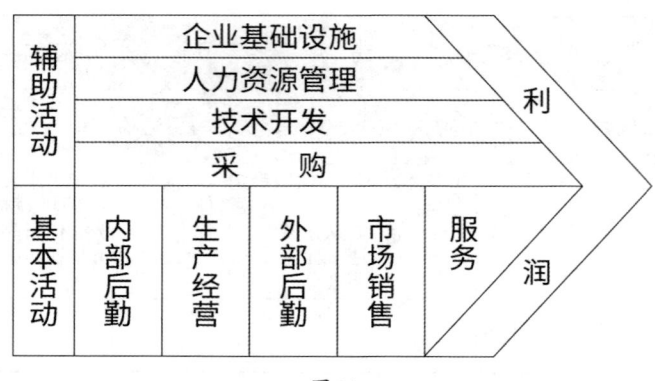

图44

"价值链"理论的基本观点是,在一个企业众多的"价值活动"中,并不是每一个环节都创造价值。企业所创造的价值,实际上来自企业价值链上的某些特定的价值活动;这些真正创造价值的经营活动,就是企业价值链的"战略环节"。企业在竞争中的优势,尤其是能够长期保持的优势,说到底,是企业在价值链某些特定的战略价值环节上的优势。

判断企业利润来源,首先要找到创造利润的关键环节。比如了解一个企业的价值链,分清楚哪些活动是创造利润的关键环节或者是瓶颈环节,并且能分清楚不同环节之间的先后关系,让企业的利润产生过程,在头脑里形成一个动态的、闭环的图像,这样,你对一个企业的运作过程,就算有些感觉了,怎么分析,都不会跑偏。

比如,在本书后文某汽车集团案例中,进行年度目标设定时,在所有部门的负责人考核上,都将卡车的销售作为最高权重,因为,在这个汽车集团的价值链上,虽然卡车的销售本身利润并不高,但是后面所有的独立核算的部门,都要从车辆销售及使用的过程中产生利润,因此,车辆在销售这个环节看起来利润微薄，但却是价值链上最关键的环节。

使用西方管理学家总结的各种工具时，一定要知其要义，活学活用，不能被工具困住。

第二，SWOT分析。

这个工具，在战略梳理、愿景设计时经常用到。

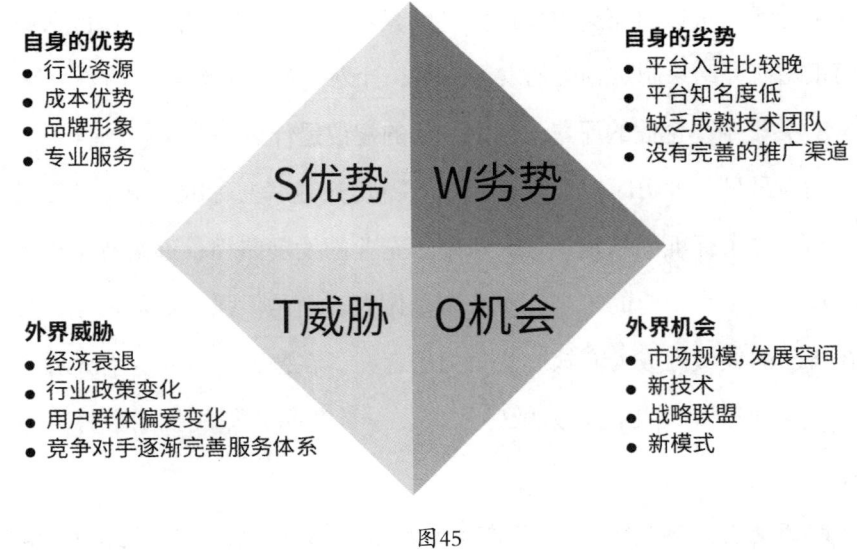

图45

S（strengths）是优势、W（weaknesses）是劣势、O（opportunities）是机会、T（threats）是威胁。按照企业竞争战略的完整概念，战略应是一个企业"能够做的"（即组织的强项和弱项）和"可能做的"（即环境的机会和威胁）之间的有机组合。

所谓SWOT分析，即基于内外部竞争环境和竞争条件下的态势分析，就是将与研究对象密切相关的各种主要内部优势、劣势和外部的机会和威胁等，通过调查列举出来，并依照矩阵形式排列，然后用系统分析的思想，把各种因素相互匹配起来加以分析，从中得出一系列相应的结论，而结论通常带有一定的决策性。

SWOT方法的优点在于考虑问题全面，是一种系统思维，而且可以把对问题的"诊断"和"开处方"紧密结合在一起，条理清楚，便于检验。运用这种方法，可以对研究对象所处的情景进行全面、系统、准确的研究，从而根据研究结果制定相应的发展战略、计划以及对策等。

8. 关于中小企业的愿景、规划，我的建议是什么？

作为最早一批中国中小企业"专精特新"产业联盟标准委员会的委员，我有幸参加了标准的制定工作，对中小企业的发展路径，逐渐有了更加清晰的观点。中小企业的未来，不一定是做大，而是做强。如何做强，那就是在自己的领域内成为有核心竞争力的存在。在德国与日本，有无数长盛不衰的中小企业，几代人只做一件事、一类产品，却成就了数万家百年企业。

比如随着中国高铁的兴盛而被国人熟知的日本哈德洛克公司，凭借一颗螺丝，却垄断了全球市场。值得注意的是，这家公司的员工规模并不大，只有45人。虽然员工只有45人，哈德洛克却为全球各国提供了永不松动的螺丝，并运用在铁路、高铁、医疗乃至航空等基础设施上。实际上，不论是飞机也好，高铁也罢，一旦交通运输工具处于高速行驶的状态下，不可避免会因为与铁轨甚至是大气之间不断接触而造成剧烈震动，或者因为摩擦而带来高温炙烤。与传统螺丝不同的是，哈德洛克公司生产出的永不松动的螺丝有一个无可替代的优势,那就是将螺丝拧紧之后,会避免一些意外事情的发生,基础设备后期并不需要再针对螺丝进行维护和修理。也正是因为永不松动的优势,使得该螺丝的价格要比普通的螺丝贵出3~4倍。即便如此,考虑到哈德洛克的螺丝无须进行后续维修,很多厂商争先恐后购买哈德洛克的螺丝,凭借这颗螺丝,哈德洛克赚得盆满钵满。

图46

日本可谓世界长寿企业的国家。据日本东京商工研究机构的调查数据显示,截至2016年,全日本超过100年历史的老店铺和企业竟达33069家之多,比2012年的调查增加了5628家。日本千年以上的企业有7家,最老的企业是木造建筑行业的"金刚组",距今已有1439年的历史。值得注意的是,90%的日本百年企业都是员工少于300人的中小企业,多以家庭为单位经营。

在德国,超过99%的企业属于中小企业,占整个经济产出量的52%,创造产值占德国所有企业总产值的37%。它们在行业内享有盛誉,但不为普通消费者所知;他们绝大部分是家族企业,生存时间都在30年以上,有的甚至已有上百年历史；很多在一个细分的市场内精耕细作，直到成就全球行业内的"独尊地位"，被誉为"隐形冠军"。[①]

西蒙认为，世界隐形冠军的成功之道在于：

> 第一，他们奋斗的目标就是在自己的领域成为全球领袖，不作他想，并孜孜不倦地追逐这一梦想。
>
> 第二，隐形冠军公司把市场定义看作他们战略的一部分。通过自己观察顾客的需求和相关的技术，把他们各自的市场定义得很窄。他们是高度专注的公司，强调深度而不是广度。
>
> 第三，隐形冠军公司把自己在产品和专有技术方面的独到造诣与全球化营销结合起来，通过自己的子公司来服务全球的目标市场，不把客户关系交给第三方。
>
> 第四，隐形冠军公司都非常贴近客户，尤其是顶级客户。他们不是单靠技术或者市场取胜，而是通过技术与市场共同驱动取胜。
>
> 第五，隐形冠军公司无论产品还是生产流程都是高度创新的。他们的创新活动是全球导向的，是持续不断的。
>
> 第六，隐形冠军公司在产品质量和服务方面创造战略竞争优势。他们总是和最强大的对手"亲密接触"。为了保持企业的活

[①] "隐形冠军"企业，最早由德国管理学家赫尔曼·西蒙提出，是指那些不为公众所熟知，却在某个细分行业或市场占据领先地位，拥有核心竞争力和明确战略，其产品、服务难以被超越和模仿的中小型企业。

> 力，他们会主动出击，会不惜一切代价维护行业地位。
>
> 第七，隐形冠军公司依靠他们自己的力量。他们不相信什么战略联盟，也不像其他公司那样热衷于业务外包。他们认为他们的竞争优势在于有些事情只有他们才做得了。
>
> 第八，隐形冠军公司有着非常强大的企业文化，与之相联系的是卓越的员工认同感与积极性。对新员工的挑选非常苛刻，企业领导非常杰出，而且一般都掌舵几十年。

比如做指甲钳的圣雅伦，比如专做木结构住宅的德胜洋楼，都非常值得学习。

大企业未必有竞争力，瞬间坍塌的比比皆是。做一个"小而美、小而强"的"隐形冠军"，拥有很难被超越的核心能力，成为这个商业社会中不可或缺，难以取代的一分子，个人认为，是中小企业的第一选择。

二、目标管理系统

1. 什么叫目标管理？

目标，是做好一切事情的前提，这一点，古人早就意识到了。

《礼记·大学》有言："大学之道，在明明德，在亲民，在止于至善。""知止而后有定，定而后能静，静而后能安，安而后能虑，虑而后能得。物有本末，事有终始。知所先后，则近道矣。"

《四书》是古代读书人必学经典，中国文脉也由此传承，其中第一部《大学》更是提纲挈领。最开始"大学之道，在明明德，在亲民，在止于至善。"这十六个字，开宗明义，是在说学习的目的，那么学习的根本方法呢？"知止而后有定，"这六个字，是最重要的学习方法。止，就是目标。在这里，至善是终极目标。

企业层面的目标管理，第一个系统提出的人是美国管理大师彼得·德鲁克（Peter F.Drucker），他于1954年在其名著《管理实践》中最先提出了"目标管理"的概念，其后他又提出"目标管理和自我控制"的主张。德鲁克认为，并不是有了工作才有目标，相反，有了目标才能确定每个人的工作。

经典管理理论对目标管理的定义为：目标管理是以目标为导向，以人为中心，以成果为标准，而使组织和个人取得最佳业绩的现代管理方法。目标管理亦称"成果管理"，俗称责任制。是指在企业个体职工的积极参与下，自上而下地确定工作目标，并在工作中实行"自我控制"，自下而上地保证目标实现的一种管理办法。

就像本章开始处分析的，在真实的企业管理实践中，所有的问题，最后都是业绩目标没有实现的问题。所以，目标管理既是目的，也是方法。

2. 目标管理的价值是什么？对企业以及对员工分别能起到什么作用？

目标管理是最重要的管理，它有两大价值，一是控制，对企业全局发展的控制；二是激励，对团队积极性调动的激励。

目标管理对企业的作用：

- 清晰的远景：目标管理为企业制订发展蓝图，用具体量化的清晰指标引领企业进步；
- 透明的管理：通过目标体系明确个人和部门的责任权利，消除职能重叠与职能空白区域；
- 共同的立场：使个人目标、团体目标和企业目标融为一体，既能避免本位主义，又能集思广益；
- 双向的提高：通过授权和自我管理，既提高了管理者的领导水平，又提高了员工自觉意识；
- 长期的动力：通过人人制定目标，迫使每个人为未来做准备，防止短期行为；
- 多点的控制：上下级共同制定目标，便于对目标进行调整及对目标的实施进行控制；
- 公正的考核：以目标管理为基础形成一套完整的目标考核体系，从而使员工的贡献大小得到如实评价。

目标管理对个人的作用：
- 挑战精神：使得个人敢于挑战目标；
- 主动精神：工作不是由他人强加于己，能主动参与计划和约束自己；
- 创新精神：为了达成目标，员工会发挥个人主观能动性，想各种办法创造性地完成任务；
- 组织认同：使组织目标与个人目标紧密地结合，以增强员工的归属感、积极性和凝聚力；
- 抓住重点：目标的明确让每一个人清晰地知道什么是最重要的事，以及主次先后顺序；

- 提高效率：清晰的目标让员工得以集中精力，关注效能，提高效率；
- 人际关系：目标体系把人与人之间的关系明确放在了一个连接紧密的纽带上。

3. 设计目标的流程一般是怎样的？

企业目标设计与管理，通常有两种路径，一种是自上而下，一种是自下而上，各有优缺点，如表8所示。

表8

	自上而下的目标管理	自下而上的目标管理
典型步骤	1. 总经理根据长期经营计划制定并公布公司的年度总目标 2. 各部门负责人根据年度总目标制定并公布部门目标 3. 基层单位负责人根据部门目标制定并公布基层目标 4. 员工根据所属单位目标制定个人目标 5. 将所制定的各级目标绘成目标体系图	1. 将改进工作的必要性通知各部门 2. 总结出工作待改进的地方和改进工作的方法，经总部整理和补充后下发全公司 3. 员工比照总结材料，制定工作改进方案并上报领导 4. 员工结合领导看法制定个人目标 5. 专职管理部门汇总后，提出意见报总经理 6. 员工实行自我管理，定期报告执行情况 7. 员工对完成情况进行自我评价，再报上级考核
优点	1. 目标易于制定 2. 只要总目标正确，能最大限度地保证企业经营业绩的实现 3. 形成目标链锁，能增进员工的整体意识和树立团队精神	1. 目标是自主制定的，不是上级分配的，员工实现目标的热情高，动力大 2. 自己找不足，定目标，定方向，能挖掘潜力，提高自我管理能力，有利于培养人才 3. 对于难以度量业绩的职能部门特别适合

	自上而下的目标管理	自下而上的目标管理
缺点	1. 下级制定目标时，易被上级干涉，自主权会受到限制。 2. 如果总目标错误，会给企业带来灾难性后果 3. 由于是目标链锁，一旦某个环节出现问题，就会牵一发而动全身	1. 目标之间容易缺乏整体性和关联性。过分重视个人目标，可能导致忽视全公司目标 2. 因为没有可遵循的上级目标，好目标难以制定，甚至有敷衍了事的可能 3. 常因授权不彻底而使其效果大打折扣

如果单纯采用自下而上或者自上而下的目标管理方式，都会遇到问题，但是，在具体操作中是可以避免的。重点不是自下而上或者自上而下，而是上下级就目标设计进行充分的沟通确认，达成一致意见。

在一线观察中，中小企业自上而下的目标管理方式居多；在人员素质较高或者发展比较稳定的企业，用自下而上的目标管理有较好的效果。在我指导的企业，会用两种结合的方式，先自下而上，再自上而下。

目标管理的风格，是企业文化风格的主基调。

4. 什么样的目标是好目标？

好的目标要符合SMART原则：目标必须是具体的（Specific）、目标必须是可以衡量的（Measurable）、目标必须是可以达到的（Attainable）、目标必须是和其他目标具有相关性的（Relevant）、目标必须是具有明确的截止期限的（Time-based）。

最重要的一点是：跳一跳，够得着。

5. 目标设计的依据是什么？在目标实现过程中能否修改？

3~5年以上的长期目标主要考虑行业发展趋势、公司历史业绩情况、创始人意愿及团队士气、公司资源能力及预计投入、竞争环境等，可以适当理想主义。

年度目标是基于长期目标的具体化，当然也要考虑设定长期目标相同的因素；最后确定的年度目标一定是经过部门及个人分解，经过季度、月度分解，落实到每个月、每个人头上的，是真正的管理依据，必须是现实主义的，让大家相信通过努力可以实现的。

理论上来说，没有完不成的目标，只有付不起的代价。

目标需要具有权威性，一经确定不应随便更改，但由于形势的变化在某些时候仍然需要修改目标。有三种情况会导致需要修改目标：

第一种，当外界环境条件发生重大的变化，原定目标无法实现，或者不宜继续实施，或者目标本身已经失去意义的时候，可以修改目标；第二种，当公司内部发生重大变化，比如目标责任者变动，内部资源条件显著好转或者恶化，或受其他部门的影响，可以修改目标；第三种，当原定目标制定得过高或者过低，无法实现或者不能起到激励作用的时候，可以修改目标。

但是修改目标不可以随意，需经过公司核心领导及目标负责人沟通一致，再按新目标设计完整的目标管理与绩效考核的相关工作闭环，修改目标工作才算完成。

6. 中小企业目标管理上常犯的错误有哪些？

- 凭感觉做事，不定目标，走到哪算哪；
- 拍脑门定目标；

- 目标修改过于频繁；
- 目标设定不合理。或者高得不切实际，没人相信；或者过于保守，缺乏激励性；
- 定一个目标挂在那里，没有分解下去，只是让大家奔这个目标努力，让目标成为空中楼阁；
- 只有目标没有配合目标的绩效管理机制。或者即使有，也不疼不痒，起不到激励作用；
- 只做目标设计及分解，不重视过程管理与绩效沟通；对目标完成过程中发生的问题不归纳，不解决。这叫"死后验尸"；
- 不懂得用目标引领企业发展，只根据企业自身现有资源能力定保守的目标；
- 重视绩效考核，忽视目标管理；（如果目标管理做得不好，绩效考核怎么做都是错的）
- 目标管理做得过细，不懂得抓大放小，在不重要的枝节问题上消耗过多精力。

7. 为什么模型上把目标分解单独列出来？目标分解过程能发现什么？

在帮助多家企业进行绩效改进的过程中，我发现大部分企业都懂得设计大的目标，比如公司级别的目标、部门级别的目标。但是，往往对于目标的细化程度非常不够。

实际上，从目标分解开始，管理的实质性工作才刚刚开始。在目标分解过程中，才会发现团队需要增加能力、提高动力或者加强合力，发现管理上需要做出的改进，发现下一阶段的工作重点。

什么是增加能力？

在目标分解过程中，我们会发现有些部门与个人无论如何都不可能完成计划的目标。怎么办？如果是缺乏人手，就需要招聘，如果是能力不足，就需要培训、实践，甚至外包；如果是职能缺乏，就需要设计新的部门或者岗位。这是能力部分。

什么是提高动力？

在目标分解过程中，我们会发现有些部门或个人，明明有可能完成目标，但就是缺乏意愿，不能全力工作，这个时候，就需要想办法调整大家的薪酬、福利、奖金等，或者进一步设计成小部门核算（阿米巴），设计分红计划、股权激励计划等，再加上适当的员工关怀与梦想召唤。人的潜力是很大的，是否努力工作，大部分时候的绩效产出，相差3~10倍的结果。

什么是加强合力？

在目标实现过程中，我们会发现人与人之间的合作会成为最终的制约因素，且部门越多、员工越多的企业，越容易出现这个问题。在目标分解的过程中，关联部门需要一起配合才能完成目标，在目标分解的研讨过程中，部门之间，或者部门的人与人之间配合的问题就会被暴露出来，因为所有部门负责人或者普通员工都要对自己的目标负责，当需要在自己的目标责任书上签字的时候，平时被隐藏的冲突矛盾就会被激发出来。这样，问题才有机会解决。如果是事与事的衔接问题，就重新梳理流程；如果是人与人的配合问题，就需要协调与文化。

同时，在目标分解的过程中，能够发现管理上的重叠区与空白区，从而确保人人头上有指标，件件工作有人管。职能部门在配合业务部门完成目标的过程中，也容易据此确定职能部门的关键指标及配合计划。

至此，目标分解与实现的过程暴露的问题，也就是当年或者接下来一个阶段的管理工作重点。

8. 我的感悟：目标管理为什么是"抓手"？

很多中小企业的老板觉得管理是太麻烦的事，根本原因大都是自己不懂得使用目标管理的方法。

上一个问题已经说清楚，管理上的问题，如果只是就问题找问题，问题会越找越多，因为根本不存在管理完美的公司，如果你愿意，在任何一个单独的管理模块上，都可能消耗掉你大部分的精力。比如人才素质，估计老板没有满意的。只有影响目标达成的问题，我们才有必要视之为问题，否则，一律忽视。

这叫以终为始。

这叫放弃解决所有问题的想法。

这叫没有完美的管理，只有合适的管理。

以目标管理为抓手，牵动整个公司所有的部门及个人，只解决影响目标的问题，只抓住负责关键目标的几个人，然后一级一级负责。

在时间上，按照目标过程实现的节点进行集中沟通，集中发现问题，解决问题；在管理幅度上，只需管理到老板目标分解的第一层核心领导，其他的员工，各自对各自的上级负责。只可以越级检查，不可以越级指挥。这样，老板不累，员工也踏实。

如此一来，才有可能轻松做老板。

三、组织能力系统

1. 什么叫组织能力？组织能力由什么组成？

组织是为目标而存在的。为完成目标而组织的人才以及配套的结构、分工配合体系，形成了组织能力。

组织能力由成员个体能力组成，大组织的能力由组成大组织的小组织合并组成。

在具体企业分析组织能力时，要考察以下几个问题：

- 组织结构是否合理，是否能支撑企业发展目标。
- 员工能力是否配套。
- 员工能力补充、能力提升及能力传承体系是否建立。

组织能力对应的是目标完成能力（预估）。单纯的组织能力是无法评价的。纯概念的描述过于抽象，在本章后面的案例中，会详解组织能力分析过程细节。

2. 个体能力如何提高？

组织能力微观上是由个体能力组成的。员工个体的能力是组织能力的基础。

个体的能力是由招聘、培训、实践等逐渐提升的。

关于招聘的误区与建议：

- 招聘不可能一次到位；招聘应该是长期的过程；

- 招聘不可能完全满足公司对人才能力的需要，还要靠招聘后的能力提升；
- 招聘的方式必须是多元的，除了常规的招聘渠道，比如几个常用的招聘网站以外，还可以号召员工举荐；关键岗位还可以请猎头推荐；
- 真正又有能力又忠诚可靠的员工，大都是自己培养出来的；
- 挖人是没有办法的办法；
- 员工的流动是正常的，关键是看流动的是哪些人；没有人员流动的企业通常也不会有什么活力；
- 不要太相信人力资源或者某个人的眼光，避免招聘上的晕轮效应与主观偏好，人才组成在性格特质上要有些差异才好，完美团队不光是能力组合，更需要性格多样化；
- 新人的意愿、理想与价值观往往比刚开始体现出的能力重要；
- 有能力的往往有性格，这就是老板胸怀的用处。

关于培训的误区与建议：

- 不要夸大一两次培训的作用；不要低估持续培训的作用；
- 不要迷信权威，更不要盲目跟风；
- 培训必须有针对性，以解决问题为导向；
- 培训要有系统性，要有跟踪，考量学以致用的效果；
- 员工如果没有学习的意愿，培训只是把油倒到水里；

- 不要把入职培训当成培训，那是最基础的热身而已；
- 外面请的老师常常只能开拓视野；内部讲师讲的东西对做事更有帮助；
- 最重要的培训师，一定是企业内部的管理者与优秀员工；
- 重要的是实践检验过的知识与方法，否则，贻害无穷；
- 用培训＋研讨的方式，比单纯开会解决问题效率高得多；
- 优秀的管理者都是培训师，优秀的企业家更是如此。

关于内部实践及员工能力传承的误区与建议：

- 员工的培训及能力传承体系建立起来的话，会大大降低对招聘的依赖度，也会让企业的发展更为稳健；
- 员工的工作能力，大都是在实践中得来的；
- 员工工作实践的总结，往往比培训更有价值；
- 优秀的老员工最有价值的，不是他产出的"鱼"，而是让他产生业绩的"渔"；
- 老员工没有将经验能力无偿分享给新人的义务，必须设立某种机制；计划经济时代师傅带徒弟的方式值得借鉴；
- 会存在有的老员工愿意无私分享个人经验的情况，但是，这种依赖"好人"的方式，不会持久有效。只有尊重人性，设立制度，才是长久之道；
- 管理层带新人是职责，这个无须解释；但管理层未必是工作

> 能力最强的那个；
> - 最安全的，是建立某种机制甚至机构，把优秀员工的能力沉淀下来，进行系统的知识管理，将个人能力沉淀为组织能力，这是最好的办法。

3. 为什么说组织的本质是能力不是结构？

我们先来看看组织结构的定义。组织结构是指对于工作任务如何进行分工、分组和协调合作，是表明组织各部分排列顺序、空间位置、聚散状态、联系方式以及各要素之间相互关系的一种模式，是整个管理系统的"框架"。

组织结构是组织的全体成员为实现组织目标，在管理工作中进行分工协作，在职务范围、责任、权利方面所形成的结构体系。组织结构是组织在职、责、权方面的动态结构体系，其本质是为实现组织战略目标而采取的一种分工协作体系，组织结构必须随着组织的重大战略调整而调整。

中小企业组织发展的过程一般是这样的：

> 第一步：刚开始创业期间，几个人、几条枪，基于信任，创始人有个大概分工，不会太明确，需要干啥就干啥。
>
> 第二步：公司发展不错，需要扩大规模，就招了几个人，有个大概分工，负责外围的员工可能销售、市场、品牌、售后都负责，负责人力、后勤、财务的员工也可能就一两个人；这时候效率也不错。

> 第三步：公司业绩越来越好，摊子也越来越大，领导班子开始想按照正规企业的样子来规划了，开始设计组织结构，按照大公司的样子，或者照着MBA课堂或商学院教的方法设计组织机构。但部分企业在这个阶段，会陷入一个陷阱——怎么设计都觉得不顺，效率还比以前更低了。
>
> 第四步：按照书上教的方法也好，按照老板的直觉随性安排的也好，依据公司几个能干的人因人设岗、自然形成的组织结构也好，无论结构如何，企业在往前走，越做越大，越做问题越多。

中小企业，基本上都是这么过来的。

那么，到底应该怎么设计组织结构呢？

商学院教的组织结构设计如图47和图48。

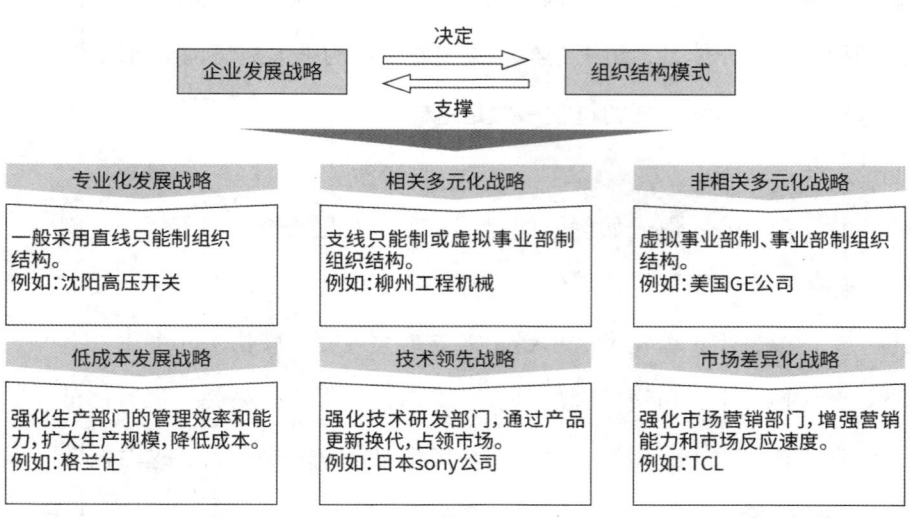

图47

第三章 | 突破管理瓶颈——5步法

名称	直线职能制	虚拟事业部制	事业部制
图示	总经理 ├─职能部门 ├─生产部门 │　└─车间 └─职能部门	总经理 ├─职能部门 │　├─事业部 │　│　└─生产单位 │　└─事业部 │　　　└─生产单位 └─职能部门 　　　└─生产单位	总经理 ├─综合部门 │　├─事业部 │　│　└─职能部门 │　└─事业部 │　　　└─职能部门 └─综合部门 　　　└─生产单位
特点	■总经理对业务经营部门和只能部门均实行直线领导 ■职能部门与业务部门之间仅是指导和监督关系	■事业部通常不包含完整的职能体系，只覆盖企业生产价值链的一个或几个部分 ■事业部通常不能直接面对外部市场，事业部之间采用内部市场方式计算，作为虚拟利润中心考核	■按产品、地域和顾客等组织半自主的利润中心 ■事业部内部一般包含完整的职能和生产部门 ■利润中心之上有一个由高级警人员组成的总部
优缺点	■优点：保持了统一指挥，发挥了职能部门专业化管理费用低 ■缺点：部门间横向联系较差，直线部门管理者和参谋部门管理者容易产生矛盾	■优点：高层管理者被牵扯精力少，可以专注于重大问题的思考；有利于激励事业部 ■缺点：容易产生部门本位主义；分权的度难以把握，容易出现失控；事业部考核困难	■优点：高层管理者集中精力制定战略 ■缺点：容易产生事业部本位主义；可能造成职能重叠；容易产生事业部之间的内耗

图48

实际上，很多公司组织结构是图49中这样的。

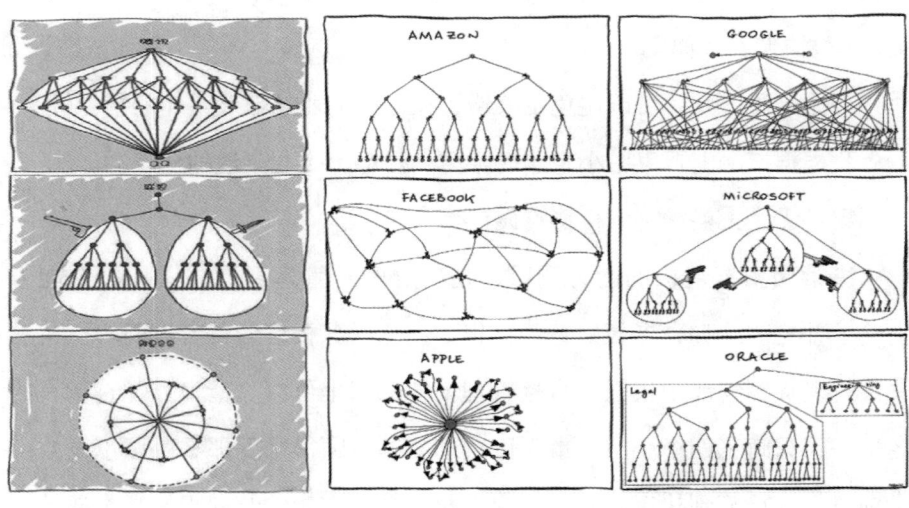

图49

159

并非学校里教的东西是错误的，而是因为真正的商业一线，与书本上描述的静态、标准态、理想态的状况，差异很大。

不同的行业，不同的盈利模式，不同的发展阶段，不同的老板性格，不同的顶层设计，都会导致没有什么标准的组织结构。

不管黑猫白猫，抓住老鼠就是好猫。

不管什么样的组织结构，能够出色地达成企业目标，让企业健康发展、蒸蒸日上的结构，就是好结构。

所以说，组织的本质是能力，不是结构。

德鲁克先生的原话是：没有标准的组织，只有高效的组织。

4. 中小企业组织结构的设计原则有哪些？给出些具体建议。

教科书中讲授的组织结构设计原则，可以做参考：（1）任务目标原则；（2）分工协作原则；（3）统一指挥原则；（4）合理管理幅度原则；（5）责权对等原则；（6）集权和分权原则；（7）执行部门与监督部门分设原则；（8）协调有效原则。

根据这些原则，可以避免犯大错，在操作上还是缺乏具体的指导性。

我根据接触上百家中小企业的经历，提炼出一些落地的建议。

第一，决策层围绕老板特点设计。

决策层根据老板的能力侧重、精力分配、管理习惯来设计，在能力上给予补充。比如，老板财务能力很强，那财务板块的负责人弱一点也没关系；老板销售能力很强，直接管理销售部门也可以。精力分配是指有的老板一天只睡三四个小时，事无巨细都能够照顾得来，那么可以不设或少设副总，直接管到执行层，这样扁平化的管理方式，有利于提高沟通效率及团队士气。比如碧桂园在快速发展的相当长一段时间，杨国强总裁一个人管着几十个名义上是副总、实际上是项目经理的员工，企业发展非常快速。我曾经在河北遇到一个老板，企业不大不小，老板修佛，每年闭关近半年，为他设计组织结构时，就只能是随时托管的模式，类似美国副总统模式，只要老板不在，一切事情找第一副总，而且日常给老板安排的职能也不多，有点像"甩手掌柜"。只有这样，老板的个人修行才不会太影响企业的发展。

第二，执行层围绕用户需求设计。

组织结构无论怎样设计，最终还是要回到德鲁克先生讲的"企业的唯一目的是创造顾客"上。

决策层的落点是老板，保障高层配合顺畅，政通人和；执行层的落点是客户，保障客户价值实现及企业的收益。腾讯纺锤形的组织结构，就是因为腾讯公司的主要收益，是来源于QQ及微信两大平台的用户，所以，上面的结构最终都归拢到一起。

根据用户的需求，决定销售、市场、服务、售后，甚至技术等部门的结构、人员数量、职能细节、配合流程等。

比如我曾参与一家暖气制造商的组织结构设计，发现在北方，暖气漏水是常见的问题，而暖气漏水引起的连带后果很严重，因此，为了保证售后的及时性，以及防止因售后问题导致用户投诉及对品牌口碑的负面影响，就把这家企业的售后部门设计成由总经理直接代管的部门，拥有热线的权力和现场处置的权力，独立于销售部之外，同时对销售部门起监督制约作用。

做到以上两点，组织结构设计就已经超越了大多数企业。

第三，职能比岗位重要，所有的事有人干比所有的岗位都有人更重要。

结构设计可以是完整的，但是可以一人多岗，以保证结构中的职能实现，如图50。

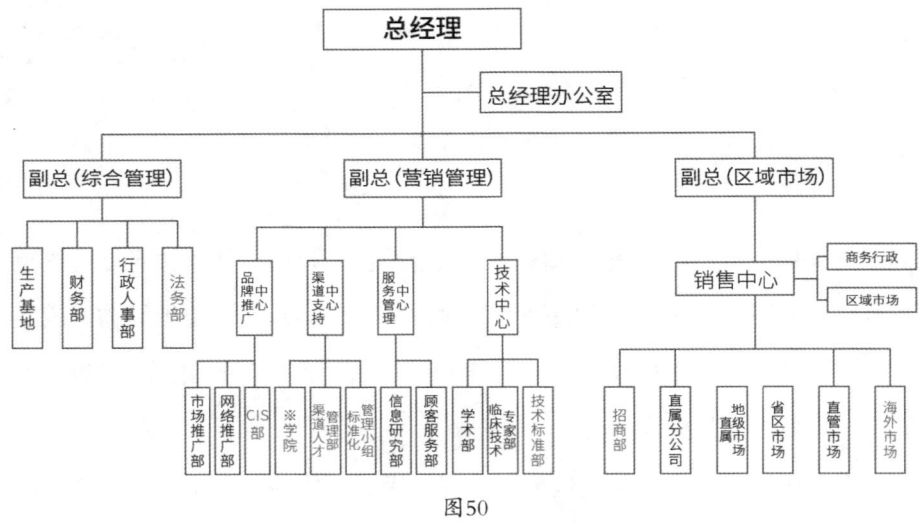

图50

图50是给一家中医药健康相关的企业设计的组织结构，实际五个中心（品牌推广中心、渠道支持中心、服务管理中心、技术中心、销售中心）对应的总监岗位，只有两个人，其他的岗位没有合适的人，怎么办？由上级副总直管；技术中心没有合适的负责人，由了解技术的总经理直管。总经理办公室没有合适的人，由行政人事部门的部门经理代管。这样的结构也同时加强了变革时期总经理对于人才招聘、干部选拔等阶段性主要工作的掌控力。

组织结构设计当中，重要的不是岗位，而是职能。岗位只是职能的外壳，在岗位上做什么事比这个岗位叫什么名字重要百倍。

也有些公司，实际上不多的人，同时兼顾了所有需要的职能，在组织结构设计中，我建议还是按照理想的岗位职能分工体系呈现出来，既可以看到当前的人所负责的事，明确责、权、利，又为接下来的组织裂变、人才引进，提前建立清晰的路径。

第四，在奔跑中调整姿势，根据发展需要随时调整结构。

结构的调整，可以比激励制度的调整频繁；一切调整都要围绕企业的发展需要。

战略思路变化、重大人事变化、商业模式变化、竞争环境变化、公司财务水平变化等条件下，都可以调整组织结构；万变不离其宗，一切变化，都只为决策更顺畅，效率更高，客户感受更好，成本更低，更有利于企业的发展。

第五，尊重人性，少犯低级错误。

（1）一个上级原则，慎用矩阵式结构；管事的人越多，效率越低。（2）尊重管理者权威；可以越级检查，不能越级指挥；老板要管好自己的嘴。（3）再能干的人也有边界，可以一人多岗，但不能总鞭打快牛，责、权、利要对等。（4）再优秀的人也需要监督，人性经不起考验，在结构上监控部门必须不能是虚设。（5）结构设计上适当制造内部竞争机制，好马是赛出来的。

第六，组织内部的活力、沟通畅通度、凝聚力等比静态的结构重要十倍。

表面是结构，内在是流程。

表面是职位，内在是职能。

表面是管理，内在是激励。

表面是分工，内在是合作。

表面是制度，内在是自觉。

5. 组织结构设计的水平有没有评价标准，怎样的结构算是好结构？

能完成组织目标的结构就是好结构。在这个基础上，还是有些高下之分的。

初级：能完成目标。

中级：能完成目标，且高层人员精简，沟通顺畅，内耗很少；基层执行有力，客户反馈迅速，客户价值及满意度很高，创造持续价值。

高级：组织能够根据市场环境的变化，产生自适应，进行自我调整，自我进化；对决策层的依赖程度很低。

6. 组织结构的发展趋势是怎样的？

近十几年以来，企业的组织结构，越来越呈现出进化速度加快的趋势，主要有如下几个特点。

（1）扁平化

组织结构的扁平化，就是通过减少管理层次、裁减冗余人员来建立一种紧凑的扁平组织结构，使组织变得灵活、敏捷，提高组织效率和效能。从金字塔式的等级制结构，越来越向扁平化结构演进。

扁平化组织结构的优势主要体现在以下几个方面。

第一，信息流通畅，使决策周期缩短。组织结构的扁平化，可以减少信息的失真，增加上下级的直接联系，信息沟通与决策的方式和效率均可得到改变。

第二，创造性、灵活性加强，致使士气和生产效率提高，员工工作积极性增强。

第三，可以降低成本。管理层次和职工人数的减少、工作效率的提高，必然带来产品成本的降低，从而使公司的整体运营成本降低，市场竞争优势增强。

第四，有助于增强组织的反应能力和协调能力。企业的所有部门及人员更直接地面对市场，减少了决策与行动之间的时滞，增强了对市场和竞争动态变化的反应能力，从而使组织能力变得更柔性、更灵敏。

（2）网络化

随着信息技术的飞跃发展，信息的传递不必再遵循自上而下或自下而上的等级阶层，就可实现部门与部门、人与人之间直接的信息交流。企业内部的这种无差别、无层次的复杂的信息交流方式，刺激了企业中信息的载体和运用主体——组织的网络化发展。

相对于官僚制组织而言，网络组织最本质的特征在于强调通过全方位的交流与合作实现创新和双赢。全方位的交流与合作既包括了企业之间超越市场交易关系的密切合作，也包括了企业内部各部门之间、员工之间广泛的交流与合作关系，而且这些交流与合作是以信息技术为支撑的，并将随着信息技术的发展而得到不断强化。当然，网络关系不能完全取代组织中的权威原则的作用，否则组织就会出现混乱，所以网络组织中的层级结构始终是需要保持的，只不过在组织结构网络化的条件下，采取的是层级更少的扁平化结构。

组织结构网络化主要表现为企业内部结构网络化和企业间结构网络化。企业内部结构的网络化是指在企业内部打破部门界限，各部门及成员以网络形式相互连接，使信息和知识在企业内快速传播，实现最大限度的资源共享。

（3）无边界化

无边界化是指企业各部门间的界限模糊化，目的在于使各种边界更易于渗透，打破部门之间的沟通障碍，有利于信息的传送。

在具体的模式上。比较有代表性的无边界模式是团队组织，团队指的是职工打破原有的部门边界，绕开中间各管理层，组合起来直接面对顾客和对公司总体目标负责，以群体和协作优势赢得竞争优势的企业组织形式。这种组织成为组织结构创新的典型模式。团队一般可以分为两类：一是"专案团队"。成员主要来自公司各单位的专业人员，其使命是为解决某一特定问题而组织起来，问题解决后即宣告解散；另一类是"工作团队"。可以进一步把它分为高效团队和自我管理团队，工作团队一般是长期性的，常从事于日常性的公司业务工作。

因此，无边界思想是一种非常具有新意的企业组织结构创新思想，它完全是超国界、超制度、超阶级、超阶层的。组织作为一个整体的功能得以提高，已经远远超过各个组成部门的功能。

（4）多元化

企业不再被认为只有一种合适的组织结构，企业内部不同部门、不同地域的组织结构不再是统一的模式，而是根据具体环境及组织目标来构建不同的组织结构。管理者要学会利用每一种组织工具，了解、并且有能力根据某项任务的业绩要求，选择合适的组织工具，从一种组织转向另一种组织。

（5）虚拟化

组织结构的虚拟化是指用技术把人、资金、知识或构想网络在一个无形（指实物形态的统一的办公大厦、固定资产和固定的人员等）的组织内，以实现一定的组织目标的过程。

虚拟化的企业组织不具有常规企业所具有的各种部门或组织结构，而是通过网络技术把所需要的知识、信息、人才等要素联系在一起，组成一个动态的资源利用综合体。虚拟组织的典型应用是创造虚拟化的办公空间和虚拟化的研究机构。前者是指同一企业的员工可以置身于不同的地点，但通过信息和网络技术连接起来，如在同一办公大厦内，同步共享和交流信息和知识；后者是指企业借助于通信网络技术，建立一个与世界各地的属于或不属于本企业的研究开发人员、专家或其他协作人员联系在一起的、跨越时空的合作联盟，实现一定的目标。

这些组织结构发展趋势可以学习了解，但千万别赶时髦：用得好是解药，用不好就是毒药。

再先进的组织结构，都受限于管理者的管控能力、技术水平，以及企业发展的阶段性需要。可以借鉴，千万不可拔苗助长，一定要尊重自身的发展规律，实事求是。

7. 组织能力方面中小企业的常见问题有哪些？

- 总说人才难得，把企业发展不力的原因归到人才能力不足上——人才永远是不够的，能力永远是不足的，这是常态；管理就是带着一群普通人创造出不普通的业绩的过程。
- 妄想靠招聘打造完美团队——光靠招聘吸引不来一流人才。最好的办法是发现二流人才，建立一流环境。
- 选一群相似的，只为老板看着顺眼的人一起工作，不知道相似的人有相似的缺点无法互相修正。
- 以N-1的工资水平招到N水平的人才，以为捡到了便宜。
- 以为用高薪招一个"能人"就能解决公司长期形成的系统性问题。
- 把入职培训当主要培训。
- 新员工入场不重视传帮带，只靠新人"悟性"。
- 盲目选择培训公司，缺乏选择，缺乏计划，缺乏培训效果监督。
- 老板随着性子给人安排工作，不尊重组织分工；创业阶段如此无可厚非，如果一直这样，企业永远不可能发展壮大。
- 让能干的人累死，无能的人闲死。
- 对标500强企业设计自己企业的组织结构，盲目学习BAT，追时髦。
- 组织结构设计一劳永逸。

- 什么能力都要自己发育，为了一杯牛奶也要养头奶牛，没有整合资源的概念。

四、员工动力系统

1. 什么是动力？

所有生命，任何行为，都是有目的的；植物枝叶往高长是为了更多的阳光，根往深里扎是为了吸取更多的水分；动物的迁徙、争斗，无非是为了食物与交配、生存与繁衍。人类作为高级生命，行为目的性更强，都是为了得到些什么。想要得到的东西，就是行为的动力。

2. 员工的动力提升有哪些办法？

员工在企业内工作，是为了得到什么呢？前面的章节，根据马斯洛的分析及作者的总结，员工工作的目的，是想要三样东西：有钱、有爱、有梦。一是提高员工收入，二是让员工对企业有归属感，三是让员工在企业里能够实现自我价值。员工动力提升，就是围绕以下这三个方向。

第一，提升员工的收入，包括固定收入及浮动的收入、短期收入及未来的预期收入。

第二，让员工对企业有归属感。

员工归属感是指员工经过一段时期的工作，在思想上、心理上、感情上对企业产生了认同感、公平感、安全感、价值感、工作使命感和成就感，这些感觉最终内化为员工的归属感。归属感的形成是一个非常复杂的过程，但一旦形成后，将会使员工产生内心自我约束力和强烈的责任感，调动员工自身的内部驱动力而形成自我激励，最终产生投桃报李的效应。

让员工有归属感主要通过以下方法：有效沟通、公平环境、参与感、身先士卒的领导、规范的习俗礼仪、良好的企业形象、和谐的人际关系。

第三，让员工感觉在企业里能够实现自我的价值。

员工自我价值实现，有两个内容，一个是企业设计的薪酬与职位级别的提升计划；另一个是员工的职业规划。企业设计的计划是针对所有人的，员工的职业规划是个人的；员工的职业规划需要企业人力部门的人或者员工的上级参与，给员工设计出清晰的成长路径，让员工感觉在企业可以实现自己的梦想。这样，员工会把自己的未来与企业的发展连接起来，自然产生努力工作、长期投入的信念。

金钱、关系、未来，做好这三样，员工会把自己的命运跟企业的命运连在一起。

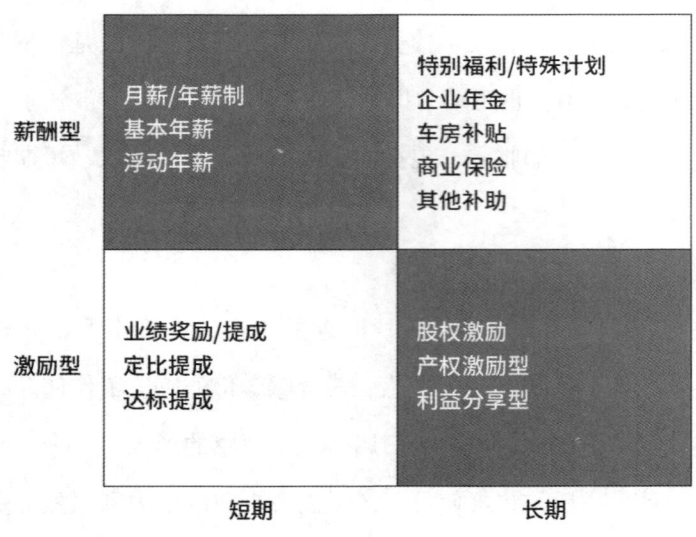

图51

3. 为什么说员工动力系统是管理工作的核心？

管理的目的是要提高团队的执行力，保障团队实现共同目标；在"S-APC铃铛"模型里已经说明，团队的执行力是靠能力、动力、合力，三力共同作用产生的。

招聘、培训、组织结构设计等主要解决能力问题；工资、奖金、职业规划、股权激励等主要解决动力问题；企业文化、流程效率等主要解决合力问题。

那么这三个力，是否也分主次？

在现实中我们会发现，如果没有动力，能力再高也可能会隐藏，企业无论组织多少能干的人才，如果不能激发他们尽心尽力，也是白费心机；设计再合理的组织结构也是一样。如果员工都不努力，即使方向是一致的，再多的零合在一起也是零。所以，动力是三个力的关键，自然也就是管理工作的核心。

动力系统设计好的话，员工能力中的弹性部分，也就是潜力部分，会得到释放，这部分潜力在大部分企业里，有三倍以上的释放空间。也就是说，不改变原有企业的员工构成和数量，只要员工动力系统的工作做到位，企业的绩效水平，翻倍是完全可能的。

对于绝大多数中小企业来说，人才不够、能力不足，是个常态，很多地方即使你愿意提供有吸引力的薪水，也未必能招到愿意来的人才；再者说，所谓人才，只是在曾经适合他的环境中创造过一些业绩，不意味着他到了你这里一定还会创造出一样甚至更好的业绩。

因此，对于大多数中小企业来说，最现实的，或者说提高绩效水平最明显的，就是调整员工的动力系统，以此激发现有员工的潜力，大都能产生明显的提升效果。

4. 有钱、有爱、有梦的顺序为什么不能错？

人的需求是有先后顺序的，马斯洛先生在需求层次理论里已经清晰说明，高级需求建立在低级需求基础之上。只有生理需求基本满足，人们才会关注社会需求，以此类推。

也就是说，在员工收入情况基本合理的情况下，建立和谐的员工关系，让员工发自内心地有归属感才有可能，员工才会相信企业设计的职业规划与未来。

没有钱，有爱，能靠感情维系一阵子，但是不持久，尤其对经济压力比较大的员工，毕竟，关系不能当饭吃。

初创公司可以靠梦想激发员工，但是梦想里面通常是有实质性内容的，比如股权，阿里巴巴要是没做起来，蔡崇信一定也会离开马云。

只靠关系、只靠梦想，都是有保质期的，都是空中楼阁，存在不了多久。非常时期不得已用一下，这是没办法，最后，还是要"以奇胜、以正合"的，还是要回到正道上来。

物质基础决定上层建筑。

有钱、有爱、有梦，这样的顺序，才是最安全可靠的。

5. 怎么发钱最好？

薪酬制度，是人力资源制度中最重要、影响最大的制度。其他一切制度，都建立在薪酬制度基础之上。

在企业的不同发展阶段，大部分企业会采用下表的薪酬策略。

表9

企业发展阶段	基本薪资	奖金	福利
初创期	低	高	低
高成长期	具有竞争力	高	低
成熟期	具有竞争力	具有竞争力	具有竞争力
稳定期	高	低	高
衰退期	高	无	高
更新期	具有竞争力	高	低

即使在同样的发展阶段，不同的企业也可能采用不同的薪酬水平确定策略，以对应自己的行业地位与运营效率，这跟企业定位有关系。

领先策略：超过竞争企业的薪酬水平，吸引、保留优秀员工，并以较高工作效率与之相对应。

同步策略：采取与竞争对手相仿的薪酬水平，吸引和保留称职的员工，使企业有能力在其他方面（如质量）与对手竞争。

落后策略：低于竞争企业的薪酬水平，降低劳动成本，通过其他非经济的激励方式平衡员工对薪酬的不满。

如果一定要说一个统一的标准，做到以下五点即可。

- 外部竞争力；
- 内部公平性；
- 成本承受力及合理性；
- 员工及公司的认同性；
- 便于操作。

严格来说，并没有"最好"的薪酬制度，只要能够激发员工最大的潜能，不遗余力地为公司发展努力，同时兼顾企业的经营成本，就是好的薪酬制度，就是会发钱的企业。

6. 员工收入问题最需要注意的是哪几点？

有三点：内部公平性、外部竞争力、未来有增长。

先说内部公平性。这是第一重要的。

员工能够自发地努力工作，很重要的一个前提是认为自己被公平对待，也就是说，感觉是在一个回报与付出相匹配的环境里。公平感是比较出来的，跟身边相似的人，比是不是一样；跟不相似的人，比差距的合理性（比如博士的工资基数只比大专的高两百，博士一定会觉得不公平；比如业绩比别人高一倍但收入只多百分之十，业绩高的人一定会觉得不公平）。制造公平的环境，一个是客观上相对公平，就是符合大多数人的常识判断，按劳取酬；另一个是制造环境，让大家发自内心地接受制度设计，自然会认为公平；比如公司销售岗位不论出身，一律一样的起薪，只要大家接受，一视同仁，也就不会觉得不公平。关键是员工的主观感受。

外部竞争力。这是企业一般不说，员工心里都有个模糊的边界的东西。

人才市场是开放与流动的，员工在应聘时，不止去一家企业面试，对社会上的人才行情，通过招聘网站、同学、原同事甚至猎头公司等信息，会有一个薪酬范围的判断预估，在这个范围内都是可以接受的。低于这个范围，如果没有其他的激励方式补充，那么，员工即使没有离职另谋高就，心里的归属感一定已经大不如前。

未来有增长。是让员工看到明确的制度规定，看到老员工实在的榜样。

很多企业在招聘员工时谈判一个工资水平，之后再调整薪资时，依然需要谈判，这在互联网创业潮时很常见，是非常短视的一种做法，或者说只能是非常时期、非常规人才引进时可以采用的做法，但如果是个希求长期发展的企业，这样做就非常不可取了。制度的设计，要让员工看到希望，看到努力之后会产生的增长，看到那些通过努力，收入已经明显提升的老员工的榜样，产生明确的预期。这样，员工才会将自己未来与企业的发展捆绑在一起，才可能用心努力工作。

7. 什么叫明确的预期，为什么要给员工明确的预期？

明确的预期，就是让员工清晰地知道，自己努力之后，能得到什么样的回报；无论在收入上还是级别上，自己能够明确推算出未来得到的利益，而不需要等着上级的评价，或者需要通过谈判来确定自己的工资收入。

表10是作者给一家服务业的公司设计的岗位带宽工资表。

表10

岗位等级	副总以上	总监	经理	主管	文员	岗位层级系数	递增系数	月薪（元）
A8						55.0	5.0	55000
A7						50.0	5.0	50000
A6						45.0	5.0	45000
A5						40.0	5.0	40000
A4						35.0	4.0	35000
A3						31.0	3.0	31000
A2						28.0	0.0	28000
A1						25.0	3.0	25000
B8						30.0	2.0	30000
B7						27.0	2.0	27000
B6						25.0	2.0	25000
B5						23.0	2.0	23000
B4						21.0	2.0	21000
B3						19.0	2.0	19000
B2						17.0	2.0	17000
B1						15.0	0.0	15000
C8						15.0	1.0	15000
C7						14.0	1.0	14000
C6						13.0	1.0	13000
C5						12.0	1.0	12000
C4						11.0	1.0	11000
C3						10.0	1.0	10000
C2						9.0	1.0	9000
C1						8.0	0	8000
D8						7.5	0.5	8000
D7						7.0	0.5	7500
D6						6.5	0.5	7000
D5						6.0	0.5	6500
D4						5.5	0.5	6000
D3						5.0	0.5	5500

岗位等级	副总以上	总监	经理	主管	文员	岗位层级系数	递增系数	月薪（元）
D2						4.5	0.5	5000
D1						4.0	0	4500
E8						5.5	0.5	5500
E7						5.0	0.5	5000
E6						4.5	0.3	4500
E5						4.2	0.3	4200
E4						3.9	0.3	3900
E3						3.6	0.3	3600
E2						3.3	0.3	3300
E1						3.0	0	3000
基数						1.0	1000元	岗位工资基数

为什么要给员工明确的预期？是为了降低管理的隐形成本。

先讲讲管理与成本的关系。

管理是成本，分为显性成本和隐性成本。

一个是显性成本。通常财务上能够核算的成本，是工资、奖金、房租、水电、设备折旧、办公耗材，等等。这是每个做企业的人都非常清楚的。

还有一个是隐性成本。这个是财务上无法核算，很容易被忽视，但其实对企业的发展影响巨大的一个成本。这个隐性成本主要由两个动作导致：第一个动作是员工把很多心力用在非工作的消耗上；第二个动作是企业内部的人与人之间，部门与部门之间的不配合与互相扯后腿导致的内耗。第二个属于团队合力范畴，后文解释。这里说说如何解决第一个动作。

员工个体的心力，要么消耗在工作上，要么消耗在对工作之后所得的期待上。如果没有类似表10的制度，员工尤其是表现比较出色的员工，要么就得琢磨如何跟上级或者老板谈判，如何涨一些工资，要么就不好意思，忍着，等老板主动来发现。第一种，琢磨的过程，各种内心戏，或者为了防止谈得不好，老板、上级给穿小鞋，于是提前发简历找下家。可以想象，这个过程，有多少应该用在工作上的心力，被消耗到别的方面，况且，越是表现出色的员工，做法越有示范效应。第二种，好人受委屈的感觉，若不能被老板及时激励，即使能忍耐几年，对其他员工的提示，就是好人没好报，不会哭的孩子没奶吃。无论哪种，对企业的伤害都是很大的。

设计类似带宽工资表的内容，结合周期性的考核升级制度，让员工清晰地知道自己努力到什么结果，可以得到怎样的回报，在级别与薪资上会有怎样的升级，不用去谈判，也不用等老板良心发现。这样员工就只需要安心工作，不用琢磨工作之外的东西。管理的隐性成本会大大降低。

8. 如何让员工感受到爱？

稻盛和夫说，对员工有爱、对顾客有诚、对社会有贡献，事业才能繁荣。

让员工感受到爱，就是要在企业内部建立和谐的员工关系，无论是上下级之间，还是同级之间。这种和谐的关系，是靠尊重建立的。

- 尊重员工的贡献：除了薪酬制度设计的公平、有激励外，要适时表彰优秀员工。

- 尊重员工的感受：表扬时当众，批评时单独，除非特殊情况。保护员工的自尊心。
- 尊重员工的不同：没有完美个人，只有完美团队；视差异为价值。
- 尊重员工的生活：没有特殊情况，不要求加班。
- 尊重员工的困难：当员工遇到困难时，领导或者团队能够出手相助，有制度保障最好。
- 尊重员工的选择：若员工因为自己的原因要离开企业，衷心祝福，对于有贡献的员工，还要欢送。

其实，将心比心，只要愿意，每个企业都能找到适合自己企业的方法来提升员工的归属感。对于大多数中小企业来说，在工作过程中的尊重之外，让员工能够在工作之余，有机会一起吃、一起玩，建立非工作场合的沟通情境，会大大提高员工彼此之间、上下级之间的情感连接。

毕竟，员工在团队里的时间，比他们跟家人在一起的时间更多。和谐的员工关系，会让员工在团队中得到了解、得到尊重、得到认可、得到幸福。这是除金钱之外最重要的福利，毕竟，梦想可能在远方，而关系，就在当下的感觉中。

现在年轻的员工，以及知识工作者，越来越在意这一点。

9. 梦想激励具体怎么操作？

人无远虑，必有近忧。梦想激励的关键，就是让员工将自己的未来，与企业的未来紧密联系，在心理层面，形成命运共同体。就好比年轻人谈恋爱，打算结婚过一辈子，跟找个女朋友先脱单一阵子，完全是不同的心态及投入。

企业使用梦想激励，需要做好四件事。

（1）企业首先是有梦想的企业——愿景，发展规划。前面已经讲到，中小企业也要有发展愿景，哪怕看起来有点遥远、有点宏大。对于有追求的员工来说，梦想本身就是一种激励。

（2）收入与职级的变化是制度化的——明确的预期。员工努力之后根据努力的成果，能明确地推算出将来得到怎样的收入及级别的提升，有了这个明确的制度，员工为了提升自己，会自我激励。

（3）个人的职业发展路径是清晰的——知道自己要什么、能得到什么。员工个人的职业规划，是需要企业的管理层或者人力资源帮助员工一起来完成的，一旦确定下来，则制度上的级别以及薪酬待遇，将不再只是冷冰冰的数字，而是自己明确的未来。

（4）企业给员工的支持是看得见的——培训、人才选拔体系。员工明确了清晰的目标，内在的动力就有了，这是前提，在员工拥有自主提升的意愿情况下，给员工提供对应的培训机会，帮助员工提升能力；同时，阶段性地根据能力及业绩表现进行评价及人才选拔。

10. 现在很流行的股权激励，是怎么产生的?

股权激励是一个挺大的话题，作为激励手段当中很重要的一种方式，也是未来的一个趋势，在这里简单做个介绍。

在西方，股权激励最早起源于20世纪五六十年代的美国。当时，美国很多家族企业出现了很多问题，如亨利·福特一世创办了福特汽车，公司发展得非常好。在福特一世去世之后，企业由福特二世接管。但是，很难保证福特二世也有福特一世那样的才能和领导力，这样的话，福特汽车就有可能在福特二世的手上衰落。当时出现了一批人，人们称其为"蓝血十杰"，他们是从军方退役的十个军人，进入福特汽车成为其职业经理人，保证福特汽车公司的快速发展。福特家族为了激励这十个人，就将福特汽车一部分的股权给了他们。这是有记载的第一次比较典型的股权激励。

家族企业很难保障每一代都有优秀的管理人才，这就需要有职业经理人的出现。但是职业经理人并不是股东，他们的利益跟股东的利益是不一致的。职业经理人要寻求其自身的利益最大化，股东也要寻求自身的利益最大化。为了解决两者利益矛盾的问题，就出现了股权激励机制，将职业经理人纳入股东的范畴中。因此，从股权激励制度产生的历史原点来说，股权激励首先是为了解决公司治理中的委托代理问题。

其实，股权激励的方式，在中国明清时代，山西的票号就做得非常好。

18世纪末19世纪初的山西晋商票号中，每个晋商的票号都会有东家，也就是股东，同时也会有职业经理人，也就是掌柜。因为当时钱的数额是非常大的，而这类金融企业的发展需要基于对人的信任，因此，找人、用人、留人的问题，始终困扰着各位东家。首先，资金安全问题是至关重要的，票号大量的资金是需要职业经理人经手的。其次，票号的利润主要依靠职业经理人，所以掌柜一旦跳槽，东家的损失非常大。掌柜作为员工，身份卑微，薪金也不足。种种原因造成了票号人心不稳，为了竞争，相互之间挖人非常严重。在这种情况下，晋商非常有智慧，他们为了确保股东和职业经理人一条心，并确保票号资金安全和人员稳定，就采取了一种制度，叫作"身股制"。当时晋商的激励机制包括"银股"和"身股"。"银股"就是出钱的股东，也就是货币资本。"身股"就是出力的，也就是人力资本。员工的收入除了固定收入之外，还有来自"身股"的收入。所以，从历史起源的角度来说，我们中国也有类似股权激励制度的。

晋商兴盛的时候，中国从未有过上市公司，但他们合理的激励制度和治理结构却保其几百年昌盛！这是今天大量无法上市的家族企业应该认真学习和思考的。

东家：是投资人，有点像今天的大股东、董事长。东家占有的银股可继承、可转让、可分红（一般三年分一次），东家决定掌柜（总经理）的聘用和解职。

掌柜：是投入能力的企业领导者，像今天的总经理，持有"身股"。身股可以享有和银股一样的分红权，但不可以继承、转让，人一走茶就凉。

伙计：类似今天的员工。一般四年满师，满师后可拿年薪。其中优秀者可以持有一定身股，有的被提升为掌柜。

（1）晋商获得身股的条件。小伙计入号，先得当三年学徒，做一些伺候掌柜之类的粗活，闲暇学习打算盘、练毛笔字，票号光管饭，不给工钱。满徒后，按月发给薪资，但还顶不上身股。起码等三个账期后（大约十年），工作勤勤恳恳，没有出现重大过失且能力优异，经掌柜向东家推荐，各股东认可，才能顶身股。

伙计的身股从一二厘顶起，逐步增加。每次增加的身股，记入"万金账"，予以确认。当身股能顶到七八厘时，就可能被提拔为三掌柜、二掌柜，就有了大出息。因此，在山西祁县太谷、平遥一带有流行谚语说："坐官的入了阁，不如茶票庄当了客。"可见当时身股有多大的诱惑力！

（2）晋商身股分红的发放。山西票号总号会在每年结算后，依据纯利润的多少分给各分号经理一定金额的损失赔偿准备基金，称为"花红"。此项花红要积存在号中，并支付一定的利息，等到分号经理出号时才付还。这样不仅可以增强其风险意识，而且一旦出现事故，分号经理也有一定的资金基础可用以填补损失赔偿。

每逢账期（一般3~5年为一个账期）结算，发放红利，首先需要提取花红（损失赔偿准备金）。史料记载，晋商每账期身股分红，高的每股可达一万多两，各地分号的二掌柜、三掌柜们也分五六千两银子。而当时，一个七品县官，包括养廉银在内，4年也不足五千两。

民国初年，十两银子买二亩良田，几十两银子可在京城购得一座四合院。这样优厚的分红待遇，使掌柜、伙计们视商号为己业，产生了极为有效的自我管理与约束机制。尽管晋商分号、钱庄分布全国，这样的制度却使其远距离的间接管理不但安全而且有效，费用又低。最终使票号、钱庄业形成晋商一股独大之势，其他商帮只能"望晋兴叹"！

（3）晋商身股的激励机制。身股一俸相当于银股的一股，一般大掌柜顶一俸，二掌柜以下到资深伙计，根据工作表现和年限分别顶九厘以下的不同等次。协成乾票号1860年创立，初创时，银股是13.5股，身股只有3.9股；可到了46年后的1906年，银股未动，身股增加到17.5股，身股占股比例56.5%，上升为银股的129.6%。

大德通票号，1889年创立，银股20股，身股9.7股，分别由23名从业人员持有；该账期分红总额为2.5万两，银股分红占67.3%。到了19年后的1908年，银股没有增减，依旧20股，而身股却上升到23.95股，占整个股权比例的54.5%，持股人员达到57名，增加150%。虽然该账期银股分红比例由67.3%下降为45.5%，但该账期34万两的银股分红，却是19年前银股分红的20倍。而此时，多数财东年事已高，商号从财东们领着掌柜、伙计们干，转变为由掌柜与伙计们顶着干，财东后代们只享受分红，不参与经营，成为食利者。此时所有权与经营权发生完全分离，商号也从小作坊变成大买卖。只有将利润的大部分用身股方式让干活的人享用，才能使经营权、所有权分离不分心，劳资一体，共享生活。财东们的后代虽不经营企业，却因此稳定享用商号不断扩大的银股分红总量，完成了家族的利益传承，也使企业经营有效延续。

（4）晋商身股的退出机制。身股并非"一劳永逸"，如果顶上身股后发生了重大过失，还可酌情扣除身股，直至开除出号。但只要伙计努力工作一辈子，去世后，其家属还可以继续领取三个账期的红利，叫作"故身股"。这充分体现了晋商对员工的人文关怀，充满了人情味，所以晋商字号的员工十分珍惜身股的机会，都会尽心竭力地工作，以报答企业的知遇之恩。

身股是目前中国家族企业可以较为普遍用于激励员工的有效制度。

银股的意义。

- 产权人格化，使经营可以一代代延续，因为他可以继承转让，所以他不仅关心企业今天能否挣钱，更关注企业的中长期利益。
- 以当期分红和传承银股为双重动力，去努力选择有能力的人并尽力留住他们，监控他们的运营情况，防止短期行为。
- 传承银股的长期利益，使东家们更重视诚信、买卖公平等，使之成为长期收益的生意规则，建立了晋商的商业道德与文明。

身股的意义。

- 因能力而设置，可在家族外广泛选人，保证质量，也使有能力的人稳定忠诚。
- 不能转让和继承的规则，使晋商聘请的领导人代代相似，多为精英。也使解聘庸者、新聘能人有了规则（法律依据）和文化基础。
- 身股虽然不可传承，但在分红中占六成以上（有的甚至七成），使干活的人真正明白是为自己干，也使他们在财东昏庸的情况下，可以据理力争，保持经营的健康持续。

- 事业后继有人，留住更多的能人；伙计监督掌柜，完善监控机制。
- 劳资一体，共奔生活，长短期效益机制都有了保证。

相当一部分晋商已成为社会型家族企业，能做大，易传承，可长久。

晋商的身股银股制度，对于当今大多数非上市民营企业，依然有很大的借鉴意义。

11. 股权激励操作时要注意哪些问题？

（1）如何寻找激励对象。公司的组织架构和盈利模式需要结合起来看：盈利模式是公司的利润来源，重点看组织架构中哪些部门以及人员给您创造了利润，这个部门以及负责人就是激励的对象，结合功臣、能臣、亲人三种类型分别考虑。

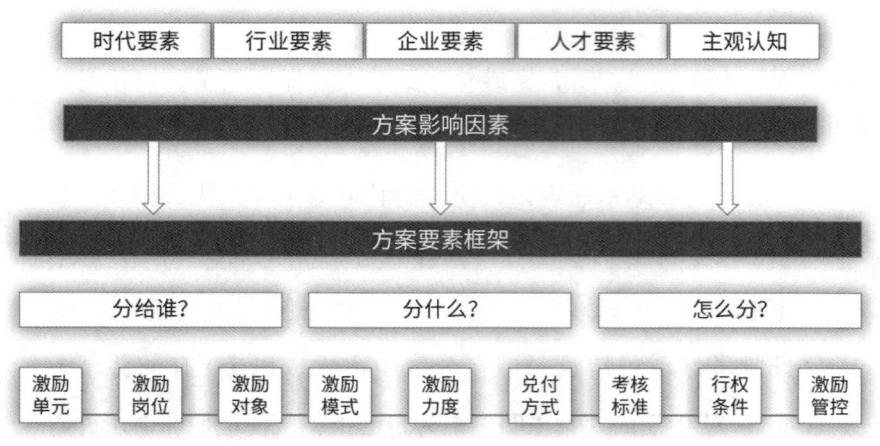

图52

（2）如何确定分红总量。未来发展战略、股改背景和目标、股东关系图三者结合看，未来战略告诉我们未来净利润的增长空间，谁创造了这个利润，就成为激励对象，我们的股改目标就是留住并激发这些激励对象的潜能，帮助我们实现预定的利润目标，同时用这样好的制度吸引同行业其他公司的优秀人才。如果要分银股，重点关注股东关系图其他股东对股改方案可能的影响。

（3）考虑身股还是银股。一般来讲，股改是有阶梯变化的，身股—银股期权—银股。建议从来没有做过股改的公司，一期只引入身股；如果公司之前做过股改，并且比较成熟，可以考虑银股期权；如果公司打算上市或引入风投，可以考虑直接银股；如果公司有特殊的情况，比如"功臣＋能臣＋亲人"这类人存在，考虑银股等。

（4）一期股改的时间（真正股改之前大量做的是管理基础的夯实工作）。一般要与公司的发展战略相匹配，建议2～3年，股改是长期的过程，我们需要在2～3年之后根据公司发展的新阶段制定新的股改方案。股改不一定要一步到位，一般也很难一步到位。

（5）身股条件和银股定价。身股不需要激励对象出资购买，属于股东赠予，因此给予过程当中，老板要充分考虑身股赠予的条件。银股需要激励对象出资购买，因此，老板需要确定总股本和总股数，进而确定银股的价格，一般按照评估公司的净资产，银股一般采取"买一赠X"的策略，老板需要自行测算好结果。

（6）公司内部的两个关键保障。一是老板、大股东不能摇摆，想明白了就始终如一，左右摇摆会让跟着的人寒心，还不如不做股权激励；二是公司内部的财务要给力，因为各种测算需要重新梳理账目，工作量很大尤其是涉及生产制造。

企业一般情况下说的股权激励，更多的是指"银股"，也就是直接给员工股权。这是激励制度上的一剂猛药，甚至可以说是终极手段，就作者的经验来看，对于绝大多数中小企业，尤其是没有上市计划的，对于内部员工的激励方式，还是建议从"身股"开始，也就是最多先给到分红权。在基本的激励手段都没有用好之前，在公司的发展愿景、盈利模式、组织架构、核心人才等都没有搞定之前，分股权纯属饮鸩止渴。

切记，股权激励是为了激励，而不是为了分股权。真正的公司股权，不到合适的时机、遇到合适的人，一定不要乱分，否则，贻害无穷。

12. 薪酬激励模式发展的趋势？

企业的薪酬激励模式是员工动力系统中第一重要的内容，也是管理的核心问题。激励模式与公司经营水平的关系，类似马克思、恩格斯总结的关于生产关系与生产力之间的关系，科技的进步、个体的崛起、企业运营模式的多样化、人才流动性的增强、非雇佣式合作关系的普遍化等种种因素，导致早期简单雇佣式的薪酬模式进化速度加快，谁先调整生产关系，也就是及时调整利益分配机制，谁就能代表更先进的生产力，在竞争中立于不败。具体的薪酬激励模式的进化，表现出以下几个方向的趋势。

岗位薪酬——绩效薪酬：基于岗位的固定化的薪酬逐渐被基于考核的绩效薪酬替代，也就是由能力评价计酬，变成成果核算计酬；在具体操作时，加大考核薪酬的比例，乃至于完全按照考核结果计酬。工资水平越固定，说明企业的管理水平越低。

保密薪酬——透明化薪酬：现阶段大部分企业薪酬是保密的，保密的原因，是为了控制企业人力成本，尤其是"薪酬面议"的公司，员工薪酬的高低取决于谈判水平，长期来看，弊大于利。保密薪酬造成的心理成本很大，还有就是薪酬其实很难真的保密。坦诚、信任，大大方方谈钱，大大方方挣钱，这是必然的趋势。

被动分配者——利益分享者：利益分享，就是根据员工创造的价值，按比例或按既定的核算方式发放给员工。这种方式最大的进步，是让员工的主人翁精神极大提高。从本性上讲，人在为自己做事时不用监督，这种方式一个是最大限度调动积极性，另一个是降低管理成本。在具体实施时，需根据企业的行业类型及经营模式来确定考虑核算单元及核算方式，不可贸然操作。

雇员——股东：上一节的股权激励已经说明，雇员股东化也是一种趋势，在知识密集型行业，这种趋势越来越明显。本质是用未来的钱激励现在的员工。具体操作上，建议先从利益分享开始，逐步变成股权实有者。

员工——合作者："企业＋员工"的方式将来越来越多地变成"平台＋合作者"，外包的方式越来越流行，企业也越来越变成社会化分工中的一环，员工尤其是专业的员工很多变成自由工作者，企业在与他们合作时也会大大降低办公及人力成本。

13. 中小企业在激励方面最常出现的问题有哪些？

（1）员工工资高低取决于谈判水平；

（2）工资体系没有明确的阶梯，员工无法知道调整依据；

（3）只会用金钱激励，不懂得打造吸引员工的环境以及用梦想凝聚员工；

（4）舍得发钱却又不会发钱，不发还好，一发把人心发散了；

（5）老板天天跟员工谈梦想，让员工过苦日子，老板自己在家数钱；

（6）想设计内部公平的制度，结果整成大锅饭；

（7）能做出静态的内部公平，做不出动态的；不懂得按劳取酬才是真正的公平；

（8）薪酬差异无理由或理由不充分；

（9）招聘新员工高工资现象；或者要离职才想起加薪；

（10）调整薪酬的依据随意，凭感觉；

（11）薪酬制度经常改，让员工没有安全感；

（12）老板（员工直属上级）一个人说了算；

（13）以为工资制度真能保密；

（14）舍不得给真正的人才高工资，不懂得用别的形式支付；

（15）图省事，可以多分几次发的钱，非要等到年底一次发，不知道激励的效果有时间周期；

（16）盲目追风，不考虑公司实际情况，贸然使用股权激励等"先进"激励模式；

（17）激励制度N年不变，没有与时俱进；

（18）考核制度搞得过于复杂，管理成本居高且很难执行落地；

（19）鞭打快牛，越能干的人越被考核；

（20）会哭的孩子才有奶吃；

（21）对岗位价值不敏感，给核心岗位的薪酬与给容易替代岗位的薪酬没做出差别；

（22）对员工的薪酬承诺不兑现，或者不及时按量兑现，失信于人；

（23）高薪养"懒"，疏于考核，把狼性的销售团队养成一群绵羊。

可以看出来，在管理上最重要的事情——员工激励方面，企业容易犯的错误却是最多的。

五、团队合力系统

1. 什么是团队合力？团队合力的重要性体现在哪里？

团队合力，简单说就是团队的成员之间，以及大团队所辖的小团队之间，围绕共同目标，通过紧密配合，达到1＋1＞2的效果，共同产生绩效输出的能力。

在"S-APC铃铛"模型中，能力、动力、合力，最终都只为一个目的——实现企业目标。在实现目标的过程中，这三个力共同起作用，但是还是有些顺序：

- 能力是基础：能力太弱，再激励也可能完不成目标；
- 动力是核心：动力不足，再有能力也无法释放；
- 合力是目的：无法将力量合一，能力动力做得再好也是事倍功半。

也就是说，即使做好了能力与动力，团队合力没有做出来，还是会功亏一篑。

团队合力是极其重要又最容易被忽视的。因为合力有很大的隐蔽性，需要更高的维度及全局的视野，并且对企业的运营模式非常了解才可能进行正确的分析认知。

在"S-APC铃铛"模型中，对合力的分析与把控，是最微妙、最需要觉察能力的。

最接近团队合力意思的一个词可能是团队凝聚力，但是凝聚力倾向于工作状态，是偏感性的；而团队合力更倾向于结果，不只从状态上，还要从制度设计、流程优化等理性层面，看对团队整体绩效输出的影响。

2. 为何人与人的合作，必然会产生冲突？

大自然中没有无缘无故发生的事，动物选择合作，是因为合作使种群更有竞争力，更有机会存活下去。

进化到越高级状态的动物，越懂得合作。

但所有合作成族群的动物，越是高级的种类，又越容易产生冲突。

比如昆虫类，蚂蚁、蜜蜂，分工明确，配合流畅，极少冲突。

高级一点的种群，如狮子、猩猩，都是在冲突中建立一个相对稳定的结构，然后再冲突，再稳定，循环往复。

人类在进化的过程中，建立了最复杂的社会系统，通过合作来建立文明，做出个体根本无法想象的事情。但是人类，因为自由意志、私欲、被压迫、资源有限、文化信仰差异等原因，也是冲突最为复杂的种群。这也是文明的一大话题。大的冲突如战争，小的冲突如罢工，贸易战，连最小的组织——家庭，也常常会有冲突，如家庭暴力或者离婚等。

冲突是必然的，因此，古人设计宗教，现代人完善法律，企业建立制度以及文化，用以最大限度地降低冲突。同时又利用彼此的不同，合作、依赖、创造。

冲突并不都是不好的，正是因为冲突，人类的创造力能够一直保存；正是因为冲突，社会才能不断进化；《道德经》云，"反者道之动"，那相反的能量，是促进机体进步最大的动力。

3. 为什么说团队人越多合力越不容易形成？

让我们了解一个概念：社会惰性。

社会惰性的概念起源于德国心理学家林格曼（Ringelmann）在1927年的实验研究。他在研究中首次发现，团队成员的平均贡献率会随着参与人数的增加而减少，因此后来有人将这种现象称为林格曼效应。遗憾的是，当时林格曼并没有将这种现象产生的原因作为研究的重点，直到1972年施泰纳（Steiner）才对这种现象做了进一步的研究。他将这种随着团队成员数量的增加，个人努力程度下降，个体在团队中的实际表现与潜在表现存在较大差异的现象称为社会惰性。他认为，社会惰性产生的主要原因是过程丧失，即团队活动中存在着不恰当的互动过程，其中包括两大内容：（1）协调性丧失，即当群体规模扩大时，成员之间的工作联结点增多，工作协调的难度增加，出现相互干扰，导致成员无法尽全力或力量互相抵消，这样合力作用无法实现；（2）动机性丧失，即群体工作中，个体的工作动机水平比单独工作状态下要低，这样个体的努力与贡献程度就会下降。他还认为，个人努力程度的下降也有可能是两种过程协同作用的结果。

简单说，人越多，个体的效率越低。

人少了做不成事，人太多效率又会低。这才是我们为什么需要管理最重要的原因。

前面已经提到，组织行为学者统计过，传统行业最佳组织规模是30人左右。这是因为一个管理者的最佳管理幅度是5个下属，而最有效率的管理层级是两层，也就是说管理的5个下属每个人再管理5个下属，这样，团队是1+5+25=31人。这是一个大概的说法，但道理是确定的。如社会惰性里所描述的，群体人数增加之后，层级导致信息传递等协调性丧失；又因人多无法显出个体的能力表现使得个体动机下降。这是普遍的人性。

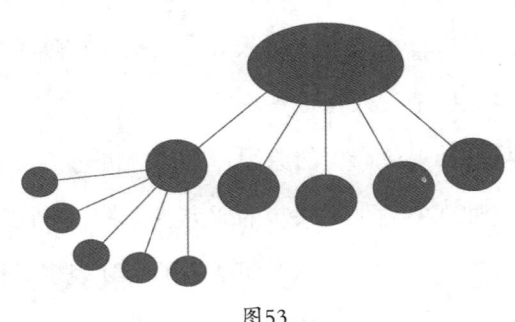

图53

很多种激励制度创新，都是在想办法把大团队整成小团队，或者说是在大团队里打造能够以小团队模式来展开激励的小团队，最典型的是阿米巴、合弄制，都是为了最大限度地降低社会惰性。

4. 团队合力不足主要由哪些原因导致？怎么解决？

团队合力不足主要有以下几个原因。

（1）目标不一致

当团队成员之间，团队与团队之间，努力的方向如图54左边的状态时，不但无法形成合力，彼此之间还会互相牵制，彼此消耗。

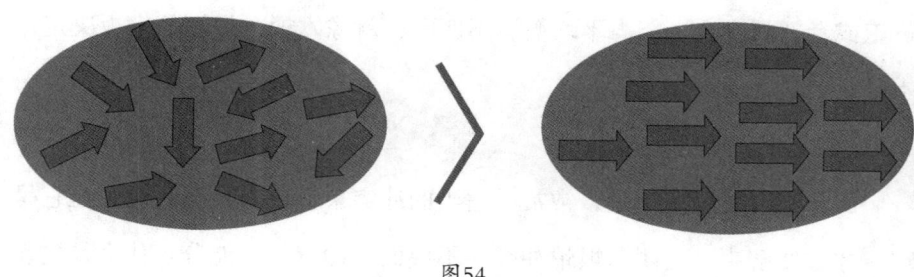

图54

(2) 责任不明确

完整的岗位职责设计体系，是不能有职责空白与无主次说明的职责重叠的，当分工不清晰时，就会出现互相依赖、互相推脱、三个和尚没水吃的情况。

大家的事＝一定不是我的事。

(3) 互相不信任

团队协作过程中，领导对下属的信任才能产生交托，下属觉得被信任才会全力回馈，员工之间彼此了解与信任才可能产生高效的配合，团队与团队之间的信任才能推倒"部门墙"。

(4) 领导不给力

小团队的合力是由小团队的领导来把控的，这个领导的个人能力、管理水平、人格魅力等对整个团队的凝聚与能力输出，起着至关重要的作用。团队与团队之间的配合，根本上源于两个团队领导之间的配合。

(5) 能力不均衡

团队配合就像流水线。整个流水线的产出效率是由效率最低的瓶颈环节决定的。也就是说，需要互相配合的团队，输出的合力由最低水平的员工或者部门决定。能力不均衡、不匹配，就像木桶，最短的木板决定存水量。

(6) 不能正确处理冲突

团队配合的很多问题，常常需适当的冲突来显化，甚至激化，让它呈现，才方便解决。当团队惧怕冲突、不敢面对冲突、不能分辨什么是建设性与破坏性的冲突时，很多问题就会被掩盖，解决也就遥遥无期。

解决以上问题，需要做好以下几件事。

(1) 共同的愿景目标

在具体的企业中，各个部门的员工所做的事情一定有区别，也就是小目标上一定是不同的，这是正常的，也是应该的，但如果仅限于此，也很容易导致团队整体凝聚力的下降。在"S-APC铃铛"模型中，最开始设计的"战略愿景"就能够很好地解决这一问题。在共同的长远目标下，每个部门的小目标都是为了完成企业共同的大目标在努力，在这种语境下，更容易产生凝聚力。

(2) 完善的职责体系

在公司规模很小、没有明确分工时，大家都及时补位，一般不会出现事情没人做的情况；当公司走向正轨，人越来越多、分工越来越细时，若没有相对明确的岗位职责，一定会出现职能空白或者职能重叠。所以，公司规模越大，对制度完善的需求就越强烈。职责体系一是要完备，不能有明显的空白断链；二是要匹配，就是相关环节的工作能力要均衡，防止粗细不均影响绩效输出能力。

同时，中小企业的发展经常是快速、动荡的，在非稳定态的管理情境中，一定会经常出现新的事情，新的职能需求。这时候，企业领导层的作用就体现了，领导层要能够及时补位，填补空缺。同时，岗位职责设计也要有技巧，做出弹性。

（3）开放的沟通氛围

开放的沟通氛围，关键有三点，第一，是让大家敢说话，说真话，把话说在明面上，并建立这样的制度保障；第二，是领导敢于面对冲突，面对问题，甚至面对质疑；第三，是要注意沟通技巧，领导者一定要能够换位思考，善于倾听。

经统计，80%的管理问题都是沟通不畅导致的，沟通不畅让大家彼此不了解，互相不信任，各种问题积压，就像人的血液流通不畅，企业一定是不健康的。

（4）领导力的提升

领导力在"S-APC铃铛"模型中，没有放在"能力"范畴，而放在"合力"范畴，为什么？因为单个领导不叫领导力。带团队的，让团队一起发挥出合力达成目标，这种能力就叫领导力。领导力的本质就是打造团队合力，而不只是自己多有能力。

在中小企业当中，无论高层还是中层，都需要随时保持创业的状态，身先士卒，查漏补缺，积极配合，这是企业成功的关键因素。

（5）制度设计的影响

保障合力的制度，主要有三个，第一是职责设计，必须保障是完整的职能链，并且相关能力匹配；第二是激励制度，最好能让所有为工作结果付出的员工都能享受到工作结果的回馈，这样能打造出一条船、一条心的利益共同体的感觉；第三是关键流程，职责设计与激励制度都是对人的，关键流程就是对事的，让涉及核心利益、顾客体验、公司安全等关键的事项，在企业内部的流传顺畅。

（6）企业文化

如果说制度影响的是行为，关系影响的是态度，那么文化影响的就是价值观。团队共同的价值观对于团队合力的影响，是最稳定，最持续的。在《孙子兵法》中，将作战取胜的关键描述为五个字：道、天、地、将、法。"道者，令民与上同意，可与之死，可与之生，而不畏危也。"最重要的"道"，就是上下一心，这是真正的合力，这是最大的胜算，这就是企业文化的作用。

后文会用专门的篇幅讲讲企业文化。

5. 如何正确对待冲突？

对待冲突最典型的错误：避免一切冲突、不能分辨建设性的冲突与破坏性的冲突。

惧怕冲突的团队具有以下特点：

- 避免讨论会引起争论的问题，哪怕是很重要的问题；
- 当面不表态，背后议论；
- 把时间精力浪费在表面形式上；
- 不能正面处理团队成员的意见和建议。

拥抱冲突的团队具有以下特点：

- 召开活跃、有效的会议；
- 汲取所有团队成员的意见；
- 快速拿出解决方案；
- 分得清建设性的冲突与破坏性的冲突，及时引导；
- 把形式主义控制在最小限度。

冲突类型的区分：

- 建设性的冲突：为如何把事情做得更好而争执；
- 破坏性的冲突：人身攻击。

6. 有没有哪种沟通方式可以最大限度地发挥每个团队成员的聪明才智，同时又避免直接冲突、避免官僚主义的影响？

有一种会议形式叫头脑风暴。

- 会议组织：8~15人参会最佳，会前准备，专人主持，专人记录，目标集中，人人平等，独立思考，自由发言。
- 自由畅谈：参加者不应该受任何条条框框限制，放松思想，大胆地展开想象，尽可能地标新立异，与众不同，提出独创性的想法。

- 禁止批评：参加头脑风暴会议的每个人都不得对别人的设想提出批评意见，因为批评对创造性思维无疑会产生抑制作用。同时，发言人的自我批评也在禁止之列。
- 延迟判断：既不能肯定某个设想，又不能否定某个设想，也不能对某个设想发表评论性的意见。一切评价和判断都要延迟到会议结束以后才能进行。
- 追求数量：头脑风暴会议的目标是获得尽可能多的设想，追求数量是它的首要任务。至于设想的质量问题，自可留到会后的设想处理阶段去解决。

图55

用头脑风暴的形式，能最大限度调动每一位员工的积极性。同时，在这种会议形式下，因为游戏规则的保护，避免了领导的尴尬。

7. 中小企业的团队合力系统建设，一般要经历哪几个阶段？

中小企业发展过程中，团队的合作协调，通常经历以下三个阶段。

（1）制度协调。制度与流程决定了大多数情况下部门间如何在事的层面进行配合；制度协调也最安全与稳定。

（2）上级协调。制度不完善时都靠人协调；公司有一定规模后依然有很多事情需要上级协调。因为制度永远不能考虑所有的事件，制度只要考虑80%常发生的事就足够了，否则制度会没完没了，也不符合快速发展的中小企业的实际需要。偶然发生的事情，就由上级把控。

（3）文化协调。文化就是统一的标准——行为、思维、价值标准；在此基础上部门之间很容易完成自协调；大大降低管理成本，提高沟通及决策效率。公司越大，对文化的依赖也越大。

对应的做法，主要是三件事：制度设计，领导力建设，企业文化打造。

8. 团队合力的制度解决不太容易理解，能不能举几个实际的例子？

相对组织能力与员工动力来说，团队合力相对确实比较抽象，

举三个例子：

第一个：知识服务业。

某知名法律服务公司，公司规模不大，员工在2017年不到20个人，进行激励制度设计时，考虑调整薪资，对于支持部门的总助、行政等几个人来说，总经理建议一次调整到位，提升工资水平，我建议将他们的底薪保持不变，加上业绩奖金，而业绩奖金的算法，就是按照计划业务量倒算应

该提升的工资水平倒推，比如总经理助理计划调薪到10000元/月，现在薪水只有6000元/月，年度计划中每月业务额平均为100万元，则把总经理助理的业绩奖金核算为公司月度回款额的0.5%，把固定的10000元/月，变成6000元/月＋月度奖金。其他岗位依次类推。这样就把支持部门与业务部门的业绩绑在了一起，业务工作越繁忙，支持部门的工作也越辛苦，但是因为是浮动的，越辛苦越高兴，这就形成了真正的利益共同体，与发固定工资的感觉大不一样。

第二个：传统制造业。

某高端暖气制造企业，员工规模300多人，销售规模8000万元左右。在咨询过程中发现一个细节，就是北方的水暖用的暖气片，是有使用周期的，一般5年以上不定期出现因生锈导致漏水的情况，且一旦漏水，可能给房间因泡水带来很大损失，比如木地板、一些昂贵的家具家电，损失的浮动很大。但影响最大的，还是客户的心理感受，包括维修、索赔、谈判等事项，如果处理不好，会对公司品牌造成很大的损害，也会导致索赔的数额无法控制。原来售后服务部门，为了沟通的方便，放在了销售部门的下面，但销售部门因为要对业绩负责，对售后的反应速度，对索赔金额的把控过程，都不到位，积攒了很多问题。

在我的建议下，公司将售后服务部单列一个部门，直接向总经理汇报，在行政级别上，与销售、生产、市场同级；在流程上，为客户售后的问题，可优先调动销售、法务、市场部门的人员为客户的投诉最快反馈；在索赔金额上，由副总直接权变把控，防止事态扩大。

由此以来，在这件重要的事情上，用结构重组、流程优化，把相关部门的能力串了起来，形成合力，彻底扭转了售后被动的局面。

第三个：贸易集团。

某一线合资品牌的卡车销售服务商，生意链条上有卡车销售、维修、汽车金融、二手车、运输公司、验车厂等业务，各部门都独立核算。这几年销售台数一直徘徊在五百台左右，找到我寻求突破。在做了深入的调研之后发现，卡车销售是个圈子，卡车是运输工具，做运输的是个圈子，彼此影响，在西北地区尤其如此。企业领导也知道这个道理，就设计了内部推荐制度，每推荐一个客户购买卡车奖励2000元，但是实施了一段时间，发现所有来买车的都有人推荐，有的甚至不止一个推荐者，但是销量并没有增加，详细了解，发现这个制度反而导致了内部腐败，就停止了这个制度。

我做了一系列的调整，最关键的调整有一个，就是将所有独立核算部门的负责人，季度奖金的一半留到年底一起发，发的时候乘一个系数，这个系数中30%的比重跟卡车的销量有关，且直接相关。这样一来，所有部门的负责人，无论是责任上，还是收入上，都跟卡车销售台数直接挂钩了。原来开会各讨论各的事，这个制度实施后，每次开会各部门都会问销售部门的销售情况，并且把自己部门推荐过来的意向客户进行追踪；实际上，无论是维修部门还是验车厂，还是运输公司，都有很多推荐的机会与可能性。制度实施后半年就比上一年全年销售量还多一百台，创造了行业增长标杆。

这是典型的制度设计全员营销的例子。（三个案例细节见后）

9. 什么是企业文化?

企业文化是一个挺大的概念，包含的内容很多，这里做一个简单的介绍。

(1) 企业文化的定义

先从文字上看，文化两个字的象形文字如下：

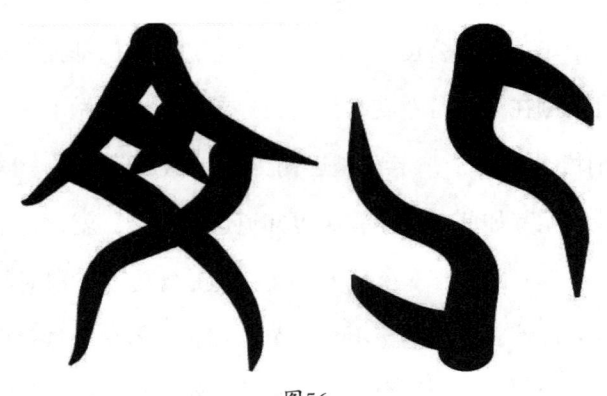

图56

"文"的本意为"在身体上刺画花纹"。文为象形字，古文字是一个正面站立的人形，胸部刻画有花纹，"纹"在身上，它标志着我们是一家人。企业文化首先解决的是一家人、一条心的问题。

"化"字本意是"改变，变化"。"化"为会意字，像人一正一倒，取其翻转变化之意。企业文化重要的不仅是文在身上，更重要的是以文来化，化在心里，让心有变化，有共鸣。化在血液里，化在灵魂的深处，化在日常的工作和生活中。

《周礼》曰："关乎人文以化天下。"汉代刘向《说苑·指武条》，"凡武之兴，谓不服也，文化不改，然后加诛"。指的是文治与教化，对于现在来讲仍有意义！

企业文化是一种"企业心理"及组织的潜意识，它一方面在组织成员的行为中产生，另一方面又作为"共同的心理程序"引导这些成员的行为。

通常来说，企业文化反映了一个企业内部隐含的主流价值观、态度和做事的方式。企业文化反映的是企业创始人或者企业领导人的个性、哲学及其社会背景。企业文化决定了一个公司如何运作和企业里什么人会得到提升。

企业文化是指企业在一定的社会历史环境下，受企业核心领导的思想、作风、人格、爱好的影响，在长期生产经营和管理活动中形成并为绝大多数成员所认同和自愿奉行的共同价值观、经营理念、行为规范、企业使命、企业目标、道德标准和企业精神。其中最为重要的是企业与员工共同的价值观和普遍能接受的企业精神。企业文化是企业在生产经营过程中所创造的，具有本企业特色的物质财富和精神财富的综合。

（2）企业文化的组成

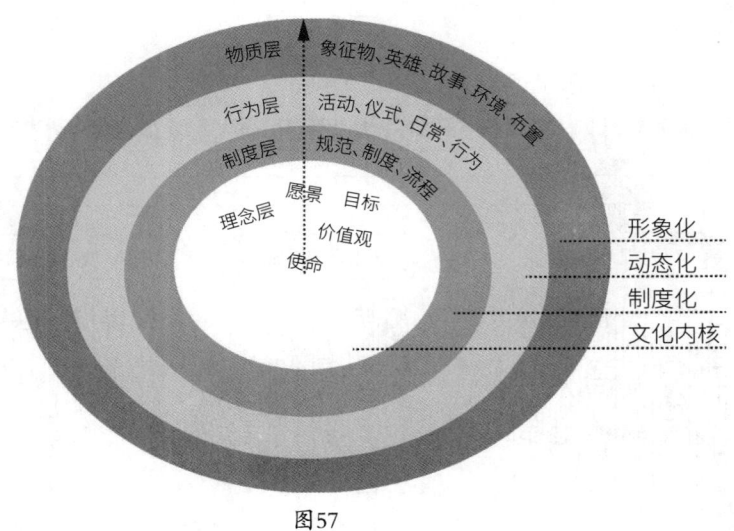

图57

最典型的企业文化组成描述是洋葱模型，包括四层。

- 理念层：使命、愿景、价值观、目标；
- 制度层：规范、制度、流程；
- 行为层：活动、仪式、日常、行为；
- 物质层：象征物、英雄、故事、环境、布置。

最完整的企业文化如下图：

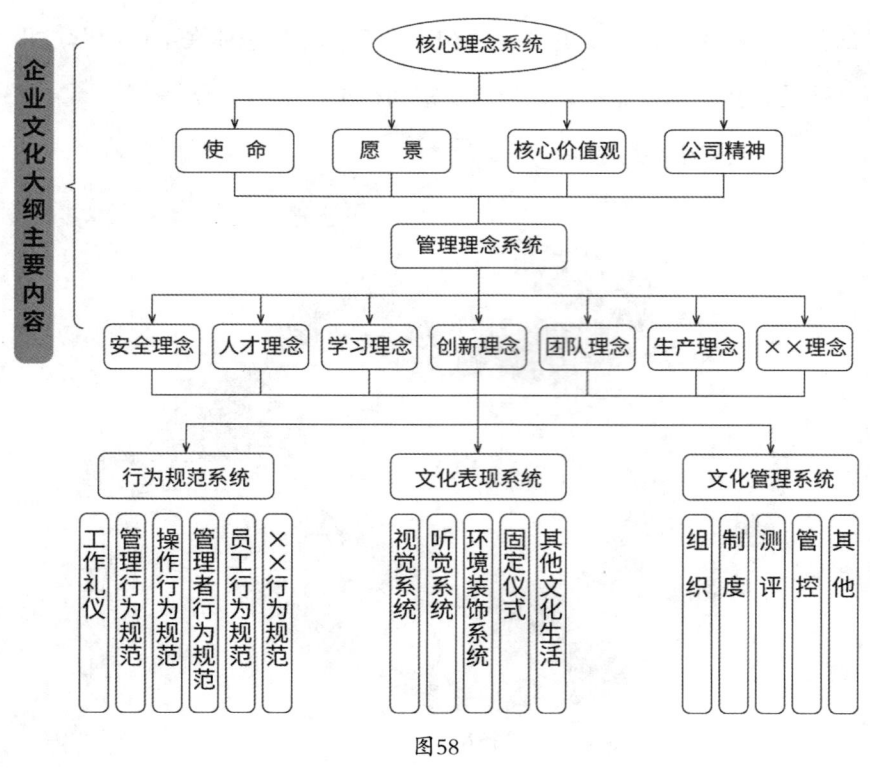

图58

企业文化中起决定作用的大都是看不见的，如图59。

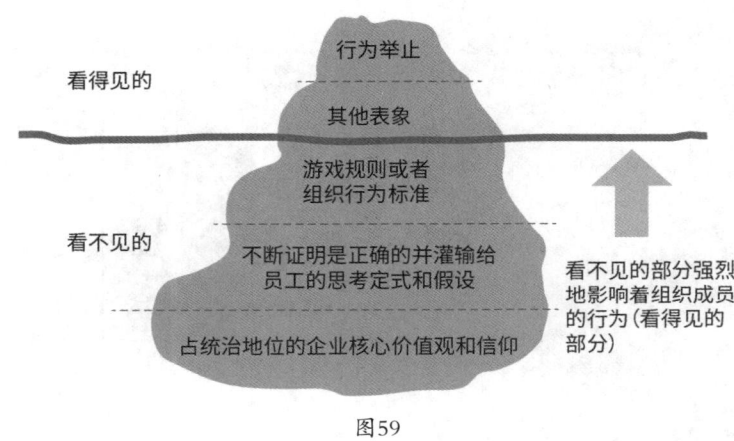

图59

（3）企业文化的作用

企业文化发挥作用的核心，是在精神变物质、物质变精神的良性循环中实现全体员工价值观的统一与和谐，改善他们的精神健康状态，激励他们以积极乐观、自发主动的心态，投入工作和生活中去。

最核心的有两大作用，一是导向（图60），二是凝聚（图61）。

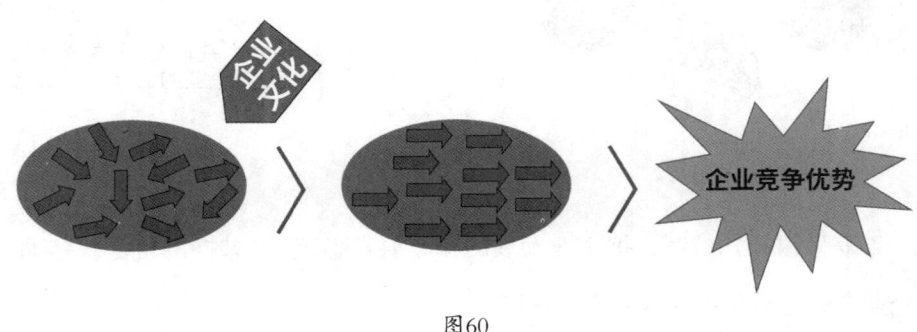

图60

文化对团队的作用，就像水对混凝土的作用。

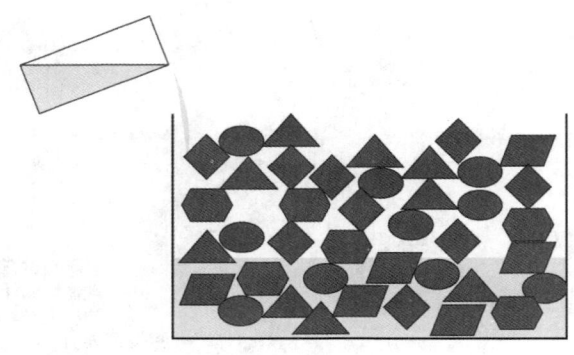

图61

顶级的咨询公司麦肯锡认为企业文化是企业成功的核心因素：

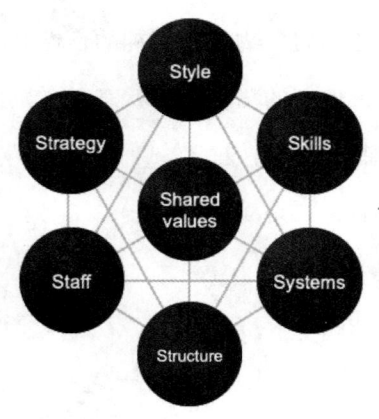

※ Strategy：战略，如何分配资源
※ Structure：结构，企业的组织方式，分权还是集权
※ System：制度，信息的传递
※ Staff：员工
※ Skill：技术，关键人物的特长
※ Style：作风，重点是管理人员的行为方式
※ Shared Values：共同的价值观，能够将员工个人与企业的目标真正结合在一起

图62

麦肯锡的7S模型，把企业发展的核心要素确定为"共同的价值观"，即企业文化是让员工形成合力的保障。

(4) 文化管理是企业管理的高级阶段

三流企业卖体力	一年企业靠运气
二流企业卖技术	十年企业靠经营
一流企业卖文化	百年企业靠文化

图63

(5) 典型的企业文化的例子

- 阿里巴巴的企业文化

远景目标：成为一家持续发展102年的企业、成为全球十大网站之一，只要是商人就一定要用阿里巴巴。

使命：让天下没有难做的生意！

价值体系——六脉神剑。

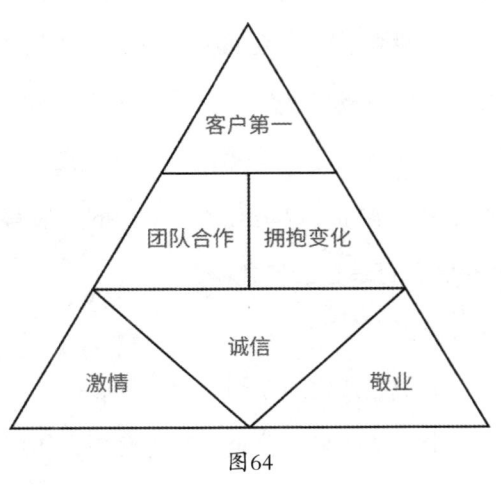

图64

"六脉神剑"的内涵：

客户第一：关注客户的关注点，为客户提供建议和资讯，帮助客户成长。

团队合作：共享共担，以小我完成大我。

拥抱变化：突破自我，迎接变化。

诚信：诚实正直，信守承诺。

激情：永不言弃，乐观向上。

敬业：以专业的态度和平常的心态做非凡的事情。

- 沃尔玛的企业文化

核心价值观：顾客就是上帝。

经营理念：天天低价。

三项基本信仰：尊重个人、服务顾客、追求卓越。

三大指导方针：坚持以人为本：公仆领导、激励员工、上下沟通、信息共享；创造轻松氛围：分享快乐、星期六晨会、沃尔玛式的欢呼；真诚回报社会：生态商店、慷慨捐赠公益事业、关心教育事业。

这两个企业都是行业内的领头羊，一个代表新商业形态，一个代表传统商业形态。他们的企业文化都很有力度，并切实履行。上面的文字，并非两个企业的企业文化的全部，仅是对社会呈现的、最有代表性的文字。

10. 中小企业有必要打造企业文化吗？

有必要，但没必要搞得复杂。

先要再次明确一下企业文化的作用。

操作层面，对于中小企业来说，企业文化有两大作用。

- **品牌作用**：企业文化对外是品牌的一部分，作用于客户可以增加对企业的好感，作用于对外部人才也有吸引作用；而且比直接打广告成本要低得多，效果要持续得多。
- **管理作用**：企业文化是管理的辅助，或者说是高级的管理工具；高级的意思，是在基础的管理工作做好之后，如目标管理，薪酬绩效管理、组织流程管理等做好之后。从员工心理做功，在更深的层面影响员工，达成一致行为的过程。

从上个问题里"企业文化组成"的答案可以看出，完整的企业文化几乎包含了企业管理的所有内容。中小企业大可不必搞得这么复杂。只需要关注以下几个点，逐步完善：

- 宣告企业的理想：使命愿景等，就如"S-APC铃铛"模型的开始；
- 适当描述价值观：用以清晰运营思路，吸引及规范人才；
- 保证制度一致性：在如员工手册等基本制度上，要保证与价值观宣扬的不冲突。

在文化的具体实施上，还要注意以下几点：

- 不能只限于口头描述，要落实成文字；
- 没有提炼不代表没有文化；
- 老板的风格就是文化，提炼时需围绕创始核心团队风格，不可生搬硬套；

- 千万不要搞得太复杂，整成形式主义，空喊口号；
- 有明确的文化对沟通很有帮助，无论对内还是对外；
- 文化比领导的生命力更持续，有利于企业的传承。

11. 中小企业在合力上容易出现的问题有哪些？

- 对团队合力没有感觉；
- 对团队合力只停留在感性的凝聚力、沟通气氛上，不懂得使用制度设计、流程再造等理性手段；
- 老板不清楚自己是合力的源头；
- 不升级管理手段，因为担心失控，不敢让团队上规模；或者团队已经上了规模，还用之前的管理方法；
- 随意指挥，越级管理，经常违反制度，让下属无所适从；
- 为了加强对团队的控制力，学宫廷戏，故意制造下级之间的矛盾；
- 不敢定发展愿景，不重视企业文化，认为没用；
- 害怕冲突，做老好人，让下属自己消化矛盾，从不在公开场合讨论；
- 刚愎自用，不敢、不会使用下属的聪明才智；
- 迷信企业文化的作用，搞复杂的文化体系，形式主义严重，口号满天飞。

六、案例详解模型的应用

本章节用四个案例，来展示本书的理论、工具在实践当中的应用。作者从亲手操作的大量案例中精心挑选的这四个企业，行业不同，问题的表现不同，但都具有很强的代表性。行业分布分别是纯服务行业（法律服务）、制造业（健康产品研发制造、水暖新风等舒适家居产品研发制造）、贸易流通行业（汽车贸易综合集团）。人员规模最少的十几个人，最多的三百多人；销售体量最小的几百万，最多的近十个亿。都是典型的中小企业。

小微服务业侧重综合改造，制度重建，公司重塑；制造业侧重战略梳理、问题诊断及解决方案规划，其中家居产品是行业下滑，健康业是行业上升，都有代表性；贸易行业侧重集团版块联动，如何在价值链中发现影响效益的关键问题。所有的侧重，都是在深入调研之后，发现影响企业实现目标的关键问题，绝不是先入为主，带着药去找病人。

因篇幅及保密关系，本书不会提到具体的企业名称，方案的细节也有删减。只为讲清楚问题，希望能让读者触类旁通。

1. 案例 4：多系统瓶颈突破——知识服务业小微企业再造项目

- **案例背景**

上海某知名法律服务公司，成立于2002年，在这个领域是最早的一批。创始人是原知名企业法务负责人，专业出身，很有情怀。客户多是大企业，如oppo、步步高、vivo、创维等，很多都跟随企业超过15年，也有涉外的知识产权及商标方面的业务。企业多年以来人数都在20人以内，除核心业务外，相关服务很多都是外包操作，经营界面简单，人均效率还不错。创始人在企业运作顺畅之后将大部分的管理工作及业务处理交于老员工A，自己处于半退休状态，近两年业务量一直在徘徊，因企业运营成本比较可控，主要是人力成本，利润率尚可，创始人没有太在意。在2016年下半年A因个人原因辞职了，创始人在了解员工状态后发现，人心惶惶，感觉公司就快要散了，很焦虑，于是找到作者，看看怎么做能够帮助企业渡过难关。

此项目发生在2017年初。

- **案例实施**

先做调研，与每位员工深入沟通，了解行业发展情况，分析原来的管理方式等，做了《公司管理综合调研诊断报告》，下面展示部分核心内容并做解读。

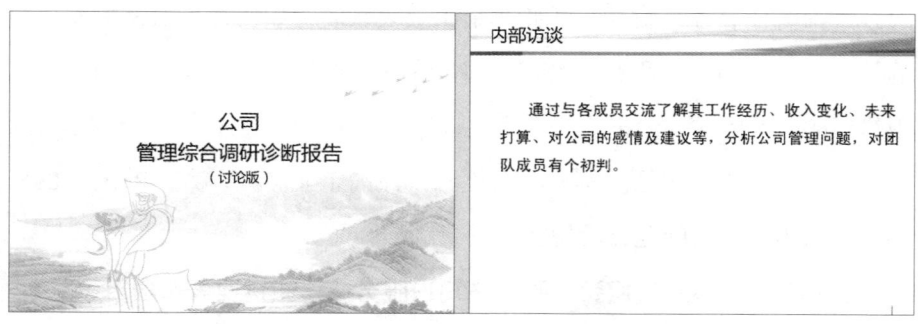

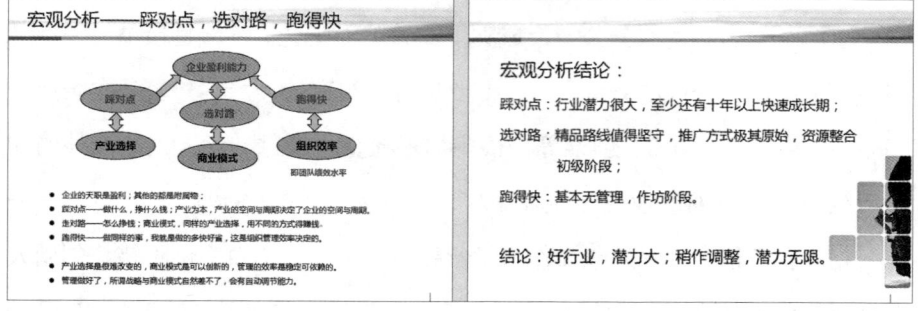

第三章｜突破管理瓶颈——5步法

△解读：

小微企业，对行业周期的认知，只需大致走向即可。体量越小，趋势对它的影响也就越小。

商业模式的分析，要尊重企业以往的成功经验，任何一个企业，无论规模多小，能够存活超过十年的，一定有它独到之处，必须尊重，认真对待。

用"作坊"来形容企业管理的状态，创始人一开始是不乐意的，直到后面的制度设计成型之后，创始人才认可这个说法。

结论把握关键、简单粗暴，是为了便于认知、提醒注意。

特别说明：企业的管理基础越差，通过提升管理能够带来的变化预期也就越乐观。如果一个企业管理得井井有条，但企业就是不赚钱，那就更麻烦了，就必须看看是不是要重新"踩点"，转行发展或者卖掉；要不就是必须转换商业模式，重新整理盈利的方法；相对来说，调整管理的折腾风险最低，最安全。

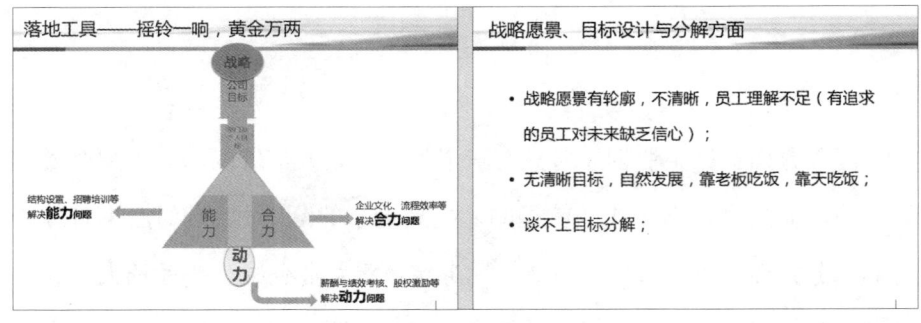

215

△解读：

很多中小企业，老板心里对企业未来发展是有想法的，甚至是很清晰的，但是，员工理解不足。要么是仅在某个场合口头描述了一下，要么是跟某些重要员工描述过，要么就是只有自己知道，没跟公司员工讲过。无论哪一种，都不算企业有"战略愿景"。本书前文已经大篇幅讲过这个问题，没有长远规划，是吸引不了有追求的员工的，让员工的未来"无处安放"，梦想一定要有，追求更要具体。还有就是，只有明确的、文字描述的战略愿景，才算正式的，否则，就让人感觉只是想想而已——老板那么一说，员工那么一听，不当真的。

组织能力与个人能力分析（优点、缺点、建议）	员工动力系统分析
• 结构有缺失，需要新部门； • 人员不足，招聘不力；招聘手段落后； • 内部培训机制自发状态，没有规则； • 员工能力传承体系未建立起来，师父徒弟之间的关系不清晰，利益也未捆绑。 • IT、财务等职能需要整合更合适资源 • 律师执业资格的问题建议与能力互补的事务所合作	• 员工整体收入在行业内属于中等略偏上，至少不算低的，这个员工也认可； • 薪酬激励体系基本的错误，几乎都犯了； • 战略不清晰，优秀员工看不到未来； • 薪酬发放方式简单粗暴，过程基本无考核； • 长期激励方式缺乏，员工缺乏坚持的理由。

△解读：

能力方面：该企业创业时只有三个人，创始人带着两个人，一个做专业，一个做后勤，做专业的就是刚才提到走了的A，做后勤的后来管理所有非业务方面的事：人力、行政、财务综合等。业务缺人手就招人，就这样，十几年自然发展着。结构的缺失是创始人不想把公司搞得像大公司那么烦琐，但又不知如何才能简化又高效，就一直搁置着。能力方面缺失最严重的，是新人培养得不好，企业内部的培训方式，看起来是没问题的，每周都有半天以上的培训时间，专业方面，由三个资深的专业员工轮流培训。但我跟相对新的员工沟通发现，这个行业真正的技巧，都是在工作细节中摸索的，不是光培训可以教会的。况且几位资深的员工，用了多年总结出来的看家本领，怎么能随便就教给别人，这也是人之常情。于是，我想到了师徒捆绑模式。后面制度细节里会讲到。

动力方面：中小企业在薪酬设计上常犯的错误，在这里都体现了。最关键的问题，是钱发得不算少，员工却不大认可。实际的情况，员工尤其是超过三年的老员工，得到的年度收入并不算低，是高于行业平均收入的，员工也是认可的；发放方式，基本上是根据老板大概的感觉，如专业能力、客户反馈、工作量、工作年限，等，基本月薪都差不多，年底一次补发几万或十几万奖金，内部的差异也符合员工日常状态。看起来似乎没啥大问题，可员工就是提不起精神。如果你认真读了本书前面的内容，应该会有判断：关键是，员工并没有业绩与收入直接挂钩的机制，没有明确的预期，整体上还是小公司的大锅饭；而且，年底发的钱，激励效果只能体现一小段时间，慢慢地每个月只面对固定几千块的月薪，做起事情来，是不大可能竭尽全力的。我问了下创始人能不能把年底奖金计算到月度或者季度，得到的反馈是可以的，这个行业的项目大部分当月就能回款，这样一来，我心里就有数了。

长期激励，我电话跟离职的A沟通过，很坦诚的交流，发现实际上主要问题还是出在这里，A跟老板一起创业，也是除了老板之外最专业的，虽然老板一直给她最高额度的奖金，但总是觉得不能自己掌控命运，缺乏真正的归属感，于是自己出去创业了，因为老板人不错，A也算感恩，创业也承诺绝不碰之前企业的老客户，这是后话了。

员工很难在收入等方面跟老板说真话，中国人都讲面子，很多都是客气话，总觉得谈钱伤感情，结果就是这样。只有面对第三方，客观独立的身份，才可能问到员工的心里话。或者员工打算离开了，才会痛快地说自己对金钱最真实的想法。在这里，马云那句话是没毛病的：员工离职，只有两个原因，要么钱没给够，要么觉得受委屈了。当然，有的员工到一定程度就是想自己试一把，如果在原来的企业里没有做老板的机会，就一定会离开，这种人才，得用不一样的方式，才可能留下来。

合力系统分析	结论与建议
• 公司规模较小，这部分问题不太突出； • 流程的优化必须梳理，在此基础上，确定是分小组，还是分工序； • 业务部门与支持部门应该分开（这个需要重新设计组织结构）； • 内部气氛尚可，员工对创始人的人品比较认可，互相之间还算简单透明； • 文化基础尚好，提炼不足。	• 明晰战略及文化，大声喊出来；给客户听，也给员工听；但一定要知行合一； • 重新设计组织结构，最好做出内部良性竞争的局面； • 招聘要主动，加大招聘的投入，改进招聘方法； • 薪酬体系重做，做出带宽阶梯，明确升降的理由； • 激励体系重做，短期的提成，长期的利润分享计划等，最重要的是第一个要先做出来； • 配套的制度细节，如员工手册，福利计划，培训计划等。

合力方面：企业规模小，部门也没分开，人际沟通也算顺畅，人方面的合力没什么大问题。但是从事上看，发现效率还是很有影响的，主要是分工不明确，一个项目至少六七个环节，是按环节分工，还是按小组分工？不管怎么分，都不能再是"大锅炖"了。最后在设计组织方案的时候，结合多方意见，做成小组了，一个小组3~5个人，由组长统筹在内部流

转，这是后话。业务方面是需要法律专业的人才能做的，支持部门是做一些电话联络、网络查询、信息收集、档案管理、文字处理等细节工作，专业要求不高，建议还是分开好，这就必须重新设计组织结构。

文化方面，创始人是个专业至上的人，做的项目很讲究品质，这也是那些挑剔的大公司能十多年都保持合作的原因；对整个行业的"不正之风"也颇有微词，认为很多急功近利的企业，对这个行业的名声负面影响很大。对用人方面，专业要求与服务态度方面，也都有自己的想法。员工对创始人的能力人品都认可。这说明文化的底子是不错的。因为是服务业，专业的服务业，我强烈建议创始人做一下企业文化的梳理提炼，对企业品牌宣传及员工的感觉都会很好，创始人也接受了。

结论：

建议主要做这么几个事情：

- 提炼企业文化；
- 重做组织结构；
- 重做薪酬体系；
- 重做激励制度；
- 做一个员工手册。

- 部分项目成果简介：

    企业文化：

    一、企业使命

    专业服务，持续信赖。

- 专职从事知识产权16年始终如一,实战经验丰富,根基深厚;属原国家工商局首家备案的涉内外商标代理机构。
- 主要合伙人具有20年以上知识产权工作经历,专职商标代理人12名,专业律师15名,高学历专业人员比例占全员95%,皆熟知各国商标法律制度。
- 全国商标申请量,累计成功代理知识产权达30000余件。
- 服务对象更多的是长期战略合作客户,如oppo、步步高、vivo、创维、一加手机、志高、健力宝等。
- 商标代理人在商标注册、保护、咨询、战略等方面已形成专业、成熟的专家团队,可为客户提供最佳方案。
- 律师队伍拥有丰富的实践经验,和知识产权专家一道,组成项目小组,在知识产权实体保护、行政授权程序和司法审查诉讼程序方面成为最具实力的团队。

二、企业愿景

商标资产管理专家

- 商标作为品牌的核心资产,越来越成为打造企业竞争优势的关键要素。
- 承诺商标查询在收到全部资料之日起12小时内提供准确、专业的查询报告,商标申请在收到全部资料之日起当天向国家商标局提交。
- 收到国家商标局的受理通知书、注册证等官方文件,6小时内通知您，48小时内将原件给您。对于国家商标局的审查意见，我们将在收到之日起3个工作日内提供修改意见给客户，以供参考。

- 提供常年的公告监控。
- 专家型人才，是我们的最大财富：公司以高水准的工作模式造就了一批优秀的知识产权人才，在技术实力、从业经验、法律功底方面，专业人才实现了最大化的结合。

三、价值观体系

核心价值观：标本正道　知行合一

行为操守：

　　　　专业、诚信、责任

　　　　担当、坚守、正道

　　　　进取、分享、协作

专业实力承担客户责任，与客户共同成长。

以诚信为未来投资；执着坚守，客户至上，用初心面对每一次托付。

知识产权无小事，坚持专注专业，坚持使命担当。

大格局，大视野。站在产业升级、品牌发展的角度，坚守正道，助力企业成长。

员工终身学习，持续进步。

彼此分享信息、分享进步、分享快乐，分享成就，分享财富。

项目团队合力，围绕客户需求，提供最优质高效服务。

心态开放，沟通顺畅，人际关系简单，平等互助。

△解读：

这是一个简练实用，指向明显的企业文化内容。

使命是说企业要做什么。这里的使命，主要是给客户看的。"专业服务，持续信赖。"八个字，四个词，每个词都有具体的指向。专业是这个行业最看重的东西，也是该企业立身之本，企业的客户品质及专业人员匹配，都撑得起这个词；服务是心态，也是承诺，容易理解；持续这个词，是双关语，一个是说很多客户持续跟随了那么久，一定是有原因的，而这个原因，也是值得其他的客户追随跟信赖的。

愿景是要成为什么。一定得是个名词。商标资产管理专家，这个提法，是把企业做的事情拔高了一个层级，是让客户企业知道，商标属于非常重要的资产，需要找专业的人看护。专家这个提法，与创始人沟通，从完整的商标资产角度，企业当时还不能完全撑起来，但是理想目标必须高于现阶段的能力，否则也不叫愿景了。为了这个承诺，创始人在2018年与另一家专业的律师事务所深度结盟合作，这个也是目标指引的一个典型作用，会推动企业跨越式发展。

价值观相对于使命愿景来说，更多是给内部员工用的，做为内部管理的一个方向性的指导纲领。对于这样一个典型的知识服务型企业，给客户的产品，很多是没有统一标准的，服务过程已经是产品的交付过程了，因此，员工的工作心态与职业操守显得尤为重要。其中"标本正道"这四个字，是很有分量的，这个属于承诺性质的，更是对行业的一个宣告、一个警醒。后面行为操守方面，学习了社会主义核心价值观的结构，十二个词每三个词对应的对象不同："专业、诚信、责任"是企业对客户的承诺；"担当、坚守、正道"是企业对行业的宣告；"进取、分享、协作"是企业对员工的要求。

自此，对客户更加有吸引力，对自身发展有了更高追求，对员工日常工作也有了指引规范。

企业文化作为高级的管理工具，作为品牌的有益补充，在以上文字中就完整地体现了。

组织结构：

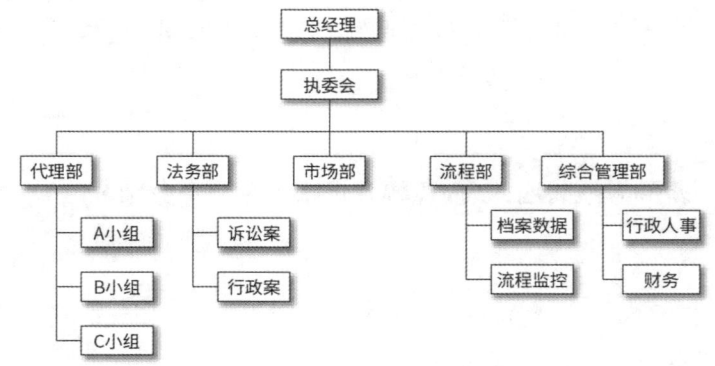

△解读：

企业原来严格来说没有清晰的组织结构，只有自然形成的分工，就不做对比说明了。

执委会，是为了核心员工成为合伙人而设计的一个过渡机构。管理的最高境界是让员工觉得为自己工作。为自己工作的感觉有两个条件，一个是企业的事自己能参与决策,另一个是企业挣的钱有自己的一份。在这个企业,先做第一个比较现实,于是就设计了执委会这样一个机构,让核心员工在里面参与讨论、决定影响企业发展的重要问题,执委会成员是由总经理提名的,定期不定期会有执委会的会议。

部门的分工将接触客户的核心业务部门与只做专业的法务部门分开,将市场推广与销售服务分开,将业务部门与支持部门分开。

最关键的部门是代理部。代理部内部做了小组,有三个主要作用:一是责权明确,按客户分工,让小组负责人有了实际的管理权,帮助总经理负责核心业务;二是解决师父带徒弟的隶属关系,明确团队责任,方便利益绑定;三是可以创造内部良性竞争的气氛。

其他部门设计原理、人员编制规划、各岗位职能等因篇幅关系,省略。

薪酬考核制度:(因篇幅及保密关系,部分细节略)

第一章 宗旨

范围:本管理办法适用于××××知识产权代理有限公司(以下简称公司)所有员工。

目的:吸引优秀人才,留住关键人才,激活人力资源,提高公司的竞争力。同时,使员工能够分享公司发展所带来的收益,把短期收益、中期收益与长期收益有效结合起来,支持公司战略目标的实现;并为公司将要实施的合伙人制度打基础。

依据:薪酬分配的依据是:贡献、能力和责任。

总体水平：根据当期经济效益并参照同行业状况决定总体薪酬水平；保证达到公司要求的员工得到高于行业平均水准的薪酬。

制度调整：2017年是本制度实施第一年，在实施过程中会补充及微调，之后逐渐稳定下来，每年重新审定一次，调整的解释权在综合管理部。

第二章　薪酬体系

公司员工实行岗位绩效工资制。

员工的薪酬体系包括以下几个部分：月度岗位工资、月度提成、年终考核奖金、社保福利。

第三章　薪酬发放

工资按月发放。公司于每月5日发放上月的岗位工资及各种奖金、福利。如遇节假日，顺延到下一个工作日发放。

第二篇　薪酬计算及发放

第一章　月岗位工资

月岗位工资是整个工资体系的基础，按照对岗位重要性确定，体现了岗位的内在价值。

第一节　月岗位工资用途

月岗位工资是确定员工收入中其他部分的基础，作为以下项目的计算基数：年终考核奖金的计算基数、其他基数。

第二节　月岗位工资确定原则

以岗定薪，薪随岗变，实现薪酬与岗位价值挂钩；以岗位价值为主、技能因素为辅，岗位与技能相结合；参考企业实际的收入状况确定薪酬水平，实现平稳过渡。

第三节 月岗位工资的计算方法

公司所有岗位按照重要性分为A、B、C、D四个职系，对应不同的层级系数；具体分类细则见《岗位薪酬带宽表》（岗位薪酬带宽表格式见本章"员工动力系统"）。

月岗位工资＝月岗位工资基数×岗位层级系数。

岗位工资基数可以根据公司的经营效益、薪酬策略、行业薪酬水平和当地薪酬水平进行调整，目前暂定为1000元。

第二章 月度提成

月度提成根据各岗位当月工作完成情况，体现员工在当前岗位和现有技能水平上通过自身努力为公司实现的价值，按月支付。

第一节 代理部提成计算方法

提成方式：按当期客户代理费回款总额计提比例；

提成计算周期：月度；

提成比例：

A、常规代理业务：业务小组以组为单位计算提成，月度提成比例为代理费回款额××%；

B、风险责任代理案：启动费部分××%，案件完成后再按照合同总额的×%计提。驰名商标案子要求最低接单额××万。

小组内部分配方式：代理人助理不同级别提成比例不同：初

级助理无提成；中级助理提自己所处理案子月提成总额的25%；高级助理提自己所处理案子月提成总额的50%；助理定级考核每半年一次（若助理表现优异，也可提前申请），按个人入职及定级时间确定考评时间，具体细则另见规定。

注：常规代理业务含常年法律顾问。

若出现客户的商务费用则需在成本扣除，细则另见补充规定。

第二节　法务部提成计算方法

提成方式：计件制。

提成计算周期：月度。

提成比例：案子按件数提，每件×××元或×××元，由业务部门根据难易程度确定标准。

诉讼案件奖励方式另计。

内部分配方式：专业中心2017年由总经理直管，每位法务根据自己月度完成量计提月度提成。

第三节　流程部提成办法

提成方式：网上新申请提成及公司回款总量提成。

提成计算周期：月度。

提成比例：程序性案件一件××元提成（在流程部组织不健全的情况下，谁做谁提）；当月总回款0.×%的提成。

内部分配方式：按职级系数分配，ABCD职级对应系数为4321，员工月度提成计算方式按个人系数在部门总系数的比例计算。

例子：假设部门内有3位员工职级分别为BCD，则B级员工的月度提成为：部门月度提成总额×0.5；0.5=3÷(3+2+1)。

5.部门建制不全时，内部分配方式由总经理审核确定。

第四节　综合管理部提成办法

当月总回款0.*%的提成；发放和内部分配方式与流程部相同。

第五节　补充说明

1.客户的分配方式由总经理决定；

2.驰名商标的案子，材料制作单独计件提成，每件××××元；

3.有重大工作失误的，如客户投诉（经查实），工作事故，等，取消当期奖励资格；

4.在提成发放前离职的，无奖励资格；

5.错案追究责任另见规定；

6.所有计提的收入都是含税的，在计算时扣除**%的税。特殊情况另议；

7.在部门建制不全的情况下，部门的提成发放额度及分配方式由总经理确定；

8.新员工在半年之内，公司会根据个人能力及工作需要临时分配工作，若该工作按制度规定是有提成的，当期由代理人根据新员工的工作数量、质量及工作态度，在公司制度规定的提成标准范围之内，提议员工当期的奖金，总经理审核发放。

第三章 年终考核奖金

年终考核奖金与个人年度绩效分数（月度平均值）及公司年度销售增量挂钩，是公司对员工的一种激励。

员工年终考核奖金＝月度岗位工资×个人年度绩效系数×年功系数×公司发展系数1.X（年功系数为满一年按1计算，之后每超过一年增加0.1，X是公司任务完成率增量，由总经理审核确定）。

第1条中个人年度绩效系数的计算：年度考核结果优系数为1.2，年度考核结果良系数为1，年度考核结果中系数为0.8，年度考核结果差系数为0。

在年终考核奖金发放之前离职的全体员工，公司将不支付其年终考核奖金；

工作不满一年的全体员工年度考核奖金按转正后完整工作月数计算比例发放。

第四章 其他奖金

其他奖金包括超额任务完成奖、总经理特别奖、人才培养奖、优秀员工奖等。

优秀员工每半年评一次，奖励那些工作业绩突出、践行企业文化、主动学习、积极配合的员工，计入公司档案，奖金2000元/人，并作为薪酬绩效考核的参考因素。

超额任务完成奖，2017年公司年度任务为×××万，各代理人小组按客户数量、质量分配任务，年终核算任务完成情况；超额部分按回款总额10%再计提一次（此奖项在代理人小组内按权重分配，代理人及高、中、初级助理的分配按6.3.2.1系数计算权重）；法务部、流程部、综合管理部分别再获得超额部分的1%奖金，分配方式与月提成方式相同。

总经理特别奖是奖励突出贡献的员工，如提出合理化建议取得明显改进，或者在社会上有好人好事、见义勇为等对企业良好形象有贡献的员工等，随机设置及发放。

人才培养奖主要针对代理人将助理培养成能独立工作的代理人，助理成长为独立的代理人之后，公司一次性奖励培养者5000元/人的人才培育奖（若新代理人在代理人岗位上工作不满一年离职，则此项奖金按比例扣除；若直接招聘以高级助理级别入职，代理人此项奖金减半）；同时可获得新代理人第一年（从第一个独立工作月份开始计算）的月度提成的10%，此项提成由新代理人从自己提成总额中出，培养人同时要承担辅助义务，并承担连带责任。

奖金获得者必须按有关规定交纳个人所得税。

公司的福利及其他制度规定细节见《员工手册》。

第三篇　年度考核

第一章　考核职责分配

第一节　总经理及各级主管职责

总经理为推行公司绩效考核工作的总负责人。

各级管理者对直接下级的定性指标（如工作态度）打分并审核

量化指标的准确性。

第二节 综合管理部职责

综合管理部作为考核工作的组织、执行机构，负责业绩考核体系的建设和完善，对员工进行考核制度培训和考核操作指导。

综合管理部接受员工对考核方面的申诉，并及时调查，提出处理意见；在无法处理时上报总经理处理，并反馈最终处理结果。

综合管理部为员工建立考核档案，作为奖金发放、工资调整、职务升降、岗位调动等的依据，员工考核档案对本人公开。

第二章 考核周期与内容

A、B、C级员工一年综合考核一次，D级员工半年综合考核一次；半年考核在下半年第一个月5日前进行，年度考核在次经营年度第一个月的15日前进行。

考核内容分为KPI指标（完全可量化）及重点工作目标（不易量化，按事项分）。

2017年年度考核方式采用定性考核法，逐渐过度到KPI分数考核法。

代理人助理半年考核方式按入职及定级时间分别算时间，细则另见规定。

第三章 考核过程

在绩效面谈中，被考核人可以对考核人的评价提出自己的不同意见，考核人应该认真听取，了解被考核人的真实想法。

对于正确的意见考核人应该接受，并更改原先的评分。

对于不正确的意见，考核人要耐心解释。

双方还要对过去的工作进行回顾总结，对取得的成绩进行肯定，对存在的问题共同讨论如何进行。

如果不能达成一致，可以提交审核人决定；总经理为最终审核人。

第四章　考核结果应用

考核结果分为优、良、中、差4个等级，2017年对应考核系数分别为1.2、1.0、0.8、0.6；

年度业绩考核结果是年终奖发放额度、岗位工资及职务升降、岗位调动的重要依据；考核结果优秀的员工，优先列为职务晋升对象。

考核结果为差的员工，公司给予警告，调岗培训或者淘汰，且无年终奖获得资格。

在试用期期间的员工按试用考核标准进行。

第四篇　工资调整

第一章　工资调整原则

公司工资调整形式为改变底薪数；根据年度考核结果调整底薪。

第二章　工资调整办法

1.A、B、C级员工每年考核一次；年度考核结果为"优"的员工，岗位系数上调一级；年度考核结果为"良"的员工，经直接上级推荐，总经理批准，岗位系数可以上调一级；连续两年年度考核结果为"良"的员工，岗位系数上调一级；直至该岗位最高级别为止。

2.D级员工及代理人助理每半年综合考核一次，考核结果为"优"者岗位系数上调一级；一年内两次半年综合考核均为"良"者，经上级主管推荐，总经理批准，亦可上调一级岗位系数；直至该岗位最高级别为止。

第五篇　工资特区

设立工资特区，使工资政策重点向对企业有较大贡献、市场上稀缺的人力资源倾斜，目的是为激励和吸引优秀人才，使企业与外部人才市场接轨，提高企业对关键人才的吸引力，增强公司在人才市场上的竞争力。

第一章　设立工资特区原则

谈判原则：工资特区以市场价格为基础，由双方谈判确定。

保密原则：为保障工资特区员工的顺利工作，对工资特区的人员及其工资严格保密，员工之间禁止相互打探。

限额原则：特区人员数目实行动态管理，依据企业经济效益水平及发展情况限制总数，宁缺毋滥。

第二章　工资特区人才管理

工资特区人才选拔：

工资特区人才的选拔以外部招聘为主。其条件为在本行业内有一定影响、具有特殊技能并能够切实促进公司综合竞争能力提高的员工。

工资特区人才淘汰：

针对工资特区内人才，年底根据合同进行年度考核，有以下情况者自动退出人才特区：考核总分低于预定标准；人才供求关系变化，不再是市场稀缺人才。

原则上工资特区工资总额不超过公司工资总额的5%。

备注：

本管理制度由综合管理部负责解释；

本管理办法的拟定或者修改由综合管理部负责，报总经理批准后执行；

对于本管理办法所未规定的事项，按公司其他有关规定执行。

××××知识产权代理有限公司
2017年3月

△解读：

魔鬼藏在细节里，天使也藏在细节里。一个公司管理水平，第一个就要看薪酬考核制度，尤其是涉及企业着重解决的问题以及员工关心的问题，用薪酬考核制度的细节来解决最有效。有钱、有爱、有梦，钱是第一位的。能力、动力、合力，这些力的提升，用制度设计来解决，是最可靠与最省力气的，是四两拨千斤的办法。

这个薪酬制度里有很多细节，都是针对性的，下面按此制度文字顺序一一说明。

① 薪酬制度的稳定性很重要，但又不可能永远不改，因此在第一章中明确，2017年年内可能还有微调，为刚刚设计的制度的修订打下伏笔，但是明确以后每年只会修订一次，让员工安心。

② 月度的岗位工资做出带宽表，让员工明确自己涨薪下一级能到多少，老板也省心。尤其是公司已经有些历史，并有长期规划的，一个薪酬带宽表可以使用五年以上，这是最直接的"明确的预期"。

③ 年度奖金变换到月度提成发放，增加激励次数，明确算法，让员工清楚地看到自己的工作与收入的关系，这是"激励的及时性"。

④ 将能力普通的员工与新人分到各个小组里，明确师徒关系，让新人的工作成果与组长的收入有关，小组做成关系密切的利益共同体，组长为达成更多业绩，自然也愿意分享自己的经验能力，在工作配合的实践中完成能力的传承。同时，为防止发生组长打压人才、剥削提成的情况出现，根据员工入职情况，每半年进行一次能力考评，由总经理及所有组长及其他部门负责人共同考评，杜绝管理腐败可能。还给员工可以自主申请考评的权力，人才通道保持顺畅。

⑤ 流程部门因为工作量不好确定，也不易考核，负责人说需要招多位员工才能完成工作量。考虑再三，用了权重比例考核法，简单粗暴有效，因为有了带宽表中的职级，所以将职级作为主要依据，按部门拿总额提

成，负责人为了拿更多的提成，必然会想办法少招人，人越少，自己拿的提成就越多。

⑥ 综合管理部的负责人是元老，创始人希望一次性将岗位工资涨到位，在我的建议下，倒算一个预计业务额度的比例提成。有几个好处：一是非专业员工的固定薪酬太高了不好，容易让员工认为是人情工资，不利于士气；二是与总业绩挂钩能调动积极性，造成真正的同呼吸共命运的感觉；三是在业绩不好的月份，可以降低企业的管理成本。

⑦ 设计年终考核奖金，是因为员工习惯了年底有一笔钱发，突然没了不习惯，但是发呢，也不能发太多，必须有依据，公式的设计：员工年终考核奖金＝月度岗位工资×个人年度绩效系数×年功系数×公司发展系数1.×（年功系数为满一年按1计算，之后每超过一年增加0.1，×是公司任务完成率增量，由总经理审核确定）。这个公式，考虑了级别差异，考虑了员工个人工作绩效，尊重了长期服务的员工，也考虑了公司整体发展。公司发展系数1.×的设计，意思是公司业务增加多少，按比例提高多少，翻倍也可以，但如果公司业务下降，至少也保证这个系数不低于1。

⑧ 超额任务完成奖是激发士气的，业绩越往上完成越困难，但是业绩越往上企业的利润也越大，因此，变动比例的业务提成是有必要的，这个企业的模式比较简单，没有做阶梯式的提成比例，在"其他奖金"里补上这一条，并让全体员工都有机会分享到超额完成的奖励，这是真正利益共享的团队文化。

⑨ 年度考核决定员工的岗位工资变化，正常情况下会有20%~30%的员工被评为A优秀，有机会直接涨一级工资（一级工资的涨幅通常在

7%～12%）；每年被评为B良好的员工一般会有70%以上，也就是绝大多数正常表现的员工都应该是这个级别，两年正常表现，可以涨一级工资，实际上就是告诉大家，只要你正常工作，每年的基本工资涨幅不会低于5%，这个是应该的，也是企业可以承受的，也能让大部分员工安心。被评为及格属于警告或者考察的范畴，被评为差就是要辞退或者让员工主动离开的意思。

⑩ 工资特区，是为了保证制度的严谨与弹性，当出现特殊情况，无法用带宽表套用，或者对方提出特别的奖励方式时，单独处理的，但又不适合让所有员工知道。留这个口子，在法理上，不至于让管理层太被动。

还有很多细节，在此就不一一展开了。真实的案例总是有很多细节，这些细节，才是真正体现制度设计者水平的地方。

- **案例总结**

此案例很有代表性。虽然企业不大，但问题很典型，给企业的解决方案比较综合，实施效果也很好。

制度2017年3月份设计完毕，当月就公示制度，并按照制度设计的比例发了奖金。成果是，4月份多位员工加班到很晚不走，连原来老板觉得不太满意的员工，也经常主动加班加点工作，且工作非常用心。4月份业务有了跳跃式增长，有一个员工的月奖金接近3万，发完奖金后老板还担心，给我打电话，我在确定没算错的情况下，大大恭喜了老板。2017年当年业绩增长超过1.5倍，从四百多万做到了一千多万，2020年初我去参加年会的时候又问了一下，2019年内员工比2017年初增加了将近一倍，但是2019年的业绩已经是2017年的近五倍，业绩接近两千万。老板红光满面，人显得更加年轻有活力。

这个项目的实施，实际上是再造了这个小微企业。报告虽然简单，制度也只有几页纸，实际上的项目内容涉及发展战略定位、商业模式梳理、组织结构重塑、激励制度设计、企业文化再造等一个服务型企业几乎所有重要的方面。

用了两个月的时间，帮助企业完成了这样的蜕变：从经验主义到专业助力，从作坊到公司，从个体户到接近现代的管理模式。打造了一个拥有清晰的发展愿景、士气饱满、业绩持续增长、内部凝聚力极强的团队，真正做到了利益分享、能力分享、价值观分享；能力有传承，动力有激发，合力有保障。

这样的企业，很难再遇到曾经的危机了。即使再遇到问题，也是高级问题。

2. 案例5：能力系统瓶颈突破——健康产品制造企业战略落地与组织结构调整项目

- **案例背景**

天津一家健康产品企业，成立于九十年代初，一直专注于中医药保护皮肤健康领域，拥有多项专利，是高新技术企业，在全国的核心城市有五家分支机构，四百多家代理商，部分代理商是参股的，合作持续紧密，近十年一直是持续稳定地增长着，到2016年销售额接近5亿。总部不到50名员工，生产中心独立运作并部分外包，核心技术也是与科研院所深度合作的，运作模式比较轻，加上分支机构的人数，也就110名左右。创始人也就是总经理是科研出身，曾在国家某科研机构担任主要领导职务，为人谦和，厚道稳重，管理上有自己的一套想法。在一次课程中认识作者，很认可作者的管理理念，于是找到作者希望帮助企业解决当下几个问题：一是自己对企业长期发展规划有目标，但是缺乏落地的具体思路；二是公司内部管理结构已经很多年没变化，以及两个跟自己最久的骨干配合不是很顺畅，觉得该调整一下，但不知道怎么调整合适；三是营销的思路最近几年没什么突破，公司虽然销量一直在增长，但实际上相对行业整体发展速度以及企业在行业中的位置来讲，并不算快，甚至是相对落后的，必须做出些改变。简单说，三个诉求：1.战略落地规划；2.组织结构优化；3.营销突破。

此项目发生在2017年下半年。

- **案例实施**

原报告篇幅较长，案例介绍只展示部分内容

△解读：本项目的体量与要求比上一个项目要高很多，因此方案也要细致很多，仅调研报告的篇幅就是上一个项目的3倍以上，此案例的战略落地的设计比较典型，故下面单独介绍一下第四章。

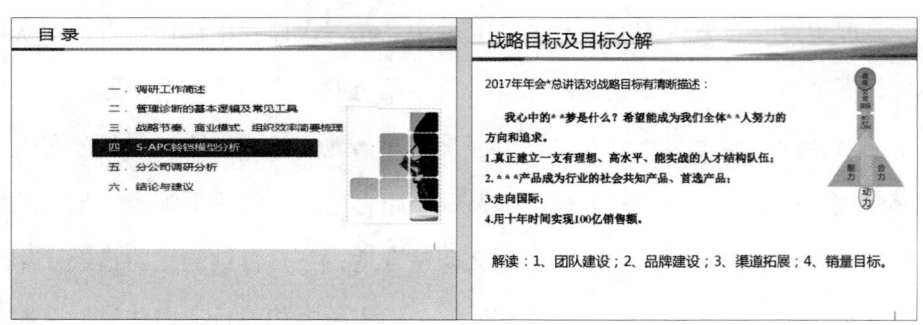

战略目标与目标分解细化

- 先说可以量化的：100亿销售额，按2017年销售额5亿计算，每年50%增量不到6年即可实现；按每年40%增量，7年即可实现。按每年30%增量，9年即可实现。直接说100亿似乎很吓人，但每年保持增量不低于30%，好像就没那么难了，数字不是最重要的，支持数字目标要做的团队建设、品牌建设、渠道拓展才是更重要的。

- 团队建设目标：总部建设成一个什么样的总部？也就是总部需要什么样的能力，需要什么样的组织结构？人才从哪里来？总部对经销商管什么、不管什么、边界在哪里？总部与经销商如何形成能力联动？我们放在三力中讨论。

- 品牌建设的效果，在我们这个行业，如何量化？在客户那里如何量化？在顾客那里如何量化？品牌建设是自上而下的，因此天津总部必须有专门部门负责。

- 海外拓展是用招商方式，还是自建分部？优劣分析。

△解读：这里有一个细节，该企业用了近二十年时间做到近5亿的业务量，创始人也是总经理在2017年年会上又提出了用10年实现100亿销售额的计划，结果管理层都懵了，没人敢接这个话题聊。笔者换了个思路，

跟大家分解了一下目标，一个很简单的数学题：以5亿为基础，每年30%增量，9年就能实现100亿。因为行业每年增量不低于20%，国家的大健康政策导向，客户数量基础，以及对中医药的支持态度，让行业长期、持续增长成为大概率事件，而该企业本来就是该行业的龙头企业，之前几年的业务额也一直以30%左右的速度在增加。将10年100亿的目标分解为每年30%的增量，大家一下子觉得轻松多了。

这就是目标设计与目标分解，在绩效考核上结合30%的增量对应的核心岗位薪酬关联，就是结果应用了。这三个一起，形成完整的目标管理。

能力——天津总部需要什么样的能力（组织结构）？

- 组织的本质是能力不是结构。组织结构的关键不是要设计成什么，而是要实现什么。
- 支持经销商——经销商需要我们怎么支持？因现阶段经销商发展程度不一，不同区域，需要我们支持的内容也有差别：

区域类型	空白区域	刚起步区域	完成任务差的区域	完成基本任务区域
所需支持	招商	搭架子，给标准，给方法	激励、督促，或者考虑合并、撤销等	客户开发，服务提升，管理标准化，精细化

- 建议给区域设置一个基本任务量（比如按人口数及客户数计算），多长时间内达不到基本任务或者一个比例的经销商，总部保留收购、合并乃至撤销的权利。
- 厂家职能——我们作为厂家及品牌授权方，基本职能是：保证产品供应，给予建设标准及验收，控制市场秩序，招商，培训，组织全国或跨区域的会议，技术及产品创新，解答疑难问题，等等。
- 品牌及文化建设——单独提出来，是因为品牌与文化只能是自上而下的，又极为重要。
- 风险控制——行业特点决定了，如果风险把控不好，可能千里之堤毁于一旦。刹车机制。

能力——天津总部现阶段能力简略分析

- 从现组织结构设置来看，感觉需要加强的能力：

  1.品牌建设（可包括企划部门）

  2.技术研发与创新

  3.市场规范与风险控制（可以放在市场管理下面，但要专人负责，直接向副总以上岗位汇报，高危行业，必须未雨绸缪，信息传达必须是绿色通道）

  4.经销商市场操作指导及管理制度标准建设（这个是经销商最需要的支持工作）

  5.空白区域很多，招商以及非常落后区域的经销商调整工作，需要有人专门负责

- 思考：总部人员很精干，但能力级差也很大，W总G总这样经验能力俱足的，更多时候应该做组织者，控制在一线的时间，适当调整职能内容。从能力输出变成能力组织。

总部能力——寻找人才 + 整合经验

- 总部的1职能，必须找专门人才，2是整合能力的事，3主要是制度流程规范与责任心，有专人负责，4跟5，才是体现我们管理思路的关键。
- 对经销商支持部门人才组织传统思路：招聘，培训，下放市场锻炼，然后能给经销商某种程度的支持，如培训、协助招聘、关键客户开发辅助、活动支持、制度完善、危机公关等；很多传统公司的市场部，或者叫营销管理中心，都是这个套路。我们分析一下，这样的人才，我们需要从哪里招？需要多长时间的培养？留住这样的人才需要怎样的待遇与管理机制？长期出差的稳定性、管理成本，等等。
- 从市场一线反馈来看，在操作细节上，很多经销商的实践经验是超过我们的，他们的经验，汇总起来、系统整理起来，让大家都知道，也就是能力的复制。**我们做过经验萃取的事，这个事太重要了。不能只是阶段性、运动性的，应该做成常设部门，这可能是我们可以给到经销商最现实、最有效的支持，职能上要跟培训分开，突出重要性，操作上可以放在一个大部门里，但必须由有经验的人专门负责。**
- **新思路：市场支持部门变成经验组织者，传播者；整合能力输出而不是培养自己的能力。**

△解读：在目标分解下，才能看出需要什么样的能力，空谈能力是无意义的。

组织能力由三个内容组成：结构、人才、整合；目标分解下先要看企业组织结构是否支撑，在目标落实过程中，组织结构的设计也就有了依据。该企业的业务实现主要是靠经销商，所以业务的增量，主要也就落在如何帮助经销商提升上，这就是组织结构调整的首要考虑因素。

对人才的认识，多数公司会有个误区，认为只有自己发工资的人才，才叫人才。其实，人才最关键的是为我所用，而不是为我所有。

该企业真正能帮助经销商提高销售能力的，不是企业的员工，而是优秀经销商的员工，这样的思路一打开，后面的事情就顺理成章了。所以"整合"这个词，是很重要的提示。

总部员工动力系统简单分析

- 访谈的每个人都有清晰的岗位职责与明确的上下级关系；
- 严格按照带宽工资表定薪，正常情况下每人每年都能涨薪；绝大多数对收入是接受的，满意的；
- 对公司的管理层都很认可，沟通氛围、凝聚力较好；都对公司未来充满信心；
- 大部分认为工作量比较满，但也能接受；部分认为绩效考核比较温和，有奖无罚，区分度不大，但这个不是主要矛盾；
- 直接支持经销商的员工，会看到太多机会，必须给予自主创业的通道，才可能吸引真正能干的人（比如工作多久，怎样的业绩，可以选择一个区域创业，多几个成员不是坏事）。在人才流动的通道上，思维要更开阔（比如招聘时就招创业者，但要在公司先做2～3年市场支持）。
- 整体感觉：总部在基础管理上做得比较好，有问题也是高级问题，比如总部定位、结构设置、部门协同、骨干员工长期激励方面。

> **合力——文化、组织、流程、日常沟通等**
>
> - 公司在民企中属于极重视企业文化建设的,而且文化在团队、经销商中都起到了很大的凝聚效力;
> - 管理层比较精干,高层分工比较清晰,内部协同效率尚可;
> - 访谈中部分员工提到内部流程可以再细化,以明确工作边界、提高内部效率;个人认为现阶段的组织灵活性很有必要,不必着急做总部的制度固化工作;
> - 员工对于公司几位核心领导的能力、人品、沟通风格都极为认可,日常沟通没有障碍;
> - 整体感觉:组织合力上就现在的总部规模来看,提高的空间不大。合力的重点建议放在如何让优秀的经销商与总部形成合力,对其他经销商产生支持上。

△三力系统综合解读:

战略落地,按"S-APC铃铛"模型的5步流程给了清晰的建议。

该企业战略目标是总经理明确制定了的。上面的PPT是在描述战略落地的分析过程、方向性思路以及三个力的侧重。企业的激励制度做得虽然不算完美,但也不能算差,核心岗位的激励是能让管理层接受认可的,总部的薪酬架构及绩效考核方式也是可以的,只需要调整一些细节;企业文化也比普通民企重视得多,落实得也很好,员工凝聚力很强,离职率比较低。相对来说,三个力中,能力是瓶颈。所以是这次项目的重点。

能力需要加强的方面,推导逻辑很关键:战略目标——目标分解——数字目标推导出实现时间——组织目标对应的组织能力与个人能力不足——需要做的事。

组织目标对应组织结构调整与核心能力建设,管理层能力推导出人才梯队建设（该企业缺中层），核心能力的出处推导提炼出优秀经销商的智慧并由总部传播。

目标节奏——100亿的落点是做什么事来保证持续增长

- 管理升级：组织结构搭建、样板市场打造、经销商部门级启动包或管理手册设计，培训部门的工作细化；
- 品牌建设：部门职能完整、公众口与专业口的知名度、美誉度打造、形象标准建设等；
- 人才梯队：总部人才规划，梯队安排，支持经销商的人才盘活（虚拟组织）计划等；
- 渠道拓展：空白市场拓展方法与时间安排，落后市场的激活计划，成长市场的再升级；
- 技术创新：产品合作或部门创建规划、新产品或微创新计划等；
- 市场规范：医学相关、人体敏感部位处理，本质上是高危行业，必须防止影响全局的危机事件发生及危机公关，市场规模越大越要未雨绸缪；
- 信息化：销售系统未采用crm等相关软件，经销商管理方式须升级；

  简单说就是做哪些事、什么时间完成、谁来负责。具体目标落地节奏见9月下旬报告。

综合评价——**公司整体士气很旺，发展潜力巨大

主要优势：
- 文化有足够的凝聚力；战略目标比较清晰；
- 治理结构稳定；决策效率还比较高；
- 产业蒸蒸日上，模式正在创新延展，产品效果很好；
- 核心领导很有威望，也比较团结；
- 绝大部分经销商对总部很有信心，向心力很强；

主要不足：
- 总部很多职能不足，对经销商支持工作还有很多潜力可挖；
- 储备干部不够；能力断层严重；
- 空白市场及落后市场的开发与激活缺乏力度；
- 分工司未做成标杆，影响总部形象；
- 走在前面的经销商对公司有更高期望；总部未将优秀经销商的能力或经验很好的提炼复制；

结论：问题都是发展中的问题，公司潜力巨大

定调——企业进入二次创业阶段

Mba智库百科解释（咨询师整理简化）：

　　二次创业，就是企业在取得高度增长之后，为了谋求进一步的发展而进行的内部变革过程。其实质是企业发展到一定阶段进行的一次战略升级或者转型，是企业发展过程中的一次革命性的转变。操作上是在企业已有的基础上，进行管理的科学化，不断挖掘内部潜力，以求进一步发展。

　　进行二次创业的企业要想获得成功，关键是要告别过去凭借个人素质来赢得并把握机会的时代，建立起一个依靠企业整体素质来实现持续发展的管理体系。

　　要完成二次创业的宏伟目标，我们要抓住创新不放，在观念创新、机制创新、管理创新、技术创新上大做文章。在运作机制、管理模式、经营机制、分配机制和用人机制等方面进行脱胎换骨的改造，而不是修修补补。敢于否定那些不符合时代要求和企业发展的东西，敢于否定那些不符合市场经济要求的老规矩、老经验、老标准、老办法等，解放思想，更新观念。

二次创业对公司来说：
　　1.从自然发展＋部分规划发展到全面规划发展
　　2.沉淀企业经验，从依赖个体成员能力到建设组织整体素质
　　3.创新，全面创新，大胆创新，敢于突破传统

目录

一、调研工作简述

二、管理诊断的基本逻辑及常见工具

三、战略节奏、商业模式、组织效率简要梳理

四、S-APC铃铛模型分析

五、分公司调研分析

六、结论与建议

总部组织结构粗略设想——10亿—100亿需要的总部结构会有差异

1. 第一种：在现有组织结构中，设计一个经销商支持中心，将现阶段比较重要的、经销商需求强烈的工作列出来，组织人才分别负责。保留现有其他岗位设置，逐渐过渡到整体组织结构的调整；估计可以支撑20亿以内的规模。

2. 第二种：重新设计总部的组织结构，建立几大中心，将现有职能及品牌打造、渠道拓展、技术创新、市场规范（安全）、信息化等职能都归属进来；现有人才也重新规划上岗；一步到位，预计可支撑20亿以上规模。

方向性思路讨论一致后，具体结构设计见本月底汇报文件

（最终用的是两种结合的方式：两位副总直接支持经销商，各自独立、对称；总部由总经理直接负责职能部门）

总部与经销商能力耦合叠加——经销商分公司化，人才盘活

1. 市场开发方面：开放空白区域、落后区域给优秀的经销商，部分区域也可以与经销商共同投资建设；对总部市场人员也可以给予内部创业机制。

2. 市场支持方面：在经销商中建立人才库，优秀的经销商人才，由总部专人出面组织成虚拟团队，总部给予物质奖励或者其他形式的支持，大家一起提炼市场开发、服务中心管理等落地的、细节的方法或制度，整理成可以推广的文字；同时也可以由优秀的经销商及经销商的优秀员工组成**讲师团，全国各地现场或视频讲解，内部人才的能力输出将是最落地的。

核心：总部市场支持职能转换：变成组织者、采集者、传播者，而非直接输出者。

△解读：

诊断报告的结论是依据报告前面的分析过程得出来的，一环扣一环。

首先定性是积极的问题、典型的问题、发展中的问题，让企业先定心。

二次创业是非常符合企业当时的状态的，是典型的"企业经过一段时间的高速增长后，为了谋求进一步的发展而进行的内部变革过程"。讲这一点是为了让管理层端正心态，做好准备，面对可能发生的调整，要用创业的心态，积极配合，主动补位，不计较短期得失等，相当于定性、动员。

该企业的销售八成以上是由经销商完成的，帮助经销商成为第一要务，人才与能力都从优秀的经销商处先萃取，这个是作者在做了多处经销商现场调研后得出的结论，现实、可操作、结果验证过，也容易落地。

这个企业的商业模式很特殊，是企业多年来自己摸索出来的一套独特的方法。社会上找不到一样的，这是与中国国情结合的创举，方向由总经理提出来，细节是部分经销商在一线打磨出来的。这本身就是商业模式创新。这是这个企业的特色，也代表一部分以经销商为主的生产型民企，真正懂得销售的是那些在一线拼了多年的经销商，总部不需要显得比他们厉害，重要的是给他们提供弹药，并将成功的经验提炼出来分享给其他落后的经销商，这才是四两拨千斤的做法。后来在作者的建议下，成立了××学院，讲师主要从优秀的经销商处选拔，实施后效果非常好。

简单说，这个企业销售突破最现实的办法，是把成功的销售经验复制出去。同时在萃取优秀经销商经验的过程中，将某些经销商的个人能力，沉淀到总部成为组织能力。

- 组织结构

组织结构调整过程讨论文件很多,这里只展示三个组织结构图,解释结构变化的过程与结果。如下:

调整之前的组织结构图(图一):

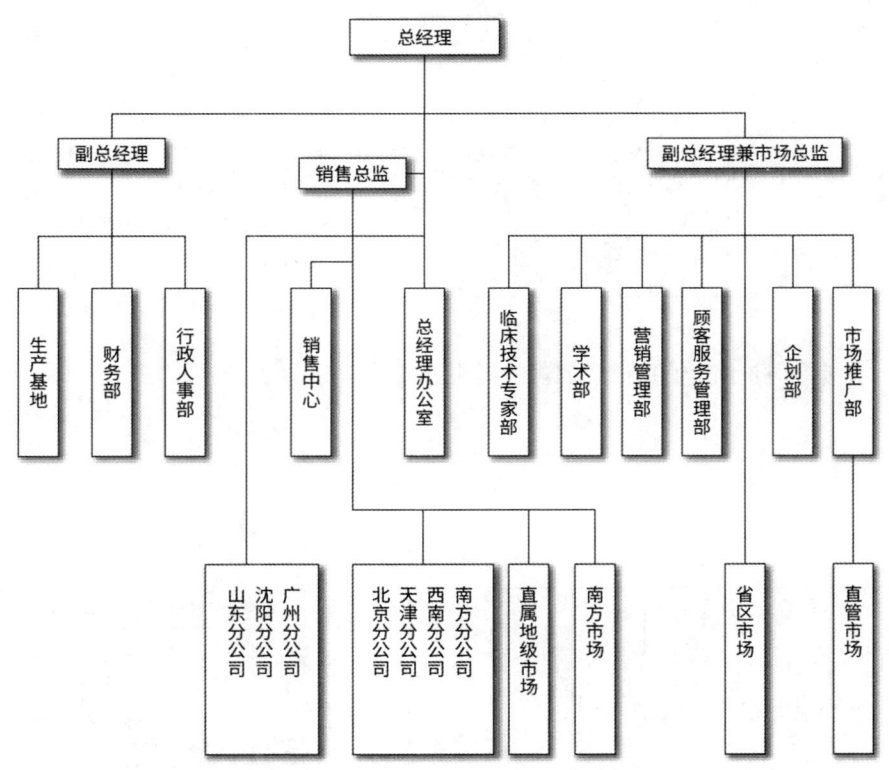

建议的第一版组织结构图（图二）：

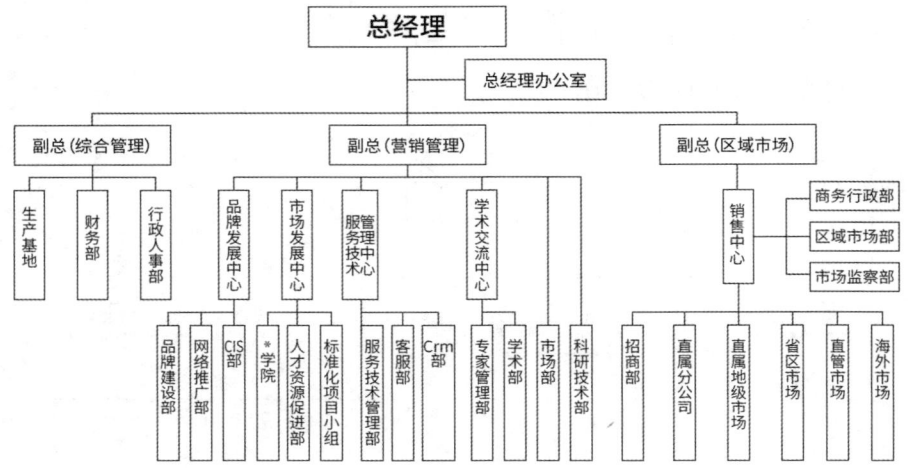

最终讨论确定的组织结构图（图三）：

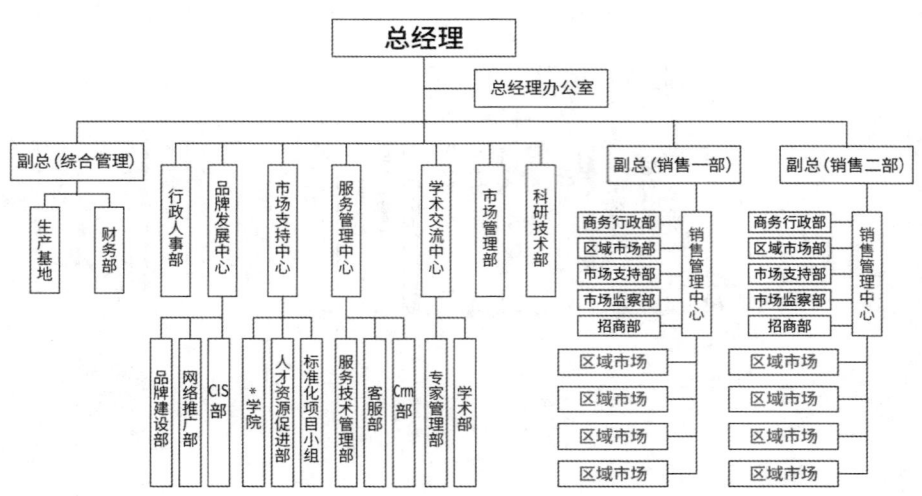

△解读：

组织机构图一，是典型的"补丁摞补丁"的组织结构图。这在快速发展的民企中很常见。猛一看非常乱，不解释根本看不懂。只有内部人知道中间的逻辑关系。成为这个样子的原因有三个，一是人才不足，职能堆砌；二是因人设岗，随机安排；三是内部的权力制衡。这个不用细述。

组织结构图二，试图解决两个大问题：一是补充支撑市场发展的品牌、经验萃取、服务、招商等职能；二是案例背景介绍提到的两位元老大将的安排，在组织结构图一中，一位任销售总监，负责大半个中国的区域市场销售工作；另一位任副总经理兼市场总监，负责大部分市场支持职能与部分区域市场的销售工作。在总经理看来，当时的结构有两个问题，一是他下达市场意图时，不够直接，隔了市场总监这一层，总是需要解释半天才能落实部分（总经理为人宽厚），而且因为销售总监还需要支持销售区域，经常出差，所以也会耽误些后台的工作；二是市场总监与销售总监其实是一起在公司做起来的，两个人之间既合作又有微妙的竞争，但是在市场总监做了市场负责人之后，在市场上的很多具体意见，两位经常意见不一致，导致两个人负责的市场步调不一致。于是我就将第一版结构图设计出来，将销售归口放在一起交给销售总监；把市场支持职能汇总加强，交给市场总监。天下大事，分久必合，合久必分，这样不算折腾。毕竟接下来的市场支持的工作会是重中之重。图二的逻辑很清晰。让市场总监不再出差做细节工作，抓好职能建设、市场支持、后台管理，正好他也是MBA出身，职业素养也不错。销售总监专心负责全国销售，加大区域经理的培养，让商务行政、区域市场及市场监察部门，辅助他的工作，保证全国市场一盘棋。两个图一对比可以看出来，主要是两大变化：一是增加了很多必要的职能，二是两位元老的分工调整。

在研讨时大家一致认为这样好，只有市场总监没怎么说话。过了几天，市场总监找我沟通，讲他还是不希望脱离一线，并讲了他有很多自己在销售方面的想法，希望验证，所以，宁愿选择一片市场检验一下，做好了再做纯管理也不迟。并且说，已经跟总经理沟通了，总经理让他问问我的意见。

这就是商业原生态，实际现场发生的情况，永远比你设计的多。

第二天我找到总经理问了他两个问题：第一，你愿不愿意直接负责总部的直接管理；第二，有没有足够的体力在这个角色上工作至少3~5年。没想到，总经理非常痛快地答应了，并且说道，他的身体再干十年没问题。

于是有了第三个组织结构图，相对于图二，主要做了两个调整：一是为方便总经理打理日常事务，并直接抓人才队伍建设工作，将行政人事部直接交给总经理管理，原行政人事部负责人兼任总经理助理；二是给市场总监与销售总监在保证尽量保持原负责市场区域变化最小的前提下，划分市场容量接近的两个大区，成为销售一部与销售二部，公布之后，皆大欢喜。

这个过程有些微妙。

到底是图二好，还是图三好？从一般的组织结构设计原则上，似乎是图二好。但是，历史不是假设出来的，更不是理想的堆砌。组织结构是一个公司的顶层设计，非常重要，却又绝不能只是纸上谈兵。每一个岗位，面对的都是活生生的人，理论必须向现实妥协，且这种妥协，未必不好。

我们不去假设如果总经理不接受市场总监的要求会怎样，现实都是在已经发生的基础上继续的。在总经理有意愿、有能力直接管控的前提下，作为咨询师的我，接下来就是围绕他的管理能力、精力分配、组织现状，给他最好的辅助设计。市场总监及销售总监，各匹配一套辅助班子，实际上，是完成了营销主体的公司最重要的一个工作：销售下沉。这将对经销商的支持带来不一样的面貌。

留一个问题给读者：如果一开始就设计成图三，可能会遇到哪些问题？

再开会，市场总监与销售总监沟通变得非常融洽通畅：没有了汇报关系，又成了共同奋斗的兄弟。据销售总监后来告诉我，总经理在组织结构调整后，干劲十足，比之前上班早了，下班晚了。看来，真要再大干一场了。

该企业管理底子不错，行业势头在健康中国及国家支持中医发展的推动下，持续看好，渠道相对稳定且潜力巨大，核心产品很有竞争力，品牌影响力在行业内属于前列，现金流充足，基本面很好。这样的企业，在管理升级的总思路上，是可以大有提升的，并且，有实力为未来做储备，比如人才储备。上面图二及图三的组织结构，里面很多职能是暂时没有人的，需要在一年之内补充到位。组织架构是顶层设计，必须要面向未来。

- **案例总结**

这是典型的相对优质的民营企业，在一个比较小众的细分市场里做着领头羊，有核心技术、拳头产品，老板有自己的管理思想，企业发展很稳健（也偏保守），品牌优质，团队稳定。核心问题是管理断层，中层缺乏；成功经验未得到推广；新市场开发不力等。

方案实施一年左右做了回访，企业销售年增量基本实现，管理上有了很大进展，人才补充了很多，企业大学在顺畅运作，经销商经验萃取做出了手册，正在组织轮训中，推广了新产品线，反馈不错。团队合劲很足。

这个案例有几点值得再强调一下：

1.抓住趋势，不进则退：势头好了就得突破，抓住上升曲线，否则就会相对落后。实际上该企业已经有竞争对手出现，并用很激进的方式在开发市场，上升势头很强。大家都想抓住这几年的行业向好做起来。如果不趁着风刮起了时扬帆奋进，很可能会被后来者借势赶上。商业就是如此，竞争本质，不进则退。

2.因人设岗很正常：再次强调一下，中小企业，效率高的管理模式，是围绕老板做组织结构，围绕瓶颈寻管理突破，围绕客户做市场支持，围绕人才做职能分工。理想架构可以画在纸上，但现实的企业都是一个个有特点、有能力、有缺点的人组成的，让他们能运作顺畅的结构，才是好结构。

3.内部能力最靠谱：很多企业突破的方法，就在企业内部。用稻盛和夫的话说，叫："现场有神灵。"外部找来的，都是通用的方法，真正有针对性的好办法，大都产生在企业内部的创造上。所有能存活超过3年的民企，都有自己独特的能力，要正视、珍惜这种能力，并将之提炼出来，在企业内部放大，对于这个400多经销商，18年历史的企业来说，这一点很现实、更有可操作性，复制能力带来的收益也会很大。这也是最近几年企业大学以及经验萃取越来越流行的原因。

4.内部创业是激发人才的好办法：因该企业商业模式比较特殊，区域市场人员不易招聘与培养，于是结合市场有很多空白的特点，在我的建议下设计了一个制度，就是工作满三年的区域市场员工，可以招标选择空白区域或者经销商退出区域做代理，企业给予全力支持。这样对在职的区域市场员工是莫大的鼓舞，同时在招聘上，也可以用招商、选拔合伙人等方式，找到有理想，有能力，有创业意愿的人才。

5.矛盾有时需要激化才能解决：流水不腐。组织结构固化一段时间之后，会形成自适应的小生态，让这个结构看起来是没啥问题的，甚至看起来是动弹不得的。这是一个定律，更是一个陷阱。在解决这类问题时，必须抱着"先破坏，再建设"的指导思想，将原组织打乱，以假设为前提，以目标为导向，大胆重构。在制造问题中发现问题，在激化矛盾中解决矛盾。具体操作时，需要较高的技巧与节奏，切不可为了折腾而折腾，失了人心。

3. 案例6：动力系统瓶颈突破——传统家居用品制造企业股权激励项目

- **案例背景**

唐山一家高端暖气及新风系统制造商，从代理商做到自己生产经营，从线下到线上，经过十多年的发展，从区域品牌做到全国品牌，公司有了300多人的规模，近几年受房地产市场低迷的影响及管理内耗影响，销售徘徊不前，一直在8000万元左右。企业的生产基地与销售中心不在一个地方，销售中心在北京，销售主要有线上与线下两部分，线上主要是淘宝电商，电商领域在行业内排名前三，但是电商的销量利润率太小。线下主要靠渠道销售，渠道有上百家，全国都有分布，主要在北方地区。销售部门一直交给一个常务副总在管理，这个常务副总是公司元老，从几百万元带着团队用了7~8年的时间做到了近8000万元的销售规模，老板平时很少管理销售的具体事务，真想管时发现有点插不进去手了。生产基地的生产规模是按照一年至少3个亿的标准设计的，运营成本比较高。老板想提高销售任务，但是常务副总以市场低迷为原因，认为能维持就不错了，因此任务压不下去。老板在总裁班上课时遇到我，问我是不是需要给常务副总股权激励的方式才能把任务压下去，说如果总是这样，公司成本比较高，这样经营每年利润才五六百万元，太累了，不如把公司卖掉算了。希望我去企业看看，帮他拿个主意，看有没有可能销量上个台阶。于是就有了这个项目。

此项目发生在2016年中。

- **案例实施**

本案例侧重战略目标分解过程发现问题与解决问题的部分，故只展示相关部分做简略说明。

战略的内涵与操作——以终为始，做减法

- 战略描述这个问题：5年10年之后，是什么样子的？
- 具体的战略思考：首先要解决我们在哪个行业里、哪个细分领域里挣钱，在这个行业里需要发育的核心能力是什么？我们自身的竞争优势与行业需要的核心能力差距在哪里？
- 战略的重要性有两个，一实一虚：实的是近期的量化目标，这个是目标管理与绩效考核（包括股权激励）的基础；虚的是远景目标、企业梦想，要让跟随的人感觉有目标，靠这个也能吸引人才。远景上可以很乐观，操作上要谨慎。
- 战略就是有失误，也比没有战略强。
- 战略制定在操作上是做减法。

战略方面的初步建议——稳健，内生，适当外延

- 战略的描述与战略的操作：梦想要大，走路要稳；

- 产业已经过了红利期；

- 相对来说，我们的优势似乎是电商及品牌；

- 相关多元化，否则很难支撑，能力与选择要匹配；

- 现阶段管理较初级，不管做什么，管理升级都是基础，内生的能力是躲不开的；

- 最关键的问题：增量来源于哪里？商业模式，组织设计，激励方式等，都围绕增量展开；

- 粗浅的分析结论：3倍以内的增量，做好现在的事。

目标管理的核心问题——增量从哪里来（关键一页）

- 3年达到3个亿，这是*总定的基调，以此为目标倒推应该做的事；

- 产业规模200个亿，市场集中度非常低，排名前十加起来不到市场总量30%，竞争方式极其原始；****在行业内的竞争优势是明显的，逆势增长完全有可能；

- 最关键的问题：增量来源于哪里？如商业模式、组织设计、激励方式等，都围绕增量展开；

- 空白市场很多，开发不力，需要突破；

- 南方市场几乎是自生自灭的状态，没有针对性支持；

- 区域市场的销量分布非常不均衡，需做调整；

- 工程部几乎停滞，新产品开发未见起色。

方案设计过程：

"S-APC铃铛"模型分析公司并设计管理改进方案。

① 战略上前景乐观描述，并聚焦，经分析之后，明确3亿销售规模内，无须多元化，只需做好现在的事，目标确定第一年盘整小幅增加即可，第二年开始发力，第三年在第二年的基础上销量翻倍（战略＋目标）。

② 将不接受目标的副总调到南方创建新公司并给予股份，将几个大区经理调回销售中心负责全国市场管理，重新设计管理架构（组织能力）。

③ 老员工工资普调20%～30%，设计工资带宽表让员工有明确的预期；大幅增加区域市场增量提成比例，并均衡区域市场的销售目标额度，电商部门及大客户部门提成体系设计成本负责的阿米巴组织（动力）。

④ 工厂设计了以节约原材料及良品率为核心的激励机制（动力）。

⑤ 调整例会制度及决议流程，管理归口清晰；由总经理直接负责客服部门，并设计首问负责制的客服流程；跨部门融合分批拓展训练，每月部门经理以上岗位聚餐活动（合力）。

⑥ 设计企业大学，对员工及经销商开展有计划的培训（能力）。

- 《2016年销售岗位员工激励方案》制度设计详解

制度设计要解决问题——激励团队产生增量。

增量从哪里来？

① 渠道发展严重不均衡：不均衡渠道分布主要在长江以南，以东北、华北为主，华中地区只有河南市场还可以，西北、西南、华东等区域市场基本呈放弃状态。

② 空白市场太多：即使已经开发的区域，比如北方的很多重点城市，没有经销商。

③ 员工留着力气：已经销量不错的市场（比如河南）经调研仍然有很大潜力，但原来的激励制度让员工不想做得太好，只想维持现状就可以了，因为开发新区域太费力，提成也差不了多少。

④ 重点市场增量困难：北京等重点市场，产生增量难度大很多，员工有畏难情绪。

⑤ 支持不力：销售助理等支持岗位薪酬基本固定且偏低，对工作状态有影响。

《××××2016年销售岗位员工激励方案》

为充分调动销售岗员工的工作积极性，明确销售员工的职责，实现公司经营目标，体现公司与员工责、权、利一致的原则，特制定本方案。

一、本方案适用范围

针对销售岗员工2016年销售提成的计算方式，涵盖××××所有销售岗员工，部分部门（工程部、电商部）规定细则见部门制度。

本方案基于2016年下半年的人员安排、分工、大区设置、任务设置等制定，2017年会根据新的区域、人员、任务设置等对本方案细节进行调整。

本方案解释权在公司人力资源部。

二、渠道部门销售岗员工提成

1.销售人员薪资构成

薪资结构＝考核后的岗位工资＋提成＋销售奖金。

1.1岗位工资由基本工资及绩效工资基数组成：不同级别岗位工资见《××××岗位薪酬带宽表》。

1.2所有定位是销售岗员工的绩效考核比例：岗位工资×50%。

1.3提成＝当期回款额×对应提成系数。

1.4销售奖金：新客户开发奖金。

客户开发奖金：首批进货低于5万时1000；高于等于5万时按4%计提。

备注：由总经理确定达到公司要求标准的新客户，才能被认可签约并享受此奖项；新客户市场（定义）保证金收取后，销售人员方可领取开发奖。

1.5销售助理（内外勤）月度奖金：销售助理所辖区域的月度销售完成比×个人奖金基数（当月考评总分低于70分无奖金，试用期无奖金）。

2.销售人员考核分数分配

2.1销售岗员工KPI考核表（总分120分）的分布建议：市场维护与开发考核占60分＋销量考核占20分＋管理考核占10分＋当期重点工作30分。

2.2 非北京地区销售经理提成比例及算法:

表11

任务完成比例(%)	X≤50	50＜X≤75	75＜X≤100	100＜X
分段提成比例(%)	1	1.5	2	4
提成计算方式	任务完成100%以内按最高标准计提,超出任务部分单独计提,合并计算。			

2.3 大区经理提成比例及算法(华中):

表12

任务完成比例(%)	X≤50	50＜X≤75	75＜X≤100	100＜X
分段提成比例(%)	0.6	1.2	1.8	3
提成计算方式	分段计提累加(按年任务完成量2500万元算,年度提成总额为7.5+7.5+11.25=26.25万元)			

2.3.1 大区经理提成比例及算法(外埠):

表13

任务完成比例(%)	X≤50	50＜X≤75	75＜X≤100	100＜X
分段提成比例(%)	0.4	0.8	1.2	2
提成计算方式	分段计提(按年任务完成量2000万元算,年度提成总额为4+4+6=14万元)			

北京区域销售岗提成计算方法：

表14

任务完成比例(%)	X≤50	50＜X≤75	75＜X≤100	100＜X
分段提成比例(%)	0.4	0.6	0.8	1.6
提成计算方式	任务完成100%以内按最高标准计提，超出任务部分单独计提，合并计算。			

北京大区经理提成比例及算法：

表15

任务完成比例(%)	X≤50	50＜X≤75	75＜X≤100	100＜X
分段提成比例(%)	2	4	6	10
提成计算方式	分段计提累加方式。管材管件提成北京区域的合并到总销售额中计提，非北京区域按原规定标准单独计提。			

3.所有月度计提提成的销售岗员工，当季度末合并补差，即按当季总销售指标完成率计算提成，若有差异，一次性找齐补差。

三、其他销售类部门提成算法

1.产品部开发新产品的销售额提成：产品部的部门提成为2%，新品第一个经销商提货后开始执行提成核算一年，现产品部的员工平均分配，提成依据月底进行兑现。

新产品界定：分为两类，全新研发产品与部分升级产品，提成比例分别为2%与1%。由产品部门负责人界定。

2.工程部销售提成：工程部的大客户销售经理的销售提成为2%；提成只计算实际发生的合同内金额，甲方的业务费要从合同额中剔除；其他细节见部门管理规定。

3.电商部门销售提成：电商部经理提成为销售额的0.3%；电商部客服销售提成2.0%~2.4%，客服岗位工资不按照50%提取考核；其他细节见部门管理规定。

四、补充说明

1.销售目标按公司年度目标分解。

2.月度、季度、年度销量以订单部统计回款数据为准，财务部核定、销售部复核、人事部终审。

3.工程销售订单计入季度考核，计提按最终回款月份核算。

4.新到职外埠区域经理，试用期不做任务考核，销售计提按转正后系数的50%执行。

5.公司年终做全年的销售任务完成统计，完成全年任务的销售岗员工单独设立销售任务完成奖。

2016/6

- **重点说明**

① 分段提成，在年初制定任务的基础上，把提成分为四个阶梯，大幅增加增量提成。

② 华中市场本身任务基数大，完成难度高，因此大区经理整体提成比

例提高。

③ 北京市场情况特殊，与北京的大区经理采用了无底薪合作模式，提成比例与其他区域不同，以创业的心态工作；北京的普通销售仍然拿工资。

④ 空白市场开发，以新代理商进货并交保证金为准，直接按最高提成标准计算。

⑤ 产品部为新成立的研发部门，为激励部门的积极性，给部门新产品销售总额2%的提成，并细分为完全新开发与部分升级的区别，由总经理直接代管产品部。

⑥ 销售助理给予服务区域任务完成比例的奖金，打造团队合力。

⑦ 所有销售岗位50%的岗位工资结合绩效考核分数计算，以控制工作过程。

- 案例总结

落地效果：方案落地后近一年，在行业整体下滑20%的形势下，销售额同比增长40%（这个行业销售主要是下半年完成），从不到8000万元达到了1.1亿元。离职率大幅降低，员工士气高涨，吸引了同行的部分精英加入，老板将业绩翻倍的计划提前了一年。

传统制造业由于和房地产行业直接相关，近些年市场一直在缓慢下滑。

并非行业下滑就没有机会，应该具体问题具体分析。因为行业不会消失，市场容量再降也是百亿以上的规模，下滑时，行业内很多企业都在转型，其实给了留守的公司更多的机会，这就叫剩者为王。

从上面这个制度是讨论、测算了多次才做出来的，很多时候，真正对员工起激励作用的制度，也就是几句话，几个带小数点的数字，员工比老板更会算账，会按自己利益最大化的模式来努力。

这个行业很多员工其实是有自己的生意的，这是不戳破的，心照不宣，于是，在北京市场（离得近，老板能控制）直接采用了这种方式做尝试（无底薪，提成比例大幅提高），后来在其他的几个区域也用这种无底薪合伙人的模式运作。

制度里没有体现南方市场如何单独开发，是由于常务副总不大接受总经理直接管理销售部门，沟通不太顺畅，经过协调，最后答应带着两个人去南方成立分公司，开发南方市场去了，老板给了30%的分公司股份，制度也是参照总部制度单独设置，因南方市场以地暖为主，所以产品需要重新整合，这都是后话了。

激励制度设计好了，是最省事、最能四两拨千斤的办法。

下滑的行业，未必没有突破的机会。

4. 案例 7：合力系统瓶颈突破——汽车贸易集团管理梳理与业绩提升项目

- **案例背景**

西北一家国内一线合资品牌卡车经销商及综合服务商，成立超过8年时间，除了卡车销售，还有维修服务，金融，车队，运输公司，验车厂，驾校等关联业务板块。员工总共有110多人，在当地的雇主品牌很好，老板是跑运输出身，为人善良宽厚，对员工不错，据说当地除了银行系统，就数他们整体的工资水平高，因此，员工稳定性一直很好。常务副总曾在大型企业负责区域市场的整体管理，有相当的管理经验及理论素养，与总经理（老板）多年配合，深受信任。总经理最近几年大部分精力放到了房地产开发上，将企业的日常经营管理都交给了常务副总。作者在给厂家做经销商培训的时候，彼此认识。后来联络多次，希望作者到企业看看，盛情难却，抽空到企业现场了解情况，大致了解了企业现状及需求。企业最近几年卡车的销售量一直在500台左右徘徊，其他板块的运营也觉得到了瓶颈，管理上做了很多工作，给员工的奖金也不算少，在当地更算是很大方的企业了，员工看起来也算努力，但销量就是没有明显起色。现在每周都做培训，也经常请外面的培训公司过来讲课，总经理与常务副总也出来学习，一直找不到突破的好办法。听了作者讲的课觉得很对路，就希望能手把手地帮助企业突破这个瓶颈。

两次沟通以后，觉得企业负责人是很有担当、认真做事的，还很有社会责任感，对企业印象也不错，就接了这个项目，协助企业突破发展瓶颈。

项目开始时间是2016年年底。

- **案例实施**

调研是最重要的环节，如果发现了问题，了解问题背后的逻辑，清楚关键问题与关键环节，那么问题也就解决一大半了。此项目的核心诉求是突破经营管理的瓶颈，于是结合企业运营模式特点，关键放在两个地方，一个是商业模式创新探讨，一个是提高组织效率、突破销量瓶颈。下面是"S-APC"铃铛模型的分析，管理升级的内容依此展开：

第三章 | 突破管理瓶颈——5步法

如果只作为**的经销商，其实不需要什么战略，只要有销售目标就够了

作为大车4S店，业务模式都围绕销售及销售之后的服务展开

企业定位	发展空间	利润来源
■ **体系经销商 ■ 为客户提供汽车后市场系统化的服务	■ 拓展整车市场，提升公司销量，包括销售区域的拓展以及客户的深度开发 ■ 完善后续服务的建设	■ 是以整车销售为核心的业务体系 ■ 基于车辆的保有量享受车后服务利润

- 该种战略解决了企业现实的生存问题与初期的资源汇集，
- 在此基础上，实现了沿着汽车后市场服务业务的搭建，
- 但基础的业务链条是呈现被动局面的，后方业务拓展空间有限。

发展战略、目标设计与分解方面

- 作为**经销商，只能有销量目标、利润目标、客户满意度目标等具体目标，无法做出有独立人格，自主自创的发展思路来，这是先天不足；

- 在新的商业模式思路下，可以立足产业、立足区域，发出自己的声音，这样在战略发展的描述上，就会更加清晰、自主。

- 目标设计及分解方面*总做得比较细；

- 各部门，尤其是业务部门有清晰的阶段性目标；

- 目标的综合性考虑不足。

战略愿景：以经销商为源头的业务框架，操作上很难做出独立人格，这对于所有经销商性质的企业，都是如此。但是基于本地化的服务，还是可以做出自己的品牌，并立足于这个服务品牌，使自己的发展不完全受制于厂家，这是安全长久之道。

目标管理：调研结论是该企业的目标设计、目标分解做得挺细致的，不是主要矛盾。

组织能力与个人能力分析（优点、缺点、建议）

- 结构上，4S店是统一的结构，**体系有成熟模式，这一块没啥问题；
- 在新业务模式基础上再重新设计结构；原4S店基本不用变。

- 部分岗位员工能力不够，但是这个问题受区域限制，很难从根本上解决，只能通过培训、内部竞争、调岗轮岗等逐渐改善；
- 员工能力传承体系未建立起来，有些部门的员工能力有被压制的感觉。

能力：组织结构设计是厂家要求，基本不用考虑；人才不足的情况受限于区域情况，很难招到熟手，只能自己培养。也就是说，人才培养是能力突破唯一可以做的事，而且之前一直做得不够好。在资源整合方面，该企业已经做得很好了，看企业的业务组合就知道。

员工动力系统分析

- 员工整体收入在区域内是很有竞争力的；
- 业务部门的激励制度效果明显，但是激励依据有些简单，未考虑综合发展因素；
- 部分岗位激励过度，有奖励，无惩罚；
- 部分非业务部门反馈认为内部公平不够（没有分享业绩的机会），需考虑均衡；
- 薪酬调整依据不清晰；
- 月度考核的方式让员工有短视的倾向；
- 激励制度调整过于频繁。

动力不均衡

通过了解，在相对独立的组织架构下，各部门的状态呈现差异。大部分部门除营销部门外，都处于被动状态，由此造成收入和工作心态的差异

部门名称	部门定性	实际运行状态
营销部	业务部门	专攻业务，内部配合良好，团队内部成长过慢，过于稳定
金融部	从属业务部门	从属部门，业务受到营销与财务部门影响，对财务部门意见较大
服务中心	业务部门与服务部门	目前依托现有业务和高激励点，状态良好，但业务拓展缺乏主动性
佳运公司	业务部门与服务部门	目前系服务部门，但业务拓展和衍生服务并没有开展，部门缺乏主动性
检测线	业务部门与服务部门	目前系服务部门，与中介机构合作，部门缺乏主动性
财务中心	服务部门	系服务部门，个别部门对其工作有效性存在质疑
行政中心	服务部门	系服务部门，自感弱势部门，激励没有倾斜

注：根据实际访谈了解

动力：激励制度都是细节问题，比较特殊的，是部分岗位"激励过度"，钱不是越多越好，前面理论部分已经做过解释。关键是"部分"，那么不是这部分的人，会生出不平衡的心，不利于团队凝聚。

再次强调，很多企业不是舍不得给员工发钱，而是不会发钱。经常是钱没少发，但是并没有起到该起到的效果，这问题还是比较普遍的。

合力系统分析

- 文化基础很好，员工整体对公司，对两位老总都很感恩，有很好的凝聚力；
- 管理上过于倡导绩效了，文化方面倡导得不够；
- 公司有很好的理念核心，但是提炼得不足；
- 各部门内部大都比较团结顺畅，跨部门沟通协调不足；
- 业务部门与支持部门协调不好，各方都有原因，支持部门对客户需求理解不足，业务部门的沟通方式有些简单粗暴；
- 各部门有山头主义倾向；
- 未建立以客户为核心的氛围。

各部门有山头主义倾向

实际调研发现部门之间的协调性差，大家自立山头，目光聚焦于部门自身的利益，部门与部门之间的关系容易出现紧张

1. 售后部门，谈一个故障修复，也要收钱，我能弄的，我就弄。
2. 我这边厂家政策都谈妥了，问Y总也同意，但是到财务的时候又说没钱，这事我就得重来。
3. 有的员工抱团，保护本部门，对别的部门都是命令的口气。
4. 现在部门之间变成个体经营了，大家就会踢皮球了。

注：来自员工访谈记录

结论与建议

- 内部管理相比大多数民企做得不差；只需优化、细化；

- 管理若有问题也是高级问题；

- 未来管理重点围绕新的模式展开；

- 现在的管理方面比较突出的几个问题：发展思路不清晰，人才储备不足，部分部门激励过度，制度调整过于频繁，考核方式有些简单，部门间需要平衡，跨部门的协同气氛不够.

- 从提升集团业绩的角度；首要考虑多板块联动做销售的问题（原推荐奖金制度作废，但方向没错）

操作思路

- 组织结构的调整等商业模式基本确定后再动；

- 大的激励模式调整要等新模式基本确定后，再设计组织架构及激励方式。

- 部门经理以上采用KPI综合考核，将奖金与KPI表相结合，让考核更加系统、细化；**部门经理以上部分收入跨部门联动，建立和谐共赢的内部气氛**；年底考核可以用360°方式考虑其他部门反馈；非业务部门普通员工可考虑阶段性拿到业务部门的超额奖励，平衡内部气氛；

- 业务部门考虑内部竞争机制；

- 建立员工反馈机制，让普通员工有机会提出建议和想法，并借此机会发现人才；

- 提炼企业文化，作为公司宪法，弥补制度上的不足。

合力：山头主义是这个集团合力上最突出的地方。各个部门各自为政，在客户问题上各管一段，经常互相推脱，没有形成全员营销的气氛。

综合分析：这个案例是突破瓶颈创造奇迹的典型。

从模型的五个部分逐步分析，战略上作为经销商没有多大的操作余地，只需要好好做厂家要求的销售即可；目标管理方面，也是由厂家牵头，4S店这块做得很细、很系统，挖掘不出多少可突破的内容；能力方面：4S店的组织结构全国都是一样的，其他板块人数不多，没有什么想象空间；人才确实不足，但培养一个合格的销售需要一年以上的时间，对销售的帮助不够及时；整合方面企业已经做得够好了；因此，能力方面很难快速有突破。动力方面企业待员工尤其是核心岗位的员工很好，待遇在当地很有竞争力，有问题也是不太均衡等细节问题；可以操作的空间也有限。最后就只剩下合力方面，确实有些问题，调研的时候发现各部门的山头主义，分析可以考虑做个利益共同体，但并未想清楚具体如何操作合适。

这个项目在刚刚调研之后，其实是令人有些绝望的。因为靠管理提升企业业绩的前提，是企业在管理上有明显的瓶颈环节影响业务，在这个企业里，一个是受限于经销商身份，一个是企业的管理基础做得比较好；这两点让可以找到的瓶颈不多，唯有合力系统似乎有迅速提高的余地，但是开始我并没有信心能够带来多大的改变。

直到又过了一周，再分析企业价值链的时候，结合大卡车的销售模式，终于想明白在合力上该如何突破，核心的制度改进，见下面的《××汽车集团部门经理以上干部年度考核规定》。

《××汽车集团部门经理以上干部年度考核规定》

一、缘起

2016年的激励制度改进,大大提升了各部门尤其是业务部门员工的工作积极性;同时,也暴露了一些问题,如:山头主义,过度在意短期利益,忽视集团整体利益,部门收入不均衡等,2017年对干部队伍的激励增加了年度考核,以下为制度细节。

二、细则

1.部门经理以上部分奖金留到年底统一发放,如何预留见各部门激励制度细则。

2.年底或第二年年初统一发放时,引进综合考评制度,结合部门发展与公司发展,权重各占50%;即:年终实际发放额＝年度预留总额×(部门综合考核分数＋集团发展分数)。

3.部分部门结合利润完成率(2017年实际完成利润/2017年利润目标)。

综合考评表单项可记负分,但总分可以超过50分。

三、集团发展系数表

表16

序号	项目	目标	分值	计分规则	得分
1	销量	850台	30	30分×2017年实际完成量/850	
2	利润	2016年度总利润的1.25倍(不含检测线)	10	10分×2017年实际完成利润/2017年目标值	

序号	项目	目标	分值	计分规则	得分
3	安全	1.××保密，不被行政部门因××方面问题处罚。2.无重大安全事故、火灾等导致公司被行政部门处罚。	10	1.出现一次即扣10分。2.出现一次即扣10分。	
合计			50		

四、部门年终考核表

1. ××车队

年终实际发放额＝年度预留总额×2017年利润完成率×（部门综合考核分数＋集团发展分数）。

表17

序号	项目	目标	分值	计分规则	得分
1	车队安全风险控制	不出现连带责任及赔偿	10	1次连带责任并赔偿扣5分	
2	行政安全	不被监管部门处罚	10	出现1次扣5分	
3	客户关系	不因效率低下、服务不公平等工作失误导致客户投诉	8	出现1次扣3分	
4	廉政管理	杜绝腐败，防范管理漏洞	8	出现1次扣8分	
5	人才培养	2017年5月31日之前新增：1.保险出单员1名。2.熟练内勤2名。	8	少1名扣4分 多1名加3分	
6	制度建设	接待流程、服务流程、标准话术等	6	由总经理统筹把控及评分	
合计			50		

2.服务站(站长与车间主任同用此表)

表18

序号	项目	目标	分值	计分规则	得分
1	安全(人)	保障员工与客户人身安全；不出现连带责任及赔偿	15	1.出现伤残或死亡扣15分 2.医疗费用及误工工资扣除： 500～1000元扣2分 1001～2000元扣4分 2001～3000元扣8分 3001～5000元扣10分 5001元以上扣15分 误工工资按1050元每月计算	
2	安全(财物)	无火灾、爆炸、配件丢失等财务损失	10	1.出现行政部门处罚一次扣10分 2.财物损失处罚细则： 500～1000元扣2分 1001～2000元扣4分 2001～3000元扣8分 3001元以上扣10分	
3	客户关系	不因效率低下、服务不公平等工作失误导致客户投诉	6	出现1次扣3分	
4	廉政管理	杜绝腐败，防范管理漏洞	5	出现1次扣5分	
5	人才培养	1.信息员1名；2.配件管理员1名；3.电气工程师2名；4.钣金技师1名	10	少1名扣2分 多1名加2分	
6	制度建设	完善接待流程，服务流程，配件管理等相关制度，补充内容及规范化标准化	4	由总经理统筹把控及评分	
7	厂家评优	加分项		获得一次加3～5分；根据评优的含金量及难度由总经理确定具体分数	
合计			50		

3.信贷部

表19

序号	项目	目标	分值	计分规则	得分
1	还款控制	客户及时还款	35	贷款客户6个月之内出现逾期但是6个月之内将款还上，不扣分 超过6个月每台2分 零首付客户12个月内出现逾期但是12个月之内将款还上，不扣分 超过12个月每台扣2分	
2	人才培养	在现有团队基础上，再增加 1.家访员1名 2.信贷内勤1名	15	少1名扣7分 两人都未培养扣15分 团队一共5人编制	
3	加分项	1.优秀金融单位 2.优秀信贷员（季评）		获得一次加3～5分，由总经理确定分数	
	合计		50		

4.检测线＋行政部

表20

序号	项目	目标	分值	计分规则	得分
1	安全（人）	保障员工与客户人身安全；不出现连带责任及赔偿	10	1.出现伤残或死亡扣10分 2.医疗费用及误工工资扣除： 500～1000元扣2分 1001～2000元扣4分 2001～3000元扣8分 3000元以上扣10分 误工工资按1050元每月计算	

序号	项目	目标	分值	计分规则	得分
2	安全(财物)	无火灾、爆炸、财物丢失等财务损失(财物损失包括赔偿客户的额度)	10	1.出现行政处罚一次扣10分 2.财物损失处罚细则： 500～1000元扣2分 1001～2000元扣4分 2001～3000元扣8分 3000元以上扣10分	
3	行政安全	无监管部门处罚情况	10	被上级部门责令停业整顿扣10分；被监管部门处罚5000元以上的扣5分	
4	客户关系	不因效率低下、服务不公平等工作失误导致客户投诉	5	出现1次扣3分	
5	廉政管理	杜绝腐败，防范管理漏洞	4	出现1次扣4分	
6	招聘	2月份完成招聘工作(10人)，并且新员工工作稳定	7	少1人扣2分 新员工工作满10个月，1个员工加2分	
7	行政工作	日常工作及时到位	4	劳动关系、社保、行政、安保等职能工作等，由总经理年终打分	
合计			50		

5.品牌营销部

表21

序号	项目	目标	分值	计分规则	得分
1	安全	1.车辆安全 2.合同安全 3.工作安全	10	1.车辆交车、存放等风险控制,损失在1万元以上的,一次扣10分 2.因合同不严谨造成公司损失在1万元以上的,一次扣10分 3.因部门员工工作失误公司损失在1万元以上的,一次扣10分	

序号	项目	目标	分值	计分规则	得分
2	客户关系	不因效率低下、服务不公平等工作失误导致客户投诉	10	出现1次扣3分	
3	廉政管理	杜绝腐败，防范管理漏洞	10	出现1次扣10分	
4	人才培养	2017年需新培养人才目录： 1. 计划员1名 2. 内勤1名 3. 成熟销售员1名 4. 行销专员1名	10	少1名扣3分 多1名加2分	
5	制度建设	接待流程、服务流程、标准话术等	5	由总经理统筹把控及评分	
6	佳运落户	200台	5	完成200台5分，低于130台扣5分，131～160台扣2分，161～199台扣1分；230台以上加5分	
7	厂家评优	加分项		获得一次加3～5分；根据评优的含金量及难度由总经理确定具体分数	
合计			50		

△解读：

上文制度是给该企业设计的多个制度中的一个，虽然篇幅很短，但却是最重要的一个，该制度的设计指向最主要的几个管理问题，后来的结果也验证了这个制度的作用。

利益绑定是打造合力最直接有效的、比培训、聚餐、团建活动等要实在得多。把季度奖金的一半拿出来，这一半的年度总和，又拿出一半（100分中的50分）跟整个集团的发展直接相关，这50分中的30分与销量直接挂钩，不管是不是销售部门，这是很微妙的，也是很有效的。

该制度并未增加薪酬支出，只是调整发放的时间结构。这样做的前提有两个，一是季度奖金数额相对比较高，通常是月薪的3~10倍（业务部门领导提成也在里面），而且企业本身凝聚力很好，不会因为这种截留带来较大冲击。

销量突破是重中之重：该企业整个业务版块的结构导致，盈利的主要来源其实不是直接销售的利润，而是销售之后的维修保养、金融附加、物流、验车、驾校等连带业务。也就是说，销售是源头。而重卡销售和常规汽车销售不同，买重卡的客户都是用来做运输的，这在每个地方都是一个圈子，目标客户相对集中，而且这一群人非常认口碑，也就是认识人的推荐，这在比较重人情的西北地区更为突出。企业不是不知道这一点，之前有个奖励政策，推荐一个客户购买奖励1500元，实施了一段时间，发现只要是来买车的客户都有人推荐，常常还不止一个推荐人，更有甚者，客户根本不认识推荐人，一查，发现都是内部的腐败现象，对销量也没产生积极影响，于是就废除了这个政策。

但是实际上，所有版块上员工，都可以对销售的推荐起到作用，比如维修，很多车大修成本很高，维修之后的运营成本也会比新车高，这个过程就是推荐的好机会；比如验车厂，有些老旧车型，尾气难过，刹车不好，跑冒滴漏，验车厂完全可以推荐他们看看新的车型，介绍国家的补贴政策；驾校也一样，学习大卡车驾驶的，都是将来要跑运输的，很多都有自己买车的打算，这个过程中，教练的推荐，会很有影响力。所以说，全员推荐是最好的销售办法，成本也最低，不能因噎废食。所以用新制度代替旧政策，在更高的层面利益绑定，形成合力，板块负责人利益一绑定，自然会要求下属人员如何操作。这就叫牵住牛鼻子。

原来一直有三个很难解决的问题，一是客户投诉，二是腐败，三是人才培养。客户投诉要罚款，发现收客户贿赂，或者私下卖旧件更要罚款，但是因为公司一直太讲人情味，大部分时候也就说说，人情是有了，震慑作用没了，再重新罚款又好像不公平。用KPI表扣分的方式，很好地解决了这个问题。人才培养也是一样的，年初做计划定个指标，但是如果年底没达到，说说也就过去了，但人才还是没能补上。

制度里面还有几个细节设计：单项都是上不封顶、下不兜底的，也就是说，总分可以超过100分，单项分也可以是负的。涉及安全、诚信的项分数都比较高，凸显企业理念。集团KPI只有三项，部门级别的最多只有7项，重点突出，没有任何形式主义，没有任何非量化内容，简单明了，实实在在。

- 案例总结

先说说项目执行效果。这个项目的执行效果大大超出预期，新制度在2017年正式实施，实施半年就超过了2016年全年销售量（2016年495台），达到了600多台，2017年全年更是达到了创纪录的1515台（含交订金未交车的150台），是2016年的三倍还多，也因为这样的提升，年会时还被厂家特别嘉奖。

这个企业的常务副总在某上市大型企业担任过区域市场负责人，管理分公司多年，对企业管理研究很深，制度设计、员工关系、培训等都比一般民企做得细致。所以这个企业的制度调整相对不是很大，目标管理上把空白区域市场的开发做了单独处理，加大提成及支持；组织结构没有变，人才培养做到上面的考核表里，动力系统在销售部门大大提高了增量提成，适当降低了存量提成（上一年的销售量算存量），将提成比例向一线人员倾斜了一些，给后台支持部门也做了适当的销量奖金，都是细节的调整。合力方面的调整就是上面制度细节设计的，主要是做成全员营销的气氛。相对来说，最大的调整就是《××汽车集团部门经理以上干部年度考核规定》。我知道这个制度一定会起到作用，但实际起到的作用大大超出了预期。

这个企业在管理上也有一定的代表性。企业很多职业经理人的素养是很高的，在制度设计上已有相当的经验，再加上这个企业作为国内前三的合资重卡经销商，厂家的培训及扶助也会对企业管理有很大帮助。这样一来，导致管理上猛一看做得都很细致，表面上很难发现问题，这就需要经验与深度思考，结合企业价值链运作模式来交叉分析。

本案特别成功，我认为有三个原因，一是抓住了主要矛盾，并找到了简便有效的解决方法；二是企业原来的底子不错，团队士气本来就不差，所以执行力到位；三是遇到了理解到位、信任咨询师的核心领导。这几个缺一不可，不然很难有这样奇迹的增长，因为这毕竟是重卡，不是普通的消费品。

后来，又被企业领导请去参加庆祝活动，当面跟两位老总沟通业绩翻三倍的原因，因为我个人觉得，仅新制度的实施，应该不容易在这么重的行业里，带来这么大的提升。深入沟通中明确了这几点，回答了我的困惑：一个是当年行业因为节能减排的补贴政策，整个市场增量为20%；再一个是总经理从房地产项目中出来，拿出大部分精力放在企业里了，带来了200台的大单销量，以及士气的鼓舞。严谨一点说，仅新制度的实施让销量翻两倍多，也是没问题的。这下我心里更踏实了。

中间有个小插曲，新制度实施不到半年，2017年6月份的一天，常务副总给我打电话，兴奋地说，现在团队气氛特别好，其他部门抢着给品牌部介绍意向客户，5月份就已经完成去年一年的销量了，预计6月底，也就是半年内能完成超过600台，这么大的成绩，一定得给团队表示表示，是不是应该提前发奖金，我当即回答：千万别，让我想想怎么奖励，过一天给你电话。第二天，我打电话给常务副总，让他带着各团队负责人出国旅游，一定要去发达国家。常务副总也觉得这个主意好，应该带大家放松放松。过了两周发给我他们出国玩的照片，结果去了泰国，玩得非常开心。虽然我有点哭笑不得，觉得如果去欧美等国家能效果更好，但即使没有完全达到预期，不过总比简单发钱效果好。

为什么我不让发钱？认真读前面几章的内容，再结合这个企业管理层原来的薪酬情况就知道，他们本来的收入在当地就算高的，团队气氛也很好，也就是说，有钱，也有爱，缺什么呢？只有梦了。我们不能说钱已经完全满足了，但是金钱激励的边际效应递减，对于在三线城市的中层，年收入二十万以上，相当于在北京上海百万年薪的感觉，再加十万八万的，不会有本质的变化。对于基本上都为人父母的他们，真正的梦想，都在子女身上。我电话里建议常务副总带着大家去世界最负盛名的大学、教堂、公园、艺术馆等地方看看，如果可以让他们带一个子女一起去，那就更好了。结果他们去了泰国。后来再跟副总沟通，他说才明白过来，不过泰国也挺好，下次再去，就去欧洲七日游。无论如何，确实比简单发钱效果好多了。他们现在在一起聊天，还经常兴奋地说：好好干，下回一起去某个国家玩，还要带着家人孩子一起去看看。这就是梦想的力量。

七、工具使用守则：放弃完美管理，瓶颈突破循环

本书用近一半的篇幅，理论加案例，详细介绍这个"S-APC铃铛"模型，是因为它太实用、太好用、太重要了。天时不如地利，地利不如人和。组织效率的问题做好了，其他问题都可以超越。

工具的使用，一定要对它的设计理念深刻理解，才可能应用自如，而不是被工具框架套住。一样的工具模型，在不同的情境下，侧重点会有不同，实施的内容更是不同。

就比如上面的四个案例，用的是一样的工具，分析出的结论不一样，对治的方式也不一样。第一个案例侧重于用工具指导企业再造，第二个案例侧重战略梳理及组织能力提升，第三个案例侧重目标分解之后用激发动力的方式做销售增量，第四个案例侧重于团队合力的打造。真正改变企业状态所需的做法，不需要太多。按照毛主席的话说，抓主要矛盾，抓主要矛盾的关键环节。

具体应用时，要注意以下几个问题。

1. 围绕业务做管理

中小企业都是业务导向，生存是第一位的，业务是最核心的，管理为支撑业务而存在，在此基础上越简单越好；操作上围绕客户做流程，围绕业务做管理。不要在枝节问题上消耗过多精力。

2. 系统思考，一次只解决一两个关键问题

中小企业发展瓶颈突破必须用中医的系统思考方式，先看全局再看细节，然后把握关键细节，解决主要矛盾。其他的问题等主要问题解决了之后，发展一段时间再看，或许那些问题已经不存在了。不要想一步到位，那是非常不明智的，不同阶段有不同阶段的主要矛盾，待影响发展的关键问题有了结论，再分析问题之间的关系，才可能找到标本兼治的办法。

3. 制度设计尽量简单

中小企业管理都弱，人才都缺，全面提升不现实，也没必要；小企业在管理上不必向大企业看齐，否则，制度表格增加了一大堆，以为是进步，结果，效率很可能越来越低。这里，不是说不要制度，不要正规化，关键是适度。

上面的几个案例，制度设计极少有超过7页纸的，抓住重点，清晰描述，便于理解，便于执行。

4. 找长板比补短板重要

先梳理企业的价值链，研究商业模式，发现关键环节；并找到公司生存的法宝：竞争优势所在。围绕优势补缺陷，均衡发展无意义。每个做起来的企业，都有它成功的理由，要找到企业的原始成功基因，想办法先稳固这个基因，再寻求突破。这竞争优势就是"勺把"，就是中小企业成功的抓手。中小企业资源有限，切忌学大企业搞"木桶均衡"。

5. 组织结构设计的"两头主义"

一头是以老板为中心设计核心管理层。老板的能力、精力、性格等决定了公司核心团队的组织形式；围绕老板的特质，再结合企业人才情况及

企业发展阶段设计组织结构，这样才会有高效的执行力。另一头是以客户为中心设计营销及服务界面。德鲁克也说过：没有标准的组织，只有高效的组织。不同风格的老板都有可能成功，要分清老板个性中的"特点"与"缺陷"。

6. 处理好三个主要矛盾

战略上的机会主义与聚焦的矛盾、管理上的正规化与快速奔跑的矛盾、员工士气与人力投入方面的矛盾。这里，没有绝对的对与错，只有分寸，只有火候。

> 最关键的提醒："S-APC铃铛"模型工具包括5大系统，不是要企业把5大系统都做到最好，而是用系统、闭环的思路，找到影响企业业绩增量的瓶颈环节，突破当下瓶颈，而不是追求完美管理，等到业绩增长一段时间又停滞，再寻找新的瓶颈突破之，循环往复。让企业在管理上的成本放到最低，更多的精力放在业绩增量上。切记：经营管理，经营是第一位的，管理是为经营服务的，对中小企业来说，业绩增量就是经营的核心。
>
> 学会灵活使用工具，注意以上几点，企业的管理水平可以上个大台阶。因为：能力可以组织，动力可以激发，合力可以协同。以绝大多数中小企业实际的管理水平来看，工具应用得当，用最少的管理动作解决问题，业绩倍增不是梦想。

第四章
别让企业家成为企业的瓶颈

▶

企业家是企业的创造者,也是企业的掘墓人。企业家的思维模式,决定企业的发展模式;企业家的价值观,决定企业的生命力;企业家的影响力,决定企业的凝聚力;企业家的健康与寿命,常常也是企业的宿命。

在笔者多年的咨询与培训经历中,接触过成千上万名企业家。在这些企业家中存在一个现象:一时成功的企业家不少,持续成功的企业家不多;拥有财富的企业家不少,拥有平静的企业家罕见;业绩蒸蒸日上的企业不少,身体每况愈下的企业家更多;事业成功的企业家不少,生活幸福的企业家寥寥。如何突破?本章与您一起探讨。

第一章讲了，企业的主体是老板、员工、客户；企业的进化与升级，就是这三个主体的升级：围绕客户做商业模式升级，在第二章给出了方向与案例；围绕员工的管理模式升级，在第三章有"S-APC铃铛"模型的详解与案例；围绕老板的心智模式升级，在这一章叙述。

企业家是企业的成长边界。老板的心智模式，决定企业的发展模式；老板的价值观，决定企业的生命力；老板的影响力，决定企业的凝聚力；老板的健康与寿命，常常也是企业的宿命。

在笔者多年的咨询与培训经历中，接触过成千上万名企业家，在这些企业家中存在一个现象：一时成功的企业家不少，持续成功的企业家不多；拥有财富的企业家不少，拥有平静的企业家罕见；业绩蒸蒸日上的企业不少，身体每况愈下的企业家更多；事业成功的企业家不少，生活幸福的企业家寥寥。

企业家，尤其是中小企业的掌舵者们，他们影响着中国80%的就业人口。毫不夸张地说，他们的成功，关乎国家经济的成功；他们的进步，关乎民族的进步；他们的健康，影响着六成GDP的健康；他们的幸福，关乎多半中国家庭的幸福。因此，他们的幸福，是标杆，是榜样，更是责任。

接下来，根据笔者的观察与思考，从思维进化、影响力建设、财富观、健康管理这四个方面，聊聊企业家的幸福之路。

一、思维模式突破

企业与企业的竞争，本质上是企业家心智模式的竞争；企业的进化，前提是企业家思维的进化。

下表是哈佛商学院经过数百家企业统计分析得出的结论，一个健康发展的公司，不同层级在不同性质工作上投入的权重比，其中，"思考战略性"的工作内容，高层是中层的两倍以上，是基层的四倍左右。作为高层的高层的企业家，这部分的内容权重会更大。

表22　不同层级的工作精力分布表

管理层级	技术性	人际性	思考战略性
高层	17.9%	42.7%	39.4%
中层	34.8%	42.4%	22.8%
基层	50.3%	37.7%	12%

《孙子兵法》里也说得很清楚：将者，智信仁勇严也。智慧是第一位的。

据国外媒体报道，神经科学界一致的共识是，人类大脑包含1000亿个神经元。但是最新研究称，这一数字其实比实际多了140亿个。

据巴西神经学家苏扎娜–赫尔库拉诺–霍泽尔说，事实上人类与狒狒拥有相同数量的神经元，都是860亿。她在同事的帮助下，以一种相当恐怖的方式——把4颗大脑加工成"大脑汤"，然后计算神经元的细胞核数，确定人类大脑包含神经元的真实数量。这些大脑属于4名年龄分别是50岁、51岁、54岁和71岁的成年男性，他们捐献大脑用于科学研究，其中没有一人患有神经系统疾病。

赫尔库拉诺–霍泽尔博士说:"我们发现平均一个人类大脑拥有860亿个神经元。迄今为止我们观察的大脑,没有一个神经元数量是1000亿。尽管这听起来可能只是一个很小的差额,但是140亿在狒狒的大脑所拥有的神经元数量中仍占很大比例,或者几乎相当于大猩猩大脑的神经元数的一半。因此这其实是一个很大的差额。"这一数字令人大吃一惊,因为大部分有关神经元的教科书和文章都赞成人类大脑拥有1000亿个神经元的观点。然而赫尔库拉诺–霍泽尔的研究并未发现这么多神经元。

她的研究象征着神经系统学向前迈进的一大步,但这只是在她制作"大脑汤"后得出的。她说:"我花了几个月时间,才打定主意要把一些人的大脑或者动物大脑制成汤状物。不过我们早就了解到,通过这种方法可以得到人们一般无法得到的数字。这种方法并不比把一个大脑切成碎片更糟糕。"尽管她的研究结果意味着我们的智力并没那么高,但是与其他灵长动物相比,我们仍很聪明,因为我们有更多神经元是致力于认知和行为的。

人为什么是万物之灵,成为自然界中食物链的顶层,不是靠着速度、力量、身体的攻击能力,而是靠着拥有自然界中最发达的大脑。作为灵长类动物的一支,只有人类发育出了智慧的大脑:敢于使用火,能够制造工具,拥有复杂的语言体系,发展出军队、国家、企业等各种组织形式。考古学已经有定论,人类并非一开始就拥有如此智慧的大脑,而是经历了亿万年的进化,通过直立行走解放双手,通过复杂的动作学习,通过用火制造熟食加快能量转化速度,通过知识经验的传承等方式,拥有了已知生命中最复杂的脑神经网络。虽然狒狒、黑猩猩等灵长类动物,也有与人类相近甚至相同数量的神经元,但是它们的大脑,很早就停止了进化,所以在自然竞争中,很早就败给了人类。

现在商业社会也是一样,如果企业家因为一时的成功,早早地停止了思维的进化,沉浸在过去的辉煌里,那么,企业就已经陷入危险了。

> 同一个思维层次解决不了同一个思维层次的问题。你不能用造成问题的思维方式解决问题。
>
> ——爱因斯坦

思维进化有三步:归零,无常,日新。

1. 归零——回到本质思考

回到原点,才能看一切本质;放弃经验,回归常识,重新思考。

让我们重新思考以下几个跟企业相关的概念本质。

(1)企业:产生的原因——降低交易成本(科斯);唯一的目的——创造顾客(德鲁克)。

反思:你在努力降低交易成本了吗?企业内部效率如何?隐形成本有多高?新时代怎么创造顾客?90后和00后还会爱你吗?

(2)组织:组织的本质是能力而不是结构。

反思:我们企业的现阶段,需要什么样的能力?老板有什么能力?核心人才都有什么能力?就现在这几杆枪,怎样组织才能成为有战斗力的团队?

（3）营销：营销的本质是交换。

反思：顾客找我们到底是想要什么？我们的产品还被客户喜爱吗？新人类想要的东西是不是不一样了？

（4）管理：管理即实践；本质是有效组织资源使之达到最大产出。

反思：我还在从书本里找理论支持，对别人的成功无动于衷吗？我有没有让公司的人、财、物、信息发挥最大效能，如何做到？

（5）市场：市场的本质是竞争。

反思：我们企业还有什么竞争优势？与竞争对手相比，我们的产品还有什么优势？还能持续多久？哪些在逐渐消失？对手在做什么？我了解吗？

（6）商业模式：本质是交易结构，简单说包括价值创造，价值传递及价值分配单个环节。

反思：价值创造怎样改进？传递环节怎样更高效？分配环节怎样更巧妙？对于企业现状来说还有多少模式创新的方向？哪个是可以实现的？

（7）重来：回到原点，向死而生。

反思：如果企业明天倒闭了，会是什么原因？如果今天我能做出改变，从哪里下手？怎么做？

最讲智慧的佛家说：真空妙有。放弃已有的经验，你会更能够看清未来。

得道的老子说：反者道之动。当我们返回到源头，逆向思考，就会发现更多的可能性。

2. 无常——没有绝对真理

人的天性不喜欢变化。但是，变化是唯一不会变的。

《周易》是中华文化的根，名字就是中心思想：世界是周而复始地变化着的。"上下无常，刚柔相易，不可为典要，唯变所适。"只有自身变化适应，才是长久之道。

苏格拉底的话更直接：凡恒长者唯变也。

图65

同时代或者更早一点的印度，佛陀以及他的老师们，也早已经发现了这个世界最根本的规律：成、住、坏、空。万事万物，没有什么是永恒的。

中国有清晰文字记载的历史有三千多年，朝代有六十多个（合并计算二十多个），平均一个朝代不到300年。

新中国成立之后，从计划经济、国家管控，到改革开放、特区建设、市场经济，到一带一路、大国崛起、全面复兴。我们这一代人，经历了比祖辈更多的变化。

种种变化，对于中小企业，需要格外提示几点：

- 中国企业的平均寿命不到三年，倒闭是常态；
- 互联网、新技术的应用，只会让商业环境变化加速，不适应变化的企业加速倒闭；
- 无论怎样的企业家，怎样的管理，怎样的营销，怎样的产品与服务，都只可能带来阶段性的成功；
- 危机意识是生存法宝；
- 对变化的麻木是被淘汰的开始。

下一个倒下的，会不会是华为？

——任正非

变中也有不变。

如果仅仅知道变化，未免让人悲观。

还好，我们学习的一切知识，都是努力在变化中寻求不变的，可以掌握的内容。

《周易》有三易，变易、简易、不易。不易，就是不变的规律。

《道德经》虽然开篇讲了："道可道，非常道；名可名，非常名。"告诉我们"无常"，但是在后面第16章，又告诉我们，还是有"常"的：

  致虚极，守静笃。万物并作，吾以观复。天物芸芸，各复归其根。归根曰静，是曰复命。复命，常也；知常，明也。不知常，妄作凶。知常容，容乃公，公乃王，王乃天，天乃道，道乃久，没身不殆。

简译：

尽量使身心达到虚静状态，并且坚守不变。笃定地保持着公正适中，没有好憎偏见和过多追求的生活状态。

万物都一起蓬勃生长，我从而考察其往复的道理。天地万物都在循环往复地运转着，最后都要返回它的本根。返回本根就叫作回归清静。回归清静，也就是回到了生命的起点。万物最终都返回生命起点，这是一种常理、自然规律。

知道各种常理、自然规律的人是明达有智慧的人。不知道常理、自然规律而糊涂妄为的人会导致大的祸乱。懂得常理、自然规律的人，是包容万物的；包容万物，才能做到坦然公正；坦然公正，才能成为众人之长，这样的领导者才能使天下和顺。天下和顺才符合于道。符合于道才能使社会长治久安，生生不息。

唯物主义辩证法清晰地告诉我们：世界是变化的，变化是有规律的，规律是可以掌握的。

从无常中找有常，在变化中找规律，按规律做事，才能做"众人之长"。

对于做企业的，有哪些规律，是我们必须学习的呢？我总结了七点：

（1）周期律。世界变化是旋回的，周而复始。在"天时"部分详细介绍过。世界经济周期、国运、行业周期、组织发展周期、产品生命周期，这五个周期一定要了解。

（2）人性。自有文明记载的几千年来，人性没有变过。探讨人性的理论体系非常多，马斯洛的需求层次理论最适合做企业的学习。洞察人性，无论做管理，还是做营销，都是捷径。

（3）价值规律。供需关系决定价格。价格围绕价值上下波动。

（4）无边界定律。人类的物质需求没有边界，感官需求没有边界，商品是永远有进化空间的。

（5）华盛顿合作定律。一个人敷衍了事，两个人互相推诿，三个人则永无成事之日。华盛顿合作定律类似于中国的"三个和尚"故事，说明人与人的合作不是人力的简单相加，而要复杂和微妙得多。组织也是人越多，个体效率就越低。

（6）奥卡姆剃刀定律。它是由14世纪英格兰的逻辑学家、圣方济各会修士奥卡姆的威廉（William of Occam，约1285年至1349年）提出。这个原理称为"如无必要，勿增实体"，即"简单有效原理"。在管理企业制定决策时，应该尽量把复杂的事情简单化，剔除干扰，抓住主要矛盾，解决最根本的问题，才能让企业保持正确的方向。越简单的制度，越有效；越明了的组织结构，越有执行力。中国古人称之为：大道至简。

（7）因果不空律。积善之家，必有余庆；积不善之家，必有余殃。天道轮回，报应不爽。财散人聚，财聚人散。稻盛和夫总结精辟：敬天爱人，利他之心，是企业持续成功的秘诀。

3. 日新——坚持终身学习

苟日新，日日新，又日新。——《礼记·大学》

应对变化，学习型的组织才有前途。

拥抱变化，终身学习的老板才有未来。

自我否定，才可能进步；空杯，才可能接纳；归零，才可能日新。

不断创新，才能让企业持续保持竞争力。

关于创新，注意以下几点：

- 有效的创新源于正确的管理思维；
- 只有鼓励失败的创新，才可能生出成功的创新；
- 穷则变，变则通。面对困境，创新是唯一的机会；
- 怀疑是思考的开始；自我否定是创新的前提；
- 创新是有代价的；
- 创新是有方法的。

> 自杀重生，他杀淘汰。
>
> ——张瑞敏

分享一下我在做管理咨询过程中总结的解决问题的思维方法：

- 放弃解决所有问题的想法；
- 以终为始——明白我们要什么；围绕目标，集中力量；

- 问题分解——化整为零,逐个击破;
- 抓主要矛盾——抓主要矛盾的关键环节;
- 不破不立——创新通常都是破坏性的,魄力=破例;
- 麦肯锡方法——以事实为依据,结构化思维,以假设为导向;
- 抓住本质,寻找规律——抓住简单原理,超越复杂现象;
- 道可道,非常道——管理没有标准答案;把握原则,活学活用;
- 两化——高层管理要把复杂的问题简单化,基层要把简单的问题标准化。

*《麦肯锡方法》是让作者受益颇多的一本书,值得推荐。

图66《麦肯锡方法》作者是(美)埃森·M.拉塞尔。

图66

创新的口诀：组合，替代。

爱迪生并未发明电灯，只是更换了电灯的灯丝，增加了点亮的时间，让电灯可以民用，我们记住了他，也成就了他。

瓦特并未发明蒸汽机，只是在原来的蒸汽机上做了很多改进，让蒸汽机可以工业化应用，于是，我们记住了他，也成就了他。

历史上这样的例子不胜枚举。

日光之下，并无新事。麦肯锡的建议是：不要重新发明轮子。

最实用的发明，都是在前人的创造基础之上再向前走一步。

对于企业来说，最有价值的创新，不是无中生有，而是组合、替代，大规模应用。

这个时代使用最广的产品：智能手机，本身是个已有功能的组合体。未来的发展方向，依然是更多功能的组合。

图67

飞快发展的计算机数据存储技术，就是典型的替代。

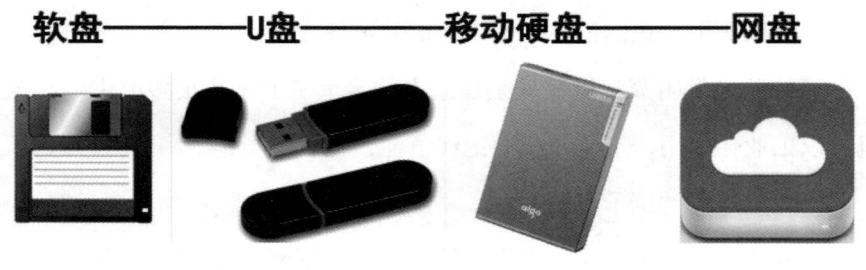

图68

汽车里，用电机代替发动机，叫新能源汽车，这是替代；用发动机＋电机，叫混动汽车，这是组合。

经济创新上，互联网＋，是组合；AI（人工智能），是替代。

深刻理解，活学活用。自然能千变万化。

二、影响力突破

影响力一般指人在人际交往中影响和改变他人心理与行为的能力。

管理是通过影响团队成员的行为，共同为一个目标努力的过程。

在这个过程中，影响组织成员的因素是多方面的。可以是金钱的吸引，可以是亲情、友情的召唤，可以是梦想实现的指引。

在这个过程中，有一个因素在持续起着作用。规模小的时候，靠它来凝聚人心，规模大的时候，靠它来规范文化；企业顺境时，它可以锦上添花，企业逆境时，它可以悬崖勒马。

甚至有的企业，一直不太规范，内部也不大公平，但是靠着它，员工不计较一时得失，始终相信自己做的都是值得的，这个老板、这个企业，是值得信任、值得追随的，这个东西，就是老板的影响力，就是企业家的性格魅力。

浅层的影响力可以影响到人的行为；中层的影响力可以影响到态度；深层的影响力可以影响到价值观。有深层影响力的企业家，就是领袖，而且无论做什么，都能够吸引到愿意追随的人才，做什么，都不会差。这种深层的影响力，这种超凡的人格魅力，源于"厚重"的价值观。

这种"厚重"的价值观，在几千年的文明碰撞中，多少次被打压，多少次被试图颠覆，又多少次重新焕发生机。也就因为它，才成就了这地球上唯一未断的中华文明。让"中华民族"是全世界唯一一个不是因人种相同，而是因文化认同的民族。这几千年生生不息的文明史，足以证明它的正确、它的可贵、它的包容度、它的生命力。

这种"厚重"的价值观，是可以学习的，是可以塑造的，是可以潜移默化、终成性格的。

本章带大家寻寻根，从管理的角度，重新梳理一下文化经典，看看这个"厚重"的价值观，是从哪里来的。

中华文化，源远流长，"轴心时代"的诸子百家，是中华文明的源头，其中影响最大的，是以下的五个：

- 《易经》：天行健，君子以自强不息。
- 道家：善用人者为之下。
- 兵家：将者，智信仁勇严也。

- 儒家：己欲立而立人，己欲达而达人。
- 法家：功虽疏必赏，过虽近必诛。

接下来，本章摘取《易经》《道德经》《孙子兵法》《论语》以及法家中心思想这五个内容中的部分文字，来分析中国文化"厚重"价值观的源头。

1.《周易》——劳谦君子，万民服也

《易经》是"群经之首，大道之源"，后面的儒、道、兵、法，无不受它影响。

《易经》的体系是逐渐形成的。伏羲创立先天八卦。这是最早的，而后又有周文王以先天八卦为基础创立出文王64卦。而到后来又有孔子为其编写了十翼。这才形成《易经》的原型。我们今天所说的八卦是为后天八卦。伏羲、周文王父子、孔子，"人经三圣，世历三古"。

《易经》的影响遍及中国的哲学、宗教、医学、天文、算术、文学、音乐、艺术、军事和武术。从17世纪开始，《易经》也被介绍到西方。

古人著《易经》，是长期从自然规律中摸索和思考而来。混沌开天地、日分昼夜、山有向背、人分男女、物有雌雄，故有阴阳两仪的矛盾思想，岁分春夏秋冬、位列前后左右、物有水木火金土，四季转换五行相生相克，故有四象五行的辩证思想。

《易经》中，关于"君子"品格的打造，我找到了以下5句。

（1）自强：天行健，君子以自强不息。

自强，有梦想，自我激励，个人奋斗，目标远大，披荆斩棘，永不停息。

（2）厚德：地势坤，君子以厚德载物。

不厚德，物会累之，位会伤之，财会杀之。金玉满堂，莫之能守。何谓德？孔子曰："君子道者三，我无能焉：仁者不忧，知者不惑，勇者不惧。"

（3）积善：积善之家，必有馀庆；积不善之家，必有馀殃。

勿以恶小而为之，勿以善小而不为；相信因果，敬畏天地。

（4）劳谦：劳谦君子，万民服也。

有成就依然谦和低调，自然被大家尊重。

（5）振民：君子以振民育德。

穷则独善其身，达则兼济天下。在帮助他人的过程中，滋养自身的品格。

2.《道德经》——善用人者为之下

"道"是宇宙法则，"德"是顺应宇宙法则。

《道德经》晚于《易经》五百多年出现，个人认为《道德经》是侧重对《易经》中哲学理念的解释及延伸；孔子《论语》等是侧重对《易经》中君子之道的解释及延伸。

《易经》多提"君子"，《道德经》多提"圣人"；君子对小人，主要指品德修为；"圣人"对百姓，更偏重领导能力的建议。

《道德经》中关于领导者品格的建议，我摘取了13条：

（1）身先士卒——是以圣人后其身而身先，外其身而身存。非以其无私邪！故能成其私。（第7章）

（2）无为而治——太上，下知有之。其次，亲而誉之。其次，畏之。

其次，侮之。信不足焉，有不信焉。悠兮其贵言，功成事遂，百姓皆谓我自然。（第14章）

（3）不争反胜——是以圣人抱一为天下式。不自见故明；不自是故彰；不自伐故有功；不自矜故长；夫唯不争，故天下莫能与之争。（第22章）

（4）善用资源——是以圣人常善救人，故无弃人。常善救物，故无弃物。是谓袭明。故善人者不善人之师。不善人者善人之资。（第27章）

（5）重视制度——朴散则为器，圣人用之则为官长。故大制不割。（第28章）

（6）大爱无疆——圣人无常心。以百姓心为心。善者吾善之。不善者吾亦善之，德善。信者吾信之。不信者吾亦信之、德信。（第49章）

（7）不瞎折腾——治大国若烹小鲜。（第61章）

（8）重视细节——天下难事必作於易。天下大事必作於细。是以圣人终不为大，故能成其大。（第63章）

（9）服务于人——江海之所以能为百谷王者，以其善下之，故能为百谷王。是以圣人欲上民，必以言下之。欲先民，必以身后之。（第66章）

（10）为人之下——善用人者为之下。是谓不争之德。是谓用人之力。（第68章）

（11）知己不足——知不知上，不知知病。夫唯病病，是以不病。圣人不病，以其病病。夫唯病病，是以不病。（第71章）

（12）功成不居——是以圣人为而不恃，功成而不处。（第77章）

（13）大公无私——圣人不积。既以为人己愈有。既以与人己愈多。天

之道利而不害。圣人之道为而不争。（第81章）

3. 《孙子兵法》——智、信、仁、勇、严

中国古代最著名的兵书，"武经七书"之一。世界公认现存最早的"兵学圣典"。又称《孙子兵法》《吴孙子》等。孙武撰。成书于春秋末期。《孙子兵法》在世界上流传甚广，早在唐代就已传入日本，18世纪又传到欧洲，至今有几十种不同语种的译本传世。《孙子兵法》是哈佛大学商学院的必读书，对部分章节还要背诵。

作者孙武，字长卿，乐安（今山东惠民，另有博兴、广饶等说）人，以兵法13篇晋见吴王阖闾，被任为将军，辅助吴王经国治军，称霸诸侯，多有贡献。

战争中提炼的智慧是最具可操作性的。与《易经》《道德经》相比，前两者是关于哲学、方法论、修身的指导书，兵法则是做事的操作手册，实用性不可同日而语。上等智慧读了《易经》《道德经》之后可悟出做事的智慧，中等智慧需要读兵法、法家、《论语》等指导实践。

《孙子兵法》中关于领导者影响力只有一句话。

将者，智、信、仁、勇、严也。

这是战场上为将的能力素质模型及其顺序要求。

智能发谋，信能赏罚，仁能附众，勇能果断，严能立威。

非智不足以料敌应变，非信不足以训人率下，非仁不足以附众抚士，非勇不足以决谋合战，非严不足以服强齐众。然则，专注智则贼，偏施仁则懦，固守信则愚，恃勇力则暴，令过严则残。

王皙曰："智者，先见而不惑，能谋虑、通权变。信者，号令一也。

仁者，惠附恻隐，得人心也。勇者，徇义不惧，能果毅也。严者，以威严肃众心也。五者相须，缺一不可。故曹公曰，将宜五德备之。""五德"皆具，是谓德才兼备，用之为将，必为贤将，贤将可寄之以国，可托之以孤。

智信仁勇严，这五个字，称之为"五德"。商场如战场，有这五德，无所不得。

4.《论语》——成人达己，内圣外王

《论语》成书于战国初期。其书比较真实地记述了孔子及其弟子的言行，也比较集中地反映了孔子的思想。今本共二十篇。作为四书之一，是儒家最高经典。

《论语》作为孔子及门人的言行集，内容十分广泛，多半涉及人类社会生活问题，对中华民族的心理素质及道德行为起到过重大影响。直到近代新文化运动之前，约在两千多年的历史中，一直是中国人的初学必读之书。

《易经》中有君子之道的总纲，《论语》将君子之道阐述得更细致、在指导企业管理方面更具可操作性。下面收集了25句代表。

（1）以德为本

"为政以德，譬如北辰，居其所而众星共之。"

（2）认识考核奖惩的局限，重视企业文化

道之以政，齐之以刑，民免而无耻；道之以德，齐之以礼，有耻且格。

（3）言行一致

子贡问君子。子曰："先行其言而后从之。"

（4）关键岗位宁缺毋滥

哀公问曰："何为则民服？"孔子对曰："举直错诸枉，则民服；举枉错诸直，则民不服。"

（5）对承诺不负责任的员工，能力再强也不能用

人而无信，不知其可也。

（6）礼贤下士，才可能得到下属的尊重与追随

定公问："君使臣，臣事君，如之何？"孔子对曰："君使臣以礼，臣事君以忠。"

（7）允许下属犯错误

成事不说，遂事不谏，既往不咎。

（8）谨慎行事但不可优柔寡断，错失良机

季文子三思而后行。子闻之，曰："再，斯可矣。"

（9）表里如一

子曰："质胜文则野，文胜质则史。文质彬彬，然后君子。"

（10）让员工快乐地工作是效率最高的

子曰："知之者不如好之者，好之者不如乐之者。"

（11）对不同的人沟通方式得有差异

子曰："中人以上，可以语上也；中人以下，不可以语上也。"

（12）领导人要远离怪力乱神，先做好入世的角色

务民之义，敬鬼神而远之，可谓知矣。

（13）成就员工，自然成就企业

夫仁者，己欲立而立人，己欲达而达人。

（14）领导人要有自己的兴趣爱好，性格才会健康

子曰："志于道，据于德，依于仁，游于艺。"

（15）君子爱财，取之有道；不做金钱的奴隶

子曰："饭疏食饮水，曲肱而枕之，乐亦在其中矣。不义而富且贵，于我如浮云。"

（16）用同理心化解团队矛盾

己所不欲，勿施于人。在邦无怨，在家无怨。

（17）对自己的职责负责，做好本分

齐景公问政于孔子。孔子对曰："君君，臣臣，父父，子子。"

（18）领导者要做好表率

子曰："其身正，不令而行；其身不正，虽令不从。"

（19）目光要远大，行事有耐心

子曰："无欲速，无见小利。欲速，则不达；见小利，则大事不成。"

（20）下级有勇气说真话，上级有胸怀面对直言

子路问事君。子曰："勿欺也，而犯之。"

（21）领导者守规矩，规矩就容易在员工中践行

子曰："上好礼，则民易使也。"

（22）就事论事沟通

子曰："君子不以言举人，不以人废言。"

（23）选择同路人，因为改造人很难

子曰："道不同不相为谋。"

（24）领导者要勇于改过

子贡曰："君子之过也，如日月之食焉；过也，人皆见之；更也，人皆抑之。"

（25）对下级管理要人性化

子曰："不教而杀谓之虐；不戒视成谓之暴；慢令致期谓之贼；犹之与人也，出纳之吝谓之有司。"

5. 法家——功虽疏必赏，过虽近必诛

法家是中国历史上提倡以法制为核心思想的重要学派。亦称之为刑名、刑名之学。提出了富国强兵、以法治国。为诸子百家中的一家。

代表人物：春秋战国时管仲、子产、范宣子、李悝、吴起、商鞅、慎到、申不害等人予以大力发展，遂成为一个学派。战国末韩非子对他们的学说加以总结、综合，集法家之大成。

主要思想：人性恶（自私、逐利），依法治国，诚信是第一品德，与时俱进调整制度细节（不法古，不循今），公开、公正（王子犯法与庶民同罪），法令要保持稳定，重视经济发展、富国强兵等。

法家对中国政体的实际影响，远大于其他学派。并影响至今。

法家理念对于企业管理方面的借鉴：

（1）尊重天性，财散人聚：尊重每个人自私的天性，先满足财物的私欲，在此基础上再讲企业文化，仁义道德。

（2）制度管理：大家都按一个标准做事，同时这个标准要尽量完善；组织结构，岗位职责，职位阶梯，升迁标准，奖惩细则等，要完善。

（3）诚信：对员工讲诚信，尤其是奖励结果必须按照既定方针走，否则，制度不再有威慑力，公司不再有凝聚力。

（4）变通：与时俱进调整制度细节，"不法古，不循今"，追求简明实用高效。

（5）公开、公正：让员工参与制度建设，清楚制度细节，实施标准一视同仁。

（6）制度要严肃：一旦确定要保持阶段性的稳定，不能朝令夕改。

6. 凡有所学，皆成性格

《易经》是总纲，极度概括，天地正道；《道德经》是延伸，描述对象是"圣人"，帝王家书；《孙子兵法》最实用，描述次序也很精妙；《论语》系列偏重道德修为，作为操作指导，不够充分。真正的孔孟之道，更多偏重个人的修身，治世方面还是法家的比较实在。法家的非常实用，非常有效，但若只偏重于此，会让组织缺乏温度。

以上这些融合在一起，就成为中华文明的根脉；将这些文字的义理，融化在我们的血液里，就成为生生不息的民族性格，应世智慧。

现在国家在倡导传承中华优秀的传统文化。这些就是核心的组成部分。

凡有所学，皆成性格。这就是深层影响力的基础。这就是"厚重"的价值观的内核。

拥有了这样"厚重"的价值观，在中国这片土地上，做什么事情，你都会受到众人拥戴，良禽择木而栖，人才趋之若鹜，企业成功，只是时间问题。

三、财富观突破

做企业，财富是第一目标。

财富成就了老板，也很可能束缚了老板，甚至毁了老板。

建立豁达的财富观，是幸福企业家的必修课。

武王伐纣后，商朝灭亡，留下来的商朝遗民，被称为"商人"。在城市中，商朝遗民没有政治地位也没有土地，如何生存成为了燃眉之急。于是有些商朝遗民就去做买卖。买卖在当时，贵族不会去做，平民要种地，没有时间去做。只有商朝遗民才有机会去做。随着经济的发展，商业成为必不可少的活动，而且能够赚钱，使生活富裕。慢慢地，就有一部分贵族也开始从事商业活动，之前从事商业活动的商朝遗民也开始脱离了"顽民"的概念，有了一定的社会地位。人们也把从事这一行的人成为"商人"。

到了春秋时期，商人被列为四民之一，即士、农、工、商，商人的地位依然低下。韩非子在他的《五蠹》中将工商之民称为"五蠹"之一，是社会的蛀虫。在2000多年的封建社会里，王权不断加强，中国的商业一直被压制，商人的地位从来没有真正的提高。在整个《二十四史》中没有单独为商人立传。自司马迁《货殖列传》后，正史中鲜见商人身影。工商业最为繁华的宋代，有名有姓的商人寥寥无几。清朝的山西商人，控制了中国的盐业、金融业和边贸，其财富总和相当于政府财政收入的两倍。可是在536卷的《清史稿》中，记录在案的晋商仅一人而已。据统计，史书中连妓女的名字都远远多过商人。

之所以这样，也不是没有原因的。历史上有很多"富可敌国"的大商人，有些为富不仁，有些甚至危害国家安全。人们自古就认为商人"唯利是图""无商不奸"。在政治上没有地位，在民间还受到歧视，商人的地位一直没有提高。一方面是社会制度的原因，另一方面恐怕是商人唯利是图的本性，导致被老百姓们所鄙视，甚至被当政者排斥乃至杀戮，在欧洲历史上，大规模屠杀犹太人就发生过五次。

洋务运动后，商人的地位开始有了提升；而之后的辛亥革命本来就是一场资产阶级革命，所以商人才开始有了一定的社会地位；改革开放后，商人几乎不再受到任何百姓的鄙视，而逐渐成为时代的宠儿，在拜金潮的当下，富豪的身份开始受到大家的崇拜，常常让人忘乎所以。

金钱未必有原罪，但只有厚德才能载物。

> 以铜为镜可以正衣冠；
> 以人为镜可以明得失；
> 以史为镜可以知兴替。
>
> ——李世民

1. 超越传统商人——突破富不过三代的魔咒

（1）汉朝邓通。汉文帝的宠臣，啥都不会，没有能力。最后汉文帝把四川的一座铜山赐给邓通，让他自己有铸钱的权力，当时的"邓氏钱"遍布天下。也就是说，邓通自己家里开了一个为国家法律允许的造币厂，他随时可以铸钱，铜山开采不尽，他就可以铸钱无数。所以，邓通应该是中国历史富豪榜上的首富。

后来文帝死，景帝一即位，便把邓通革职，追夺铜山，并没收他的所有家产。可怜富逾王侯的邓通，最后像乞丐一样，身无分文，最后饿死街头。

（2）春秋范蠡。协助越王勾践复国后，便去国而走，改名换姓，乘坐小船漂泊江湖，民间传与西施一起。

图69

范蠡分析，陶邑（今山东定陶）居于天下的中心，四通八达，是个从事贸易的好地方。于是范蠡就去往陶邑经商，治理产业，囤积居奇，随机应变，与时逐利。

19年间，范蠡三次赚得千金之财，两次分散给贫穷的朋友和远房同姓的兄弟。所谓君子富而仁。"千金散尽还复来"就是从他这里来的。

范蠡后来年老力衰而听凭子孙，子孙继承了他的事业并有所发展，终致巨万家财。

后世谈论富豪，人称颂范蠡为陶朱公，视为始祖。

（3）元明沈万三。元末名气最大的富商，居苏州周庄。一靠粮食生产和土地兼并，传说沈家拥有苏州府三分之二的田亩。二靠海外贸易，以周庄为基地，利用白砚江（东江）西接京杭大运河，东入浏河的便利，把江浙一带的丝绸、陶瓷、粮食和手工业品等运往海外。

江南士民抗元时，江南一带众多汉族富商地主给予了积极的支持。沈万三先是资助张士诚（后为朱元璋所灭），帮其购粮扩军，张曾为他树碑立传。后来，他投靠了更有势力的朱元璋。乞丐出身的朱元璋广泛吸纳这些人当官，甚至还与他们称兄道弟，沈万三就是最重要的金主之一。民间传说，他与朱元璋曾结拜为金兰兄弟。明政权定都南京后，要修筑城墙，沈万三出巨资，独力修建了三分之一的城墙（洪武门至水西门城墙），还献出白金二千锭，黄金二百斤，助建了南京的廊庑、酒楼等，朝廷上下对之称颂不已。

有一次，君臣闲聊，春风满面的沈万三突然提出要犒劳三军。

朱元璋冷冷地说："朕有兵马百万，你犒劳得过来吗？"沈答道："我每人犒劳一两黄金如何？"

《明史·后妃传》记载，朱元璋跟皇后马秀英忍着怒气说："一个匹夫要犒劳三军，他是想要犯上作乱呀，朕一定要杀了他。"皇后劝说道："这种不祥之民，老天自会杀他，何须陛下动手。"

沈万三的命运从此改变。1374年（洪武六年），沈万三被按了个莫须有的罪名，充军云南，死于何年，已不可考。1386年（洪武十九年）春，沈家又因为田赋纠纷而惹上官司，沈万三的两个孙子沈至、沈庄被打入大牢，沈庄当年就死于狱中。到了1398年（洪武三十一年），沈万三的女婿顾学文被牵连到一桩谋反案中，顾学文一家及沈家六口被"同日凌迟"，八十余人被杀，没收田地。

（4）清朝胡雪岩。胡雪岩（1823—1885），徽州绩溪人，富可敌国的晚清著名徽商。主业钱庄、典当、药店、丝栈，既与洋人做生意也与洋人打商战，有曰"为官须看《曾国藩》，为商必读《胡雪岩》"。

胡雪岩幼时家境贫寒，进钱庄学徒，从扫地、倒尿壶等杂役干起。三年师满后，就因勤劳、踏实成了钱庄正式的伙计。官吏王有龄患难时，胡接济。王有龄后升官任浙江粮台总办，资助胡雪岩自开钱庄（阜康）。之后，随着王有龄的不断高升，胡雪岩的生意也越做越大。太平天国起义时，王有龄委以办粮械、综理漕运等重任，胡雪岩几乎掌握了浙江一半以上的战时财经。

1862年，王有龄因丧失城池而自缢身亡，左宗棠继任浙江巡抚。胡雪岩为左宗棠运粮筹款，主持全省钱粮、军饷。他勾结外国军官，为左宗棠训练了约千余人、全部用洋枪洋炮装备的常捷军，还协助左宗棠开办企业，主持上海采运局，兼管福建船政局，经手购买外商机器、军火及邀聘外国技术人员，从中获得大量回佣。他还操纵江浙商业，专营丝、茶出口，操纵市场、垄断金融。由于辅助左宗棠有功，曾授江西候补道，赐穿黄马褂。

功成名就后，胡雪岩开设钱塘江义渡，人曰"胡大善人"。乐善好施，多次向直隶、陕西、河南、山西等涝旱地区捐款20万两白银赈灾。在轰动朝野的杨乃武与小白菜一案中，他利用自己的声誉活动京官，赞助钱财，为此案最终昭雪立下了汗马功劳。

光绪八年，胡雪岩在上海开办蚕丝厂，耗银2000万两，生丝价格日跌，华商各自为战，被洋人控制了价格权，胡雪岩高调坐庄。这是百年企业史上第一场中外大商战。开始，胡氏高价尽收国内新丝数百万担，占据上风。眼见胜负当判，谁知"天象"大变。欧洲意大利生丝突告丰收，中法战争枪响，金融危机突然爆发。

李鸿章有意排挤左宗棠，"排左必先除胡"。盛宣怀利用电报联络各地买家拒买胡雪岩的生丝，李鸿章命上海道台邵友濂故意拖延胡雪岩从汇丰银行贷借的饷款20天。汇丰银行清朝金融买办席正甫催款，胡雪岩无奈之下从自己的钱庄调现银80万两周转，盛宣怀趁阜康银行空虚之际，托人到银行提款挤兑，一时谣言纷起，说胡雪岩积囤生丝大赔血本，挪用阜康银行存款，导致各地皆发生挤兑风潮。各地官僚竞提存款，群起敲诈勒索。慈禧太后下令革职查抄，严追治罪。光绪十一年，胡雪岩黯然离世，棺木埋于杭州西郊乱石堆中。

有评论曰：胡雪岩是"一个巨大的存在"，他作为"富人"的规格比沈万三要高很多，的确可以称得上长袖善舞。而且他前所未有地和时代、政治、外交、军事搅和在一起，有巨大的纵深感。人格上也呈现出丰富的复杂性，唯利是图、不择手段、民族大义、为富而仁等。在"立德、立言、立功"三方面，都留下永恒的烙印，胡庆馀堂更有历久弥新之感。

（5）清朝盛宣怀。盛宣怀（1844—1916），江苏武进人，清同治九年（1870年）入李鸿章幕，协助李鸿章办洋务。

1872年开始先后创建中国第一家轮船航运企业轮船招商局、第一个电报局天津电报局，开办华盛纺织总厂，受张之洞委托接办汉阳铁厂，开办中国的第一家银行中国通商银行，开办萍乡煤矿，并成立中国第一家钢铁煤联合企业汉冶萍煤铁厂矿公司。盛宣怀是洋务运动的干将，一手创办了中国第一批现代工业：电报、铁路、煤炭、钢铁等。

同时，盛宣怀官至一品大员，历任山东登莱青道兼烟台海关监督、天津海关道、大理寺少卿、工部左侍郎、邮传部右侍郎、邮传部尚书和邮传部大臣等职。

盛宣怀热心教育，除了创办了北洋大学堂（今天津大学）外，他还创设了南洋公学（今上海交通大学、西安交通大学、西南交通大学、新竹交通大学前身）、南洋公学附设译书院、电报学堂等。为适应清政府经济特科的选拔，他精心开办了"特班"，专门培养政府官吏，如为发展铁路事业，开办了"铁路班"。

盛宣怀的经世之才也得到孙中山的赏识，并表态"外间舆论过激，可代为解释"，然而盛宣怀却认为孙中山在兴办实业方面"有理想而无经验，不足与谋也"。

盛宣怀的儿女们各自与豪门联姻，互相依附，富上加贵，可谓近代上海滩最大的豪门显贵。

盛宣怀本人一生风光、不曾落魄。其家业最终败于子孙。

盛宣怀先后共有七房妻妾，生有八子八女，是清末民初一支颇为庞大的家族体系。但他的后代靠吃老太爷留下的家业度日，大多成为一事无成的纨绔子弟。其儿子老大、老二、老三都是鸦片鬼，老四更是花钱如流水，曾有过一夜间输掉一整条弄堂的"豪举"。唯独老七盛萍臣有所事业，但也无法继承和光大家业，而是转向了足球。

2. 长久之道——让自己的成功成为他人的祝福

邓通、范蠡、沈万三、胡雪岩、盛宣怀……从微观视角来看，他们的命运有几个特点：

- 可以富甲天下，但没有政治地位、社会地位和道德地位；
- 商傍官而兴，伴君如伴虎，最终亦因官而败；
- 官用商而势，多数情况是先用后弃、始乱终弃；
- 善终者寡；
- 富不过三代。

中国的经济形态：先秦到汉初是贵族经济，东汉至魏晋南北朝，成为了士族经济，进入隋唐之后，日渐呈现出"士商合流"的趋势，到宋代，定型为士绅经济，历经一千年左右的演进至此，其后再无进步。这三种经济形态从本质上来说，都是官商勾结经济。

两千年国史上，有五次民间经济大发展的时期：汉代的文景之治、唐代的贞观到天宝盛世、北宋百年、康乾盛世以及北洋政府时期的民国。有意思的是，只有在文景和民国时期出现了以自由贸易为前提的大商人集团。

在大多数时期，国有资本与民间资本在产业上形成了"楚河汉界"。民间只能经营分散且利润微薄的中下游行业，而政府则控制了易获得暴利的上游产业。为了经营这些垄断资源，宋朝公开允许官员经商，通过这种方式，财富大量积聚到了官员手中，这些人成为因特权大获其利的"权贵资本集团"，他们既是官员，又是商人，而史书却不会标记他们"商人"的身份。

如果从社会变迁和演进的宏观视野看，中国历次改朝换代、社会动荡，商人阶层常常成为最早被侵害的族群。人们对统治者的愤怒，将首先倾泻到那些生活在他们身边的有产者身上——在他们看来，正是这些人的富有造成了社会的不公平。无数商才俊杰在这种轮回游戏里火中取栗，扬名立万；而万千市井繁荣，在这个历史搅拌机里被碾成碎片。

> 持而盈之，不如其已。
> 揣而锐之，不可常保。
> 金玉满堂，莫之能守；
> 富贵而骄，自遗其咎；
> 功遂身退，天之道也。
>
> ——《道德经》第九章

市场经济的本质是法治经济。改革开放四十多年，历次红利催生了几多富商。在依法治国的环境下，相对过往，如今对商人是从未有过的好时代。前事不忘，后事之师。对于暂时流动到眼前的金钱，始终要有清醒的认知。

提醒与建议：

- 历史机遇＋个人的聪明才智和奋斗精神，造就了我们今天的成绩和财富。时势造英雄，成功都是偶然的。
- 历史有效的商业模式和盈利来源，随时可能因为环境和形势的变化而失效甚至导致危机。
- 学习法律知识、增强法律意识；学习国家政策，提高政策水平。
- 尽量低调和内敛，不要张扬、不要太出名、不要咄咄逼人、不要仗势欺人、不要得理不让人。
- 本善心、走正道、立正业：做生意讲公道、挣本分钱，不抱非分之想，不图不义之财，不让别人吃亏。"天道无亲，惟与善人"（史记）。《荀子·天论》说："强本而节用，则天不能贫；养备而动时，则天不能病；修道而不二，则天不能祸。"好人一生平安。
- 谨慎处理媒体关系，广结善缘，远离恶缘。
- 像重视治理企业一样重视治理家庭，教化后代，防止作恶。
- 或者把企业做成小而美，建设和谐企业；或者把小企业做成大企业、把大企业做成大家的企业。
- 为最坏的结果做准备：鸡蛋不放在一个篮子里。
- 修身、修心：建立平常心和顺其自然之心，读点国学、读点历史、懂点儒释道、养点情怀与气格、坐坐禅，站站桩，打打太极拳，敬天敬地敬祖宗，善待身边的人。

如此，可以建立豁达的财富观，建立和谐的社会关系，建立丰富、平静的内心世界。

最关键的一点，对于老板们来说，真正认识到"财散人聚，财聚人散"不只是一句口号，能够根据企业的发展情况适时调整薪酬激励政策，从"富甲一方"升级到"共同富裕"，让跟随的人都能够"有钱、有爱、有梦"，让自己的成功成为他人的祝福，这才是真正的成功，安全的成功，持久的成功。

最高境界的成功：身无分文，富甲天下；远离权位，威震四海。

向祖师爷范蠡学习。

四、健康管理突破

前面所讲的一切，思想、团队、创新、财富等，如果没有健康做基础，都是零。

企业家无论企业规模有多少亿，管理团队有多少万，在生理上，也都是普通人，而且，是更辛苦、更操心、加班时间更长、压力更大、更容易出现健康问题的一个群体。在绝大多数没有完成所有权与经营权分离的中小企业，企业家的命就是企业的命。因此，企业家的健康问题，绝不只是关乎个人的事。

我接触了至少几千名企业家，因为家庭影响以及个人兴趣的缘故，工作之外，最大的兴趣与时间，放在了中医健康养生、身心灵的提升等方面，也考取了国家高级健康管理师、国学养生指导师、中华优秀传统文化讲师、阿卡西记录阅读师等证书，参与过禅坐、辟谷、站桩、胎息、大小周天、内丹等多种修身方法的学习，从2014年开始一直在吃素，从2015年开始每天都会打坐，综合来说，自己很受益。我接触的企业，有一半以上企业中的老板或高管，我都根据他们的身心健康情况，推荐他们参与了适合的调整身心健康的方法，效果也都很好。在这一章节，用一点篇幅，与企业家朋友们分享一下我在健康方面的观察与建议。

1. 企业家是健康弱势群体

2017年国内一家知名的健康机构做过一项调查，通过对6000余位企业家样本数据的16类常见体检指标异常进行分析，看出企业家群体整体健康指标异常率偏高。其中，至少一项指标异常的占到99.0%。5项指标异常者占比为49.4%，接近半数。

更让人担忧的是，16项指标中，有1%的企业家样本人群中异常指标超过10项，健康状况堪忧。与此同时，针对时下最为关注的心脑血管疾病，在6000余个企业家样本人群中，血压、血脂、血糖异常及超重肥胖的发生率分别为27.1%、54.7%、13.9%和54.2%，女性企业家乳腺增生的比例更是高达70.8%，检出比例均高于全国患病水平。

在企业家样本人群中，以上5项指标均未出现异常的比例为23.2%，也就是说，超过七成的企业家样本人群存在心血管疾病隐患。

此外，调查资料还显示，中国企业家平均每天工作14个小时左右，90.6%的人处于"过劳"状态，28.3%的人记忆力下降，26.4%的人"失眠"。在颈椎异常、血脂异常、脂肪肝、血糖增高等方面，企业家发病率均高于全国人口平均发病率，企业家"过劳"现象非常普遍。

我在讲课时常常会问学员的健康情况，十年左右的时间，问过上千位企业家学员，只遇到一个女企业家说自己所有的体检标准正常。真正身体健康的企业家或许1%都不到，健康比例大大低于普通人群。

2. 对健康的正确认识

世界卫生组织关于健康的定义：健康乃是一种在身体上、精神上的完满状态，以及良好的适应力，而不仅仅是没有疾病和衰弱的状态。

具体包括：精力充沛，能从容不迫地应付日常生活和工作；处事乐观，态度积极，乐于承担任务，不挑剔；善于休息，睡眠良好；应变能力强，能适应各种环境变化；对一般感冒和传染病有一定的抵抗力；体重适当，体态均匀，身体各部位比例协调；眼睛明亮，反应敏锐，眼睑不发炎；牙齿洁白，无缺损，无疼痛感，牙龈正常，无蛀牙；头发光洁，无头屑；肌肤有光泽，有弹性，走路轻松，有活力。

简单说，就是包括生理健康与心理健康两个方面。

3. 身体健康大数据与应对

中国健康大数据有明确说明：高血压人口2.7亿人；超重或者肥胖症7000万～2亿人；血脂异常1.6亿人；脂肪肝患者1.2亿；糖尿病患者超过9000万。每天超过1万人被确诊癌症，排名前五的癌症为肺癌、胃癌、结肠癌、肝癌、乳腺癌。

可以说，半数以上的健康问题是以上这些问题影响的。我父亲的家族有糖尿病遗传，母亲的家族有高血压遗传以及消化系统癌症多发，所以看到过太多这些慢性病对人的折磨。

企业家群体的慢性病比例要更高一些。因为应酬、因为生活没有规律、因为压力。

我们简单分析一下三高及糖尿病的病因就可以知道，这些都是代谢系统疾病，简单说叫富贵病，能量摄取过剩。中国人到近四十年才基本上顿顿能吃饱饭，在过去的一个多世纪里，多次的战乱饥荒，让我们身上留下了努力积累热量脂肪以应对饥饿的这种基因，就连见面打招呼都是：吃了吗？饥饿的记忆太深刻了，导致一旦有机会，身体就报复性地摄取，还有就是工业化养殖肉类的泛滥，结果就是这二三十年，多余的热量积累在一起，侵害着半数的中国人。怎么解决？说起来很简单——少吃。关于这方面各种养生节目说得够多、够专业，这里就不赘述了。在我干脆肉也不吃之后，一年之内就慢慢瘦下来15斤左右，身体感觉轻盈多了，睡眠质量、体力均好过之前，消化系统的问题也大为改善。在这里不是宣传让大家都吃素，是希望每个人根据自己的情况，适当节制。如果再深究一点，就会发现，污染少的菜都不多见，能吃的肉就更少了，市场、超市中大多数蔬菜、水果、肉类都是化肥、农药、激素、抗生素催出来的，如果你去过某种动物的饲养场所，你回来八成不会再想吃这种动物的肉。我接触的老板也有一些是做养殖业的，结论就是，养什么就不会吃什么。大家可以想想是怎么回事。

再看看常见的癌症，除遗传因素外，肺癌主要是空气污染、工作环境及吸烟等影响，胃癌、结肠癌、肝癌，都属于消化系统癌症，除饮食习惯不好、不卫生、不规律、饮酒过量之外，主要是与精神压力有关，结肠癌与肝癌跟压力更是有直接关系。在中医理论中，可以直接找到原因。

简单说，对应的方法、预防的方法，有三个：一是控制饮食，二是注意环境，三是调整心态。

4. 心理健康与身体健康

先讲两个真实的小故事。

第一个故事。在2015年给一个生产企业做咨询时，给企业出的方案，尤其是薪酬调整方案，老板听完很认可，但每次一过夜，又会有各种问题问我，好多问题还经常重复问，我每次耐心解释，到后来，他自己都不好意思了，问我说，有什么办法让他不焦虑、不反复，更理智、更冷静、心胸更开阔。这个老板体重超标，烟瘾大，一顿能喝两斤白酒，睡觉需要用呼吸机。我结合他的身体状况，介绍他去做十日内观（一种静修的方法）。他准备了一个月，安排好公司的事情后就去了。回来之后第一天我见他，人瘦了、脸色好了，就是不大会说话了（内观期间禁语）。第二天能说完整的话后告诉我，这是他收获最大的一次学习，最重要的收获有两个，一个是不再恨前妻了（我之前不知道这些事情），还有一个是，想明白了公司老员工对自己的价值。而且主动告诉我，不但接受我提出的给员工提薪15%～20%的建议，更让我直接给工作三年以上的老员工涨薪30%（这个企业近5年没有动过基础薪资），说他已经想清楚了，这些老员工是难得的财富，自己不能亏待了他们；这方面的支出，在原材料及生产环节注意一下，基本上是可以找回来的。

这个企业在新制度实施后的2016年，在整个行业业绩下滑的前提下，企业年销售额增量近四成。

第二个故事。我在2017年做了一个制药企业的管理提升项目，在对一位副总访谈的时候，发现她脸色发青，情绪状态也不太好，访谈过程中跟我讲了很多对企业的意见，对其他管理层的不满等。认识久了，觉得她其实是个挺真实、挺坦率也很有情分的一个人，就聊得多了些，建议她做些心理上的调整，根据她的时间情况，推荐他去三天左右的国学班学习，主要内容是南怀瑾老师的东西。她学习回来之后请我吃饭，我发现她脸色好了许多，眼睛也亮了，我问她变化怎么这么大，她跟我讲，在学习的过程中，她第一次能哭出来，说记事以来基本上没有哭过了，这次哭了有近半个小时，旁边的人都吓坏了，哭过之后，心里感觉变软了、变暖了，对老板更理解了，对同事也不觉得那么不顺眼了，总之心里面好多东西化掉了，很舒服。当然，对后面管理制度上的调整，组织结构上新的安排，也都很愉快地接受了。

上面两个故事里面的企业家及核心管理层其实挺典型的。

做老板的在竞争环境中，面临的压力、焦虑、紧张等要比普通人多很多，情绪的波动、心理的问题自然会更严重些。《素问》中有文："怒伤肝、喜伤心、思伤脾、忧伤肺、恐伤肾。"实际上超过70%的疾病，是跟心理因素有关的，或者有些直接就是心因性疾病。

心因性疾病，医学上称为心因疾病。现代医学将人的病分为身病和心病两大类，身病又分为传染性疾病、功能障碍性疾病和心因性疾病。像肿瘤、结石类、乳腺增生、青光眼、高血压、胃溃疡、关节炎、皮肤过敏等种类的病多属心因性疾病，患者最大的特点是检查不出器质性变化，主观症状与客观体征不符，即只有自觉症状而无阳性体征。

抛开身体疾病，单是心理问题本身，企业家群体的比例也要更高一些，调查显示，近八成企业家会陷入烦躁易怒、悲观失望、焦虑、抑郁等症状，其中18%的人的生活，经常伴随着上述消极情绪。53%以上的企业家常常会感觉疲惫，却又无法入睡。

来自北京心理危机研究与干预中心的数据显示，20世纪80年代至今，我国已有1200多名企业家因心理障碍走上自杀之路，而这仅是有文字记录的一个部分。由于受光鲜的"精英角色"影响，患上心理疾病的企业家中，90%的人不会觉察自己患病。就算感觉心理压力沉重，超过55%的企业家也会选择"不管它"的方式解压，仅有2.4%的人选择向家人倾诉，实际上有超过80%已经有心理问题的企业家，不愿意让任何人察觉到自己内心的脆弱。

《黄帝内经》开篇《上古天真论》里就明确说："恬淡虚无，真气从之，精神内守，病安从来？"可能我们很多人都知道这句话，只是做到恬淡，学会内守，哪是一句话那么简单！

附：作者的探索与实践

多年前因为创业受挫，感情波折，各种不顺，看不到希望。经常失眠，足跟痛、腰肌劳损、颈椎病、反流性胃炎、神经性肠炎、睡着了经常在心悸中醒来，去医院检查，给了一堆药吃了效果也不明显，反而搞得肠胃越来越差。种种问题，让我一度觉得身体要垮，对未来感觉极其灰暗，虽然也知道主要是因为压力等心理因素，但不知道该如何调节。

后来我学习了传统文化，学习老子、孔子、孟子、管子、墨子、孙子、王阳明、南怀瑾等，有些自学，有些跟老师学，这些伟大的先人们，让我在里面找到了真正的心理依托、精神家园，感受到老子的智慧、孔子的积极、孟子的正气、管子的务实、墨子的无畏、孙子的严谨、守仁的能干、南师的通达，有了这种"非信仰的信仰"，从更深的地方，体会到了中国人老祖宗的智慧、豁达、积极、通透、温暖、坚韧、包容、超脱，以及自身带着的进化的生命力。

从修身的角度，又参与了辟谷、采气、胎息、大小周天、内丹等道家养生的学习，自己很受益，更是亲眼看到过很多人身心的变化乃至不可思议，惊叹于传统文化的博大精深。又因学习过程中同学的引荐，陆续学过阿卡西阅读、香道、风水等，多是浅尝辄止。

我一直是个心态开放的人，从不认为真理只有一种形态，对所有善意的，宽容的，温暖的，积极的价值观系统，对所有能帮助人们解决问题，带来健康、快乐、平静、富足、美好的知识，都愿意接触、学习。

种种学习的经历，拓展了视野，健康了身心，就更不容易纠结了。

这个宇宙无限、时空浩渺，地球在其中也不过是一粒微尘；若无永恒，我们有限的生命都只不过是白驹过隙，所以要尽量快乐，享受人生；若有永恒，那眼前的得失不过是稍纵即逝的幻象，更无须纠结。

开放、积极、接纳。不必恐惧，不再拒绝，无须评判。努力健康，富足，穷则独善其身，达则兼济天下。有韧性的品格，有包容的态度，有探索的精神，有放下的勇气。

我们虽然很难达到王阳明先生"吾心光明，夫复何求"的境界，但这些先人的光芒，足以指引我们前行的路。

我并非心理医生，也没有资格在心理健康这个非我专业的领域进行某种指导。只想把自己亲身经历的探索与收获，分享给有缘的读者，或许某个火花，能在你心里点燃些什么，照亮一片黑暗，那就是莫大的荣幸了。

五、企业家的幸福是一种责任

本书的主题是帮助企业提升绩效，在这一章却又提出企业家的幸福，难道企业家的幸福与企业的绩效有什么关系吗？答案是肯定的。

本章所说的幸福企业家，有两层含义，一层是企业家个人的幸福；另一层是可以赋予企业的员工幸福的生活状态及榜样作用。

前面提到企业的本体组成是老板、员工、客户。企业要发展，需要持续的转型升级，以客户为核心是是商业模式升级；以员工为核心是是管理模式升级；以老板为核心的是心智模式升级。

企业家的转型升级，初级的升级是思维模式的进化，能够匹配企业规模与发展阶段的知识与认识；中级的升级是提升格局，让自己的心性、胸怀能够吸引、包容更多的人才，并让跟随的人共同富裕；高级的升级是能够健康、快乐、幸福地生活。

会挣钱的企业家不少，会生活的企业家不多；能够自己活得幸福圆满，又让团队的员工活得幸福圆满的企业家，就更少了。

中小企业的老板，与员工朝夕相处，你的生活状态，精神境界，种种表现，对员工是有直接影响的。从员工绩效的角度，员工在有幸福感的环境，会更真诚、更专注、更投入，有幸福感的工作氛围，能让员工绩效水平明显提升，并能降低人才的流失率，提高企业的抗风险能力。

老板同时也是员工的榜样，负责80%就业人口的中小企业的老板，影响的是超过中国一半的家庭，幸福是有感染力的，如果让全国八成以上的员工懂得生活、学会幸福，并将这种幸福感传递给家庭。那我们这十几亿人口的大国，一定是和谐社会、小康社会，离大同世界，也就不远了。

幸福是不容易的，幸福是有方法的。在此摘录《哈佛幸福课》中部分精华语录，相信能有所提示：

内在因素对幸福感的决定性：基本需求满足后，财富对幸福感的影响很小。内在因素是指对世界的解释、关注点等。

一个阻碍人们改变的最大障碍是人们低估了自己能改变的能力。

痛苦等负面情绪对于人来说不可或缺，我们要允许自己作为人所产生的任何情绪，学习的目的不是避免负面情绪，而是能处理负面情绪。

非常有益于心理健康的冥想：坐直，放松背，放平脚，深呼吸，思想聚焦在呼吸上，平静之后让所有的情绪释放。

在冥想过程中察觉并接收身体信号，身体有自我疗愈功能。

长期冥想者的惊吓反应更少；平静会传染，不宜生气。平静增强免疫力，焦虑会使免疫力降低。

尽量深一些呼吸，现代人的呼吸很浅，深呼吸能帮助我们心平气和。

神经可塑性是指神经元有可塑性，神经元是发展的，在人的一生中不断生成，直到我们死去。

快乐是道德追求和最终目标。

信念即自我实现的预言，它强大到可以控制身体。

皮格马利翁效应：当我们怀着对某件事情非常强烈期望的时

候，我们所期望的事物就会出现。期望什么，就会得到什么，坏事也一样。希望是祝福，担心是诅咒。

最成功的科学家也是失败次数最多的。

赢得彩票会让你快乐一时，但基本几个月后你的快乐水平就回到从前；失去一百万会让你难过一时，但基本几个月后你的快乐水平就回到从前。

向自己的巅峰时刻学习。

培养感恩习惯，不把好事习以为常，感恩让人感到平静。与孩子每晚谈感激与快乐的事，有助于培养其乐观性。

关注正面新闻，躲避媒体为了博眼球的负面煽动。从艺术中学习，无论音乐、电影、雕塑、美术何种艺术形式，艺术都是将美好的一面表现出来。

工作or职业or使命？所有的工作都可以分为以上三种，选择权在你。

自我和谐，才算真正生活过。

完美主义的特征是过度关注失败，自卫性强，会带来自尊和精神上的双重压力。而追求卓越的特征是心胸开阔、关注成功，享受过程。

压力增大时可能会首先放弃运动，要在潜意识里觉得自己值得幸福，值得拥有美好的身体。其实，最不能放弃的是运动，不要分析太多，尽管去运动就行了。

苦苦思索是问题的症结之一，不是解决办法。

睡觉少，智商减分。适当的压力是积极的，不积极的地方是压力带来的不休息和持续运作。

保证充足的睡眠是一种投资：对免疫系统、精力水平、体重、创造力、降低事故发生等各方面都有益处。

不对外人做的事，也不要对亲密的人做。（例如对亲人吼叫）

关于幸福，最后送给企业家朋友们一句话：饮食是可以选择的，环境是可以选择的，心态也是可以选择的。

一切，都是可以选择的。

第五章
常见问题答疑

师者，所以传道、授业、解惑也。多年讲课经历，每每在课程结束前留出半小时到一小时，允许学员提问任意问题，本章是问题集锦，可以说包括了中小企业管理过程中的常见问题。

在问题之上，还有一个问题：所有的问题都有解决方案吗？

答：

1.所有的问题都有解决方案。

2.问题的解决方案通常不止一种。最重要的是能迅速地在正确的方向上采取行动。

3.大部分解决方案是需要付出代价的，有些甚至是有破坏性的。

4.有些问题的解决方案是：此问题当下无解，须放弃。（放弃也是一种解决方案。）

出于篇幅考虑，这里的问题只给出最简短的结论性解答。若需了解细节，请识别二维码，看完整视频。

打通——解放老板的5步瓶颈管理法

扫码观看本章
问题视频解答

韩愈说：师者，所以传道、授业、解惑也。

在讲台上时、给企业做顾问时，我时时提醒自己在那一刻的角色，并努力按照韩愈老先生的古训来要求自己，总结规律（传道），分享方法与案例（授业），回答问题（解惑）。以讲课为例，通常一天六个小时的时间，会拿出半小时至一小时的时间，回答现场学员的问题，以下，就是部分问题的再现。

关于问题有一个终极问题：所有的问题都有解决方案吗？

在这里，我先回答这个问题：

1.所有的问题都有解决方案。

2.问题的解决方案通常不止一种；最重要的是能迅速地在正确的方向上采取行动。

3.大部分解决方案是需要付出代价的，有些甚至是有破坏性的。

4.有些问题的解决方案是：此问题当下无解，须放弃。

以上四点，是关于问题的终极方法论。第一个让我们对问题要有信心、决心，积极面对。第二个让我们不必追求完美，管理第一个要考虑的是效率问题；道可道，非常道。完美主义不是做企业的人最好的特质。第三个让我们清楚，凡事皆有代价，不要总想什么都不付出就能做出改善；若解决问题的代价比问题解决之后的收益还大，那就需重新考虑（比如得了恶性肿瘤要不要动手术的问题）。第四个能让我们适时止损，不在一些没办法解决的事情上消耗精力（比如秦始皇追求现世长生不老。如果知道当下的问题无解，就会把心力用在有价值的事情上）。

本章整理了100多个问题，简略地归为三大类。现场每个问题的回答时间在2~10分钟，平均5分钟左右，若整理出来，一个问题的解答不会低于1000个字，如果全部在这本书呈现，又是十几万字。出于篇幅考虑，这里的问题只给出最简短的结论性解答，若需更多内容，请识别封底二维码，看完整视频。

一、理念与案例部分

1.课程里提到领导者最有价值的能力是远见，如何提高这个能力？请举例讲讲。

简答：远见这个能力是人类最终极的追求，万经之源《易经》最大的作用就是做预测的，四字口诀：理、相、数、占。其实拥有独立思考的能力，洞察事物运作规律，或者基于常识，都可以做出大致正确的判断，只是利令智昏，大部分情况下我们都没法冷静思考，于是人云亦云、自我欺骗罢了。马云商业帝国的例子：淘宝、阿里巴巴、支付宝、蚂蚁金服、菜鸟物流、阿里云、智能制造等，都只是未来商业走向的必然，为什么这么说？……

2.怎么做管理创新？请举例说明。

简答：创新的前提是正确的认知与突破的勇气。对管理正确的认知与对传统突破的勇气。任何结构与管理模式一段时间之后看起来都似乎还可以，那是人的适应性决定的，并不意味着正确。管理创新要围绕目标，超越概念，认清代价，鼓励试错。这是个很重要的话题，需要细讲。例子：商鞅变法，改革开放等。

3.如何快速提高深度思考能力？

简答：深度思考能力是智慧的源头，我觉得深度思考能力需要三个东西：一是好奇心，二是觉知力，三是思维方法。好奇心可能是天生的，年龄越小好奇心越大；觉知力与思维方法是可以锻炼出来的。思考可以分为4层，90%以上的人只在第一层，达到第三层的不到1%，这是人与人之间最大的差别。怎么思考？《大学》里说：知止而后有定，定而后能静，静而后能安，安而后能虑，虑而后能得。这是很有道理的，佛学传承的观慧，更加简单直接。

4.员工的情绪对工作结果真的有很大的影响吗？

简答：员工情绪的好坏对工作结果影响很大，在服务业（需要态度）与高科技行业（需要思考）表现尤为突出。快乐也是生产力。员工情绪对工作结果的影响，两三个月差距不明显，两三年可能会差3～7倍。例子：富士康与海底捞。

5.到底什么叫管理？请郝老师系统地讲一讲。

简答：最诙谐的：man+age，男人到了一定年纪才能做的事。

最通俗的：通过别人完成工作的艺术。

最准确的：管理是通过对资源（时间、人力、资本等）的合理分配，达到总产能的最大化。

6.为什么说管理是门艺术？

简答：艺术对应的是科学。最典型的科学是数学，有标准答案，有唯一解。管理是艺术，没有标准答案，没有唯一解。"其验证不在于逻辑，而在于成果；其唯一权威就是成就。"同样的问题，因时、因地、因人的不同，解决方法都会不一样。围绕目标，万变归宗——破万象，生万法。

7.组织管理的核心到底是什么？

简答：分工＋分钱。两者若只能选一，分钱更重要。这个问题很关键，是所有管理问题当中最核心的，需要讲十分钟以上。

8.您讲课经常提到德鲁克与稻盛和夫，有什么特别的原因吗？

简答：德鲁克先生拥有宏大的视野、洞察的智慧、温暖的提醒、全人类的立场。稻盛和夫先生除此之外还有现实的成就，是企业家中的哲人，哲人中的企业家。以他们的思想打底，想做错也很难。两位智者，都拥有超越时间的光芒与温暖，是管理者的明灯。

9.现在很多地方提"中国化的管理"，是不是中国人的企业就得用"中国化的管理"？

简答：个人对好的管理的评价是八个字：结果满意，过程温暖。从实际应用场景来说，中国化还是美国化，都是说法，都是工具。从中国传统文化中吸取营养，在中国人的企业里应用，更容易被理解，更容易落地。但不能敝帚自珍，生搬硬套。

10.郝老师很推崇中国传统文化，但是中国传统文化怎么没产生发达的工业？或者说，中国传统文化是不是只适合农业基础的封建社会，不适合现代信息社会？

简答：人类生存发展，生产力是基础，生产关系是配套。文化又是生产关系的配套。中国因以农耕生产为基础的封建社会时间较长，文化大都为此服务。内陆农耕文化与海洋拓展文化有很大差异。海洋文明自然对科技与管理的重视程度要高些。中国文化中抛开过去时代的影响，是有很多好东西的，不然中国也不会领先世界那么多世纪。相对来说，封建时代留下的忠君文化、奴性思维不适合个人崛起的信息文明，但中国古人穿透岁月的智慧，一点没过时。中国传统文化本身也是很有包容性与进化能力的，宋明发达的手工业，清朝的票号，民国时上海的纺织厂，新中国的制造业崛起都可以表明。中国传统文化确实还需进化，还需要鲁迅与胡适。未来中国文化的包容性与进化能力，内核中的温暖与坚韧，会影响全世界。这是个大话题。

11.郝老师对读书有什么建议？

简答：我们掌握的知识，与驾驭知识的能力，是现代文明最大的冲突。好书不多，选书要慎重。开卷有益，但选书要注意。不加选择地读书可能会伤害你独立思考的能力。知识本身没有什么价值，运用知识的能力才有价值。年轻时读书可能是因为迷茫，成年后读书要为了成就自己。推荐培根的《论读书》，这里有根本的指导方针。

12. 有些公司管理挺差但是很赚钱，也有些公司管理不错就是不赚钱，这个怎么解释？

简答：踩对点，时代推着你赚钱；选对路，模式拉着你赚钱。前面两个做得不好，管理做得再好挣钱都会比较辛苦。确实有很多企业管理一般但利润不错，但是做大一些的企业，管理要是做得很差，利润就会漏出去。开放的竞争社会，最终企业挣得都是平均利润，管理是做企业都逃不掉的一关。另外，公司也分经营驱动型与管理驱动型，前者对管理的依赖程度相对低些。

13. 管理精细化程度如何把控？是否精细化程度越高越好？

简答：管理是为经营目标服务的，管理本身是成本，越精细成本越高。管理需要精细化到什么程度，是由企业发展的实际需要决定的。管理并不是越精细越好，在能完成工作的前提下，管理越简单越好，简单就更容易理解、更容易操作、更能降低对人的依赖，也更有弹性以适应企业的快速发展。但是，需要精细化时拒绝精细化，也不好。

14. 如何开发一个人的潜力？

简答：让我分两个角度讲讲：一是放在企业情境下，如何开发员工的潜力；二是作为个人，如何发掘自身的潜能。前者需要管理环境的配套，培训、激励、规划、考核。后者需要自我认知，持续训练，寻找创造对应环境，找到合适的老师、同学。人的潜能超出我们的想象，每个人都有无限可能。

15.对于刚工作的年轻人，怎样规划个人的职业发展？

简答：有的人很早就知道自己要做什么，这是少数，先不论。刚毕业参加工作时，要多尝试，不着急下结论，人的自我认知与实际常有差距，事上练练，找到一个方向，钻进去。参照一万小时定律。这世上真专家很少，只要用心、坚持，假以时日，必有出头之日。

16.在工作中，压力能转化为动力吗？

简答：就我的经验与观察，适当的压力能让我们更加专注，放弃不重要的事情，专心投入，但是，压力并不能直接转化为动力。

压力和动力都是来源、都是目标。因为从目标看到了希望，就产生了动力；又从目标看到了实现它的阻碍，就产生了压力。压力大到一定程度，会让人失去希望，所以，压力是需要被化解的，或者说，是需要被转化的。但化解的能力因人而异。正确的方法，是让实现目标的希望变得现实，实现目标的路径看起来更加清晰，而不是依赖个体的"抗压能力"。这样才是正确的激励态度。

17.性格内向的人能不能做成好领导？

简答：能。我们常以为做领导的应该是性格外向、人际能力超强、情商极高的那类人。但统计学表明，世界五百强的CEO绝大多数都是内向性格。估计内向性格更擅长深度思考、判断方向、做重大战略决策。性格不是问题，领导力与团队能力组合却需要学习。

18.什么样的公司算是好公司？

简答：稻盛和夫说，对员工有爱、对顾客有诚、对社会有贡献，事业才能繁荣。换个简单说法，遵纪守法，持续盈利，按时按量发工资，就是好公司。

19.前面讲到过企业最高的发展境界是生态型企业，能不能举一个生态型企业的例子？

简答：生态型企业是能够自适应外界变化、持续保持竞争力的企业。广州某电子公司，就做成了赋能型企业平台，内部创业思路值得学习。

20.企业到底是做成五百强好，还是做成百年老店好？

简答：都好。这个取决于企业家及管理团队的理想、能力与运气。从个人来讲，更建议做成不可或缺，拥有独特竞争力，"专、精、特、新"的中小企业，这个更现实，也更安全。

21.是不是大企业的管理模式、管理方法,一定不适合中小企业使用?

简答:不绝对,但大多数情况下是的。大型企业通常管理制度的细致程度、规范程度、固化程度要高很多。管理是成本,小企业需要更低成本、更有针对性、更灵活、更有弹性的管理模式,以对应企业的发展阶段。大企业的很多管理模式,思路可以借鉴,细节不能照搬。不然画虎不成反类犬——比如几十万员工的华为,与平均几十人的中小企业,怎么可能用的是一样的方法?

22.我们是做轮胎技术研发的,技术创新有什么捷径吗?

简答:技术创新相对管理创新,要突破的东西少些,至少涉及人的东西少一点,比较纯粹。创新有方法,方法用好了就是捷径。日光之下,并无新事;别想着做出别人没有想过的东西。最省力、有效的方法是模仿创新。口诀有四个字:组合、替代。

23.郝老师为什么不建议中小企业执着于创新?

简答:不是不让创新,而是不要过于执迷于做别人没有的东西。企业的目的是盈利,在没有足够实力之前,创新太辛苦,这是实在话。在市场面前,最好的创新是领先半步,迎合趋势,专注市场需求做稳健的突破。别说中小企业,看看柯达这样的公司的结果。先专注市场,适度创新即可。

24.有没有最佳的商业模式,举例说明。

简答:道可道,非常道。商业模式不存在"最好""唯一"的,还是要结果说话。而且商业模式其实很容易被模仿,除非你拥有他人无法复制的资源能力。既然问了,有一个消费类市场上最佳商业模式的口诀"TTPPRC",分享给大家。

二、管理综合部分

1.战略规划是可行的吗?中小企业常常面临生存问题,感觉讲战略规划有点远。

简答:可行且有必要。战略规划的目的,不只为设计未来,更为了吸引人才。中小企业支付能力有限,靠梦想吸引人才,是很好的办法。另外,战略设计过程也是团队目标凝聚的过程。梦想还是要有的,万一实现了呢?

2.战略目标可以变动吗?

简答:可以变动。完整的战略目标是虚实结合的:虚的是形容词,指要成为什么;实的是量词,指要完成的数量目标。虚的部分一般不用变动。实的部分根据企业发展情况可以调整,战略目标一般是3~5年的规划,不需要频繁调整。

3.什么样的战略算是好战略?

简答:好的战略应虚实结合,虚的能让人有豪情,实的能让人有干劲。结合企业资源能力，又有一定灵活度。现实情境中，企业战略随着发展情况与外部境遇会有调整：在奔跑中调整姿势。所以战略要有，但不必追求完美，达到虚实结合、激励人心就不错。

4.目标是否可以在工作过程中调整？有什么原则？

简答：目标可以在工作过程中调整。有四个原则，详解见视频。

5.目标如果完不成怎么办？

简单：目标完不成，需要追溯目标没有完成的原因。若是企业层面没有完成目标，需分析目标管理质量，组织能力匹配，员工动力组合，团队合力协同等，看看是需要调整目标，还是完善支撑目标的条件。若是个人没有完成目标，可以在过程中辅助、在结果后考核。这是细致的工作。

6.目标是不是都必须量化？职能部门的目标如何量化？

简答：作为考核的目标，能量化的一定要量化。在绩效考核表中，定性指标（实在不容易量化的指标）占比越少越好，一定不要超过20%。职能部门作为支持部门，定性指标略高正常，但也可以将定性做出定量。无论如何，不要为了考核而考核，背离了管理的初衷。这是很细致又很重要的问题。

7.目标的制定是自上而下好还是自下而上好？

简答：都好，结合在一起最好。重要的不是自上而下还是自下而上，这只是形式。重要的是大家都认可，且有一定挑战性，符合企业发展战略规划。具体操作因企业文化、企业性质、创始人习惯等会有差异。

8.工资水平多久调整一次比较好？调整幅度多少合适？

简答：工资水平在制度上设计成每年至少有一次调整机会最好。调整的可能性比没有调更重要，这个需要体会一下。调整的幅度，基础薪酬的5%~10%是合理的，也要看具体情况。越低的幅度激励效果越差，但小步快跑也是可以的。这个需要具体情况具体分析。

9.中小企业很难招到厉害的人才，如何让普通员工创造出一流的业绩？

简答：中小企业人才缺乏是常态，用管理的效率弥补人才的不足才是正道。从这个角度讲，中小企业更需要好的管理。具体操作是个系统工程，简单说就是用组织的协作合力超越优秀个体的能力，这样也避免了对个别人才的依赖。比如抗倭将军戚继光创造的鸳鸯阵。

10.员工能力不足以匹配企业的发展，怎么办？

答：说员工能力不能跟上企业发展，这种说法太简单也有些不负责任。从招聘环节就应该开始设计进入标准，在使用人才过程中也有培训提升的责任；若员工能力跟不上企业发展是极少数，那么员工的问题多些，如果大多数员工都被认为不匹配企业的发展，要么是人才选用预留整体出了问题，要么就是公司太好高骛远。

11.新人如何迅速提升能力？

答：员工个人能力是组织能力的基础，一个企业如果可以迅速提高新人的能力，就拥有了快速打造一个高绩效团队的基础。员工能力的提升，是个系统工程，从招聘开始，选拔、培训、实践、考核，还有适度的淘汰等，是个系统工程。最关键的，一是新人自己的提升意愿，二是企业创造的环境。

12.空降兵听说都不大好用，要不要高薪招聘高端人才？

答：据统计，空降兵来的高端人才，最后能长期服务企业的不到一半，大部分没有长期留下来。如果只看这个数据，似乎高薪招聘高端人才也有很大风险。其实不然。企业招聘高端人才，本质不是要这个人，而是要这个人的能力，能力会通过各种方法保留下来。同时，还有鲶鱼效应，给原团队的冲击与正向提醒。空降兵使用需要技巧。

13.团队缺乏执行力怎么办？

简答：首先看你是如何评价执行力的，我的标准是看结果。结果没有达成时，要分析执行力缺乏的原因，从团队的能力、动力、合力三个角度分析，也需要考虑团队领头人的领导力与目标设计是否合理。这是一个常见的、重要的、系统性问题，需要细讲一下。

14.公司人才流动率太高，留不住人，该怎么办？

简答：一个流动率很低的公司不一定是好公司，一个流动率太多的公司一定不是好公司。流动率高有两种，一种是主动淘汰，另一种是留不住人。留不住人最常见的两种情况，一个是招聘时给描绘的景象太好，来了之后各种达不到；另一个是公司很适合培养人，员工学到了一些本事就发现可以找到更好的待遇和环境。两种情况都有办法避免……

15.招聘新员工高工资现象怎么解决？

简答：前些年互联网发展最快，创业、融资、上市特别热的时候，为了快速做数据、起规模，企业烧钱、抢人，催生了很多高收入的工作机会，近几年市场冷静一些了，但是年轻人对收入的预期没有下降。社会上总流传华为年轻工程师一年赚多少多少万，腾讯、阿里等企业入门多少多少万，让年轻人以此为参照了。就连制造业工人的工资也因为一定程度的用工荒导致工资增加很多，人口红利不再，这也是像富士康等制造业转移一部分到印度等国的原因。这个问题解决起来比较挠头，要具体分析，从两个方向用力。我举两个例子……

16.公司发展十几年了，组织结构总觉得不顺，应该怎么设计？

简答：合理的结构是组织能力的基础，这是管理上极其重要的一个问题。管理类书上以及500强的组织结构很容易学到，但是那个只能做做参考，具体设计组织结构的时候，对于中小企业，我的建议：两头主义。还有就是无论你怎样设计组织结构，都有可能觉得不完美，这个有主观因素。两头主义及合理组织结构的标准，一两句话说不完……

17.竞争对手总是用更高的薪水挖我公司的人，应该怎么样留住他们？

简答：有人挖公司的人才，这是很正常的，说明我们企业人才培养得好。如果企业里的人才外面没人惦记，估计人才也不一定愿意来。流水不腐，人才的适度流动是非常正常的、必要的。我们要做的是怎样把人才的心留住，有钱、有爱、有梦，一个都不能少。对核心人才，还要有长远的规划，如果这些都做得不错了，还是有人会因为一时更高的薪水离开，也祝福他。

18.工资年年涨，但是业绩没什么提高，这是为什么？

简答：如果涨工资与业绩是正比关系，那社会上的企业都要比着涨工资了。这两个有关系，但没有必然的关系。业绩的增长有三个主要因素的影响：天时、地利、人和，也就是战略时机、商业模式、组织效率。工资对组织效率有影响，但是工资涨得不合理，发钱都会得罪人，还考虑公司的承受力与发展阶段。

19.公司能干的老人有几个，每年业绩都还不错，但是新人总是留不住，该怎么办？

简答：我需要确定一下，是企业有意这么做的，还是并不希望这样的情况发生？因为有个关键注解：每年业绩还不错。社会上有些企业，创造业绩的核心人才照顾得很好，普通员工就很不在意，流动率高也就很正常了。如果是想留又没有留住，那就要好好说一说了，新人在第一年心态都是不太稳定的，需要特别对待。

20.最近几年行业整体有些下滑，我们公司定目标是应该降一些呢还是怎么定？

简答：行业周期及走向对企业的影响很大。在大势面前，确实发展思路需要相机而动，但也未必一定要降低目标。针对下滑的行业，有三种应对策略。危机危机，危中有机，做好了，比上升曲线更能获得成长机会。

21.有些员工业务能力很强，业绩出色，但是不太符合公司文化，不遵循公司规章制度，这种员工如何更好管理？

简答：这个问题有些微妙。理论上，这样的员工有很大的破坏力，是危险品。在实际操作层面，要慎重对待，需单独、深入沟通，尽量降低不良影响；违反规则的话，必须与大家一视同仁，否则会有极大的负面效应。很多时候业务能力强的员工故意表现出一些出格的行为，是在表明自己的意愿没有被重视，沟通是极重要的环节。

22.KPI考核一定能做成功吗？有什么代价？

简答：没有任何一种管理方式能够确保一定成功。但是若没有考核，99%的企业目标将很难完成。提出这样的问题，是因为担心KPI考核的副作用，或者说，考核的代价，必须明确一点，管理都是成本，而极其重要的KPI考核，成本是很高的：一方面是心理成本，一方面是过程成本，还有一方面是结果成本（为结果支付的成本）。三个成本如何降低是个系统工程。

23.如何让大家自愿接受考核？

简答：没有人喜欢被管理，多数人喜欢有挑战，所有人都希望有梦想。让大家自愿接受考核，要从理念及操作两方面入手。若公司之前没有做考核，那么在考核之前，必须有心理建设的宣贯工作，让大家明白考核对企业以及对个人的好处；还有就是在制度设计上，不能以降低收入为前提。这两个问题做不好，考核还没有开始就已经失败了一大半。

24.如何让KPI考核行之有效地落实下去？

简答：这个问题与前两个问题有关联，内容可以借鉴，这里再做些补充。因为KPI考核是非常细致微妙的工作，就像吃药一样，成分剂量都要合适，吃对了治病，吃不对要命。差之毫厘谬以千里，细节处处出魔鬼，常常小数点后面一点变化，影响都巨大。会做考核的管理者，是入门的管理者；"心里有数"的管理者，才算合格的管理者。这里讲两个具体操作的案例，谈谈细节的重要。

25.如何增强一线工人的凝聚力？前提：工资、福利、工人的吃住行都已经解决。

简答：对于凝聚力，我们需要有个认识。人的天性是自由散漫、不喜欢被束缚的，如果不能让员工产生自发的凝聚力，而是用一些活动、口号，生拉硬拽，效果会适得其反。什么叫凝聚力？要凝聚力做什么？做到什么程度就够了？对一线工人，需要更加简单粗暴有效的方法。

26.规章制度完善但不执行？

简答：有制度不执行，相当于没制度，还不如没制度。因为这样，再定制度也很难落实。当企业有制度不能执行时，需要分辨一下，谁不执行？不执行哪一部分？为什么不执行？如果老板带头做制度破坏者，那么没有人会尊重制度。如果大家不执行某些制度，企业运行得也没问题，那就是制度有其不合理性。

27.团队中总有人喜欢抱怨，但开会却又不说问题？

简答：这种情况在企业文化不开明的企业比较常见。如果是很少数的情况，那个人因素居多。再往深里想想：你希望他开会说问题吗？如果问题是很难解决的，在会上讨论会更加尴尬。这种情况建议会前沟通，打开心结。或者就是忽略，为什么呢？……

28.部门里有技术大拿，不服管，有时让我难堪，怎么管理？

简答：有能力自然需要更多自由。部下不服我们，先找我们自己的问题。员工服管，无非三个理由：恐惧、依赖、敬重。也就是上级可以行使的三种权力：强制权、专家权与人格魅力。看看作为上级的你，在下级面前用的是什么，越靠前越差劲。这是共性问题。个性问题是需要单独深入沟通的。

29.职能部门的人怎么考核？

简答：先申明一下，公司职能部门考核不是考核工作的重点，简单粗暴地说，一般情况下职能部门考核工作量不要超过公司整体考核工作量的20%~30%。职能部门是支持部门，支持业务部门的工作，在这个过程中能够保证两个关键点就还好：一是及时不拖延，二是精确不出错。其他的，没那么重要，都是加分项。

30.行政财务人员如何与业绩挂钩考核来激发动力？

简答：从团队合力的角度来讲，我建议中小企业把行政、人力、财务等常见的职能部门也做出业绩奖金来。这样能做出利益共同体的感觉，一条船是一条心的基础。如何与业务挂钩，要具体分析，一是要简单明了好操作，二是个人部门工作与企业业绩相结合，三是额度合理、内部公平。举个例子说明。

31.企业的项目跟踪期需要一两年才能出业绩，对于新进销售如何留住人才？

简答：在留人方面，有钱、有爱、有梦这个金三角标准无论哪里、什么性质的企业都适用，但在不同企业面对具体问题时还得各有侧重。高度看结构，水平看细节。项目周期长的企业，为留住新员工，尤其是销售岗，一般有两种做法：一个是高工资，比如外资大型医疗设备企业；一个是靠员工自己的能力及耐心，比如国内的很多类似民企，开张吃三年。我还有一个折中的建议，平衡长短期的利益。

32.同样的钱，多发几次一定比一次性发效果好吗？

简答：理论上是这样的，激励的及时性很重要。所以过去地主时代长工都是一年拿一次钱，票号里的掌柜伙计也是如此，甚至三年分一次红。但是现在普遍是月薪、季度奖、年终奖，国外还常有周薪。人要很快看到自己努力的回报，才会有努力的动力，以及改进工作绩效的意愿。但操作上最好是短期长期结合，即时激励当下行为，长期激励长期行为。

33.年终奖怎么发比较好？

简答：这个问题很难简单回答。激励制度一定是要提前制定的，因为老板只会为你已经完成的工作付费，而员工是为预期的所得而努力的。如果事前没有制度约定，突然发钱是会让人惊喜，但对于工作的激励作用不大。也就是说，按制度发比较好。那么年终奖制度应该怎么定比较好呢？占总奖金的比例多少合理呢？是所有员工都按制度规定的方式发，还是可以弹性控制呢？年终奖要不要公开呢？

34.不同类型的员工收入结构的建议？

简答：合理员工的收入结构，关键是看企业为他付出的什么付费：时间？结果？还是其他什么？还有就是我们怎么区分员工的类型：按部门分？按级别分？按服务年限分？有些企业还需考虑与老板的关系，等等。这是个细致的、重要的问题。

35.部门里有老板的亲戚，能力一般，怎么管？

简答：首先，老板将亲戚安排在你部门里，说明对你很信任，或者你的岗位很重要，无论哪一种，都不是坏事。企业用人，有的用能力，有的用忠诚，也有的，是确实需要安排些人的，即使私营企业也难避免。这种情况下，建议你跟老板深入沟通一下。我也给出我的建议……

36.对郝老师讲的有钱、有爱、有梦，印象深刻，钱跟梦都容易理解，为什么员工感受到爱也那么重要呢？

简答：最关键的一点，是因为员工的时间，最多的是跟同事在一起，甚至超过跟家人在一起的时间。如果团队气氛不好、上下级关系不好，员工的安全感、幸福感、获得感等，都不会好，自然会影响绩效。在服务行业、高科技行业，这种影响更大。而能够创造和谐的员工环境，与多发奖金相比，有时效果会更好。

37.小团队合力如何打造？

简答：我理解你说的小团队，或者是一个小的企业，或者是企业里一个人数不多的部门。我们就以30人为例。小团队因为人少，人际沟通会更多，上下级关系也会更紧密些。在合力打造上，除了我讲的几个目标、团队、文化等，还有极重要的两点：一个是团队头人的领导力，一个是聚人心的一些活动与方法。

38.如何持续保持对工作的激情？

简答：喜新厌旧是人类的天性。在工作上，重复的事情也会让绝大多数人觉得厌倦。这是天性，必须诚实面对。因此持续保持工作热情其实是一件很不容易的事情，怎么做呢？——寻求变化：或者在工作之中找变化，或者在工作之外找乐趣。企业与员工个人，都应该在这两个方面找到方法，以对付职业倦怠。我还有个十字口诀：目标有意义，过程有意思。

39.我们是技术服务型公司，怎么留住能干的人才？

简答：在这个个人创业很容易的时代，信息完全流动的时代，留住人才，尤其是留住对人文环境比较挑剔的技术人才，越来越不容易，这就对技术密集型的公司提出了更高管理水平的要求。留人的基本原则还是那个金三角，有钱、有爱、有梦。在技术人才这里，要尊重技术人员的特点，在待遇设计、员工关系、长期激励方面，做出针对性。

40.有没有可能不用涨工资就能提高员工动力的？

简答：钱不够，爱来凑，造梦大家一起够。还是那个金三角，在三个方面下功夫：第一是，不涨工资，设计未来的钱激励现在的员工，或者简单点说，用增量激励；第二，想办法让员工开心，建立一个开明、坦诚、公正、愉悦的关系环境，降低员工的心理成本；第三，战略愿景、职业规划，让员工觉得有奔头。

41.中小企业发展到什么阶段就需要做企业文化了?

简答:这个并没有绝对的规则。我建议从三个角度考虑,第一是从企业规模上,一般人员过百,老板叫不上每个人的名字时;第二个是从发展阶段上,企业一般发展三五年之后,逐渐规范,就应该考虑用企业文化这个高级管理工具了;第三个是创始人的管理风格,有的老板天生就擅长人心工程。还有就是正确认识企业文化的内容及作用,企业文化不是说没有提炼就没有的,也不是提炼点标语,做几个活动就算有了。

42.公司搞团建,每月聚餐,大家跟领导一起吃饭早腻了,有没有更好的办法?

简答:团建是最常见的企业文化活动,也是最容易做的活动。吃饭确实能迅速拉近人与人之间的距离。所以我个人认为吃饭这个活动不能取消,但是可以增加些别的花样,聚餐也可以在不同的月份与不同的人一起,这种事情,让员工提建议,大家讨论就好。我这里也有一些建议……

43.企业每年过节都发东西,比如中秋节发月饼,端午节发粽子,"三八"发卫生用品什么的,能不能改成发钱?还省事。

简答:这是个很常见的问题,也很有意思。我原来在企业的时候,也遇到过相似的事情,大家讨论之后,认为还是应该发月饼,哪怕最后放坏了,也比发钱强。为什么呢?是从花这个经费产生的效果来看的。

44.公司高层开会时总是意见不一致,是不是该做个企业文化了?

简答:企业文化确实是让团队形成合力的一个好工具。如果贵公司的高层开会难以达成一致意见,也要区分一下什么原因,这样才知道怎么具体对待,一个是企业文化并不是万能的,另一个是看争执的内容与形式,这样就是做企业文化,也好有针对性。我给大家讲一个我做企业文化解决集团企业高层沟通问题的例子。

45.怎样做营销规划?

简答:营销规划与所有规划一样,都要遵循目标,计划,执行,人员安排,预算等。因营销的重要性及特殊性,要遵循营销工作本身的特点,无论按照4P还是4C或者什么新的理论,都需要一个结构化的描述。设想做一个表,横向与纵向分别是营销(比如4P)与规划(目标、时间计划、人员安排、预算、特殊情况处理等),这样就清晰了,而且这样的方法适用一切规划。

46.什么样的企业适合做阿米巴?

简答:稻盛和夫先生经营京瓷的经验带出了阿米巴,让企业界都知道了这个词。但最近几年社会培训有滥用的趋势。抛开概念,理解它的内涵,阿米巴的本质是将经营单位缩小,内部财务核算与市场化,让员工参与到经营中来,是将大企业变成很多独立核算的小团队,以应对人性中的"群体惰性"——组织人越多,个体效率越低。其实,当年的包产到户就是一种阿米巴；永辉超市的柜台独立核算，按损耗及利润发奖金，也是一种阿米巴。其实人数不多的中小企业，不必刻意追求阿米巴，你看看稻盛和夫面对的京瓷、日航是多大规模的企业就明白了。如果企业内部人浮于事，诸多员工对业绩没有联系，可以考虑阿米巴。

47. 面对激烈竞争，着眼点放在竞争对手那里还是顾客那里？

简答：这个问题提的很有水平。理论上是放在顾客那里，操作上是放在竞争对手那里。实际上，99.9%的企业生产的产品，都是有竞品或者替代品的。我们实际上是在跟竞争对手抢顾客。当然，如果你创新做到没有竞争对手，那另说，但也是极少数。德鲁克先生说：企业的唯一使命是"创造顾客"。在实际操作层面，是"抢夺顾客"。这个问题要是没想明白，在管理上、创新上、产品研发、市场推广等重要工作上，很容易多走弯路。

48. "能做什么不重要，用户需要什么才是唯一重要的。"这句话怎么理解？

简答：有很多的企业，自己有某项技术，某个产品，就总想着怎么把它卖出去。这样做跑偏了。为什么4P变成了4C？从企业出发点变成了顾客出发点？是市场经济本质"竞争"决定的。在以T型车为代表的西方工业文明的时代，在中国计划经济刚结束允许一部分人先富起来的时代，造出东西就有人要，这时，主动权在企业手里。而现在，选择权在用户手里。这种"权力"的微妙变迁，是总趋势。

49.对90后的管理有什么特别的建议吗？

简答：最近几十年是经济腾飞的几十年，也是价值观动荡的几十年。早几年说80后，现在没人提了，因为80后都四十了。管理是个情境命题，当管理对象的价值观与管理者相差较大时，管理过程一定有冲突。如果这种差距是普遍性的，那就需要管理者做出调整，调整什么呢？那就是要尊重被管理者的特性，以他们容易接受的方式进行管理，才可能出来组织的高绩效，否则，全是内耗。对90后用怎么样的管理方式？我有一个口诀：三心二意，创造奇迹——开心、用心、齐心；目标有意义，过程有意思。

三、老板提升部分

1.技术及环境变化速度太快，做企业的该怎么面对？

简答：能把握的未来才能给人安全感，变化确实让人焦虑，这是普遍、正常的人性。所有技术的进步，既带来了新的产品服务、新的商机，也带来了被替代行业企业的淘汰，这是自然规律。不过也不必太担心，你不需要成为掌握未来的人，你只需要比竞争对手反应快一点点就行了。如何做到比竞争对手快一点？

2.老板有严重的性格缺陷，企业还有前途吗？

简答：没有缺陷的人做不了老板。多年前有本书名字叫《只有偏执狂才能生存》，我开始不大理解，后来接触的老板多了，才深刻体会这一点：能做老板的人，都不是性格平衡的人，都有些偏激，比如脾气大、比如独断专行、比如做事天马行空、比如胆大冒险。创业与经营常常是需要

"以奇胜"的,但管理需要"以正合"。偏激的性格创业没问题,做管理就有些麻烦,这就需要管理团队的能力互补,包括性格互补。我谈谈具体应该怎么做。

3.企业与员工的利益如何平衡?

简答:企业与员工的利益是对立的吗?有可能是,也有可能不是。如果制度设计得不好,就是对立的——你拿得多了,我就拿得少了。如果制度设计得好,就是利益共同体——你挣得越多,老板越高兴。先要在理念上认知这一点。还有一个关键,就是只有满意的员工才能创造满意的顾客,也才可能带来持续收益保证企业成长。所以说,平衡利益就是制造双赢,关键两点,一是制度设计,二是员工关怀。

4.中小企业有必要找咨询公司吗?要找的话什么样的值得推荐?

简答:现在社会变化这么快,不用什么都自己学,现学也来不及。古人说:君子性非异也,善假于物也。善用他人智慧者无敌。中小企业成长中那么多坑,找对了咨询公司可以极大降低试错成本。要找咨询公司,或者找咨询师,就像找医院、找医生一样,最关键的,是找有结果的,有针对性的,实践检验过的。如何判断呢?……

5.有朋友的公司找了咨询公司,花了不少钱,效果并不好,还搞得团队人心惶惶。如何评价咨询对企业的价值,或者说,找什么样的老师才能让人放心?

简答：咨询对企业有三个作用：一是帮助完成系统思考，明白经营管理的"理"，聪明的老板明"理"之后怎么做都不用人教；二是给企业提供解决方案，比如制度、比如商业计划书、比如组织结构调整建议等；三是指导企业，与企业一起，拿到更好的结果。最好的咨询一定是与企业一起找方法，并且在这个过程中做到能力的转移，流行的词叫"赋能"，授之以渔。咨询师不能介入权力斗争，尊重企业发展阶段、人才现状、接受能力。好的咨询师第一，要有经验，企业的经验、咨询的经验、被验证过的成果；第二，要有体系，有解决问题的整体思路，而不是人云亦云的知识碎片；第三，要有底线、有情商、真诚、有使命感。好的咨询师是可遇不可求的。

6.什么样的咨询服务模式更适合中小企业？

简答：咨询的服务模式有很多种，无论哪种方式，最终的评价标准只有一个：结果。就个人经验来看，对中小企业的咨询服务的模式有几种：一是针对模块的快咨询方式，比如只出一个薪酬激励制度，费用低，见效快，前提是企业本身底子不错。二是系统诊断综合提升式，这个周期略长、费用略高，适合企业遇到发展瓶颈，没有思路的时候。三是方案班（工作坊、私董会、研讨班、特训营等），也就是企业高层一起参与，教练式咨询师，短期出解决方案。第三种周期短，也容易落地，对讲师、咨询师要求极高，对管理层基础也有要求。四是年度顾问模式，伴随式、不定期贴身服务。哪种更适合，要看企业的发展阶段、问题表现、管理层意愿等。

7. 郝老师觉得我们企业有必要做转型升级吗？要做的话从哪些方面入手？

简答：转型升级是最近几年很流行的词，我还是那句话，抛开概念看本质。企业为什么需要改变？转型升级升的是什么？回到问题本身，回到目的本身。企业随着发展，不同阶段面临不同的问题，在不同的企业，问题的表现强度、轻重缓急也都有差异，所以决不能一刀切地、按图索骥的、搞运动式地改革创新，我建议小步快跑。一定要说从哪方面入手，还是本体论的那三个方向：客户为核心的商业模式升级、员工为核心的管理模式升级、老板为核心的心智模式升级，当然具体操作中，也存在建议企业关停并转的大动作，这个要具体分析。运用之道，存乎一心。

8. 公司管理层跟了我很多年，最近做事好像有点不够用心，是不是应该引进个新的副总管管？

简答：老板跟副总也是一种亲密关系，通常亲密关系久了容易厌烦。从这个问题中我分解到两个问题：一个是对管理层的评价标准，另一个是引进人才的时机。对管理层的评价，最客观公正的还是要看结果，过程中不建议控制得太死，没有人喜欢被盯着的感觉。引进高端人才的时机，建议用战略目标分解到能力补充的逻辑，这样相对不容易产生冲突。

9. 公司定了三年业绩翻番的增长目标，应该怎么完成，给一些方向性的建议？

简答：有一个简单的诀窍，就是目标分解，细致地分解。比如分解到每年增长26%，其实三年下来也翻番了，就感觉没有那么难了。或者根据企业的能力现状、市场竞争力、行业发展曲线，做一个更细致的划分，每年增量比例不同，一开始少一点。但在制订计划时，为了保证一定完成，有一些技巧。

10.公司连续几年都没有完成计划的目标，到底出了什么问题？

简答：中国有一句成语叫"志大才疏"，听起来让人不太舒服，但是能说明问题。连续没有完成，首先要看目标是不是定得太高了。如果认为目标一定是要完成的，那就是目标设计与能力匹配的问题。理论上说，没有完不成的目标，只有付不起的代价。能力匹配有三个方面：人才、结构、整合。然后是员工激励，再然后是团队合力。这是个系统的问题。

11.公司负责销售的副总带着几个骨干离开了，是不是因为没有做股权激励？

简答：或许有关系，但也很可能没关系。我分两个问题讲，一个是核心人才离开的原因，另一个是股权激励的作用与做法。核心人才离开未必都是企业的问题，一般销售副总外面的机会比较多，人心难测，最重要的是在做好人才激励的前提下，做出关键人才储备机制，还有就是在管理过程中，不能让骨干觉得自己是销售副总的人，这个人心工程必须是一把手的事。股权激励对于非上市企业，作用与做法比上市公司还要微妙和非标准化，做不好效果适得其反。

12. 公司很多年没调整过薪酬体系了，能不能在总额支出很小的前提下调整一下员工工资？

简答：这个问题挺常见的。就我个人的经验，如果在公司里放出风，说要调整工资了，会让员工产生较高的预期，如果最后调整完，大家发现，增长也就只有一点点，甚至有些人没有涨，大多数会失望，负面效应更大。如果没有很多预算，又想起到激励的作用，有两个方法，一是考核评优法，只给表现出色的员工涨薪，这个前提是公司绩效做得还不错；还有一个是增量激励法。

13. 如何恩威并施？恩给足了，威如何立？

简答：不知道是不是宫廷戏的流行让大家对帝王谋略起兴趣了。我个人看到这个问题，不是很舒服。老板要把员工当成伙伴、平等创业的伙伴，员工会领情的，尤其是知识型工作者与90后们，如果只当成雇员，你高人一等，很难得到人心的。员工拿到报酬是按照制度规定，用时间与绩效交换，不存在"恩"，当然如果对员工有特别关注，那另说。"威"是建立在"信"的基础上的，要不怎么说"威信"？让员工信服是一个重要的话题，需展开讲一下。

14. 公司有完善的制度，但是老板是第一个破坏制度的人，如何？

简答：很多老板可能觉得，公司是我的，规矩就是我定的，我就是规矩。这样做，对于个体户是没问题的，要想做企业，有些事业追求，是很难做起来的。西方企业相对发达，最重要的原因是契约精神，也就是所有人都遵守一个共同的制度规定，在国家是法律，在企业是制度。很多老板对这个问题的严重性认识不足。当然，具体到公司管理细节，有些问题是可以规避的，举个例子：副总以上实行弹性工作制。这样就避免了考勤的尴尬。还有很多操作层面的方法。

15.老板学历低，对企业发展影响大吗？

简答：影响不大。统计学是最靠谱的科学。我们可以了解一下历届各省的高考状元、各个大学的博士后，有多少是做企业的，还有中国民企100强的老板都是什么学历背景，你大概会总结出一些规律性特点。简单说，做企业不是一个"规矩"的事情，上学时读书好的通常都比较"规矩"，这样是与做企业最需要的性格特征不一致的。同时你还会发现，真正的企业家，没有不喜欢学习的，也许不一定是每天看书，学习的途径有很多种。

16.动力不足的前提下，老板如何强力推行考核？

简答：首先需要确定这个考核是必要的。回到管理的源头，一切管理行为都是成本、都有损耗，考核是损耗很大的管理手段，若缺乏考核的动力，反弹的力量可能会导致得不偿失。强力推行考核，如果做得好，过程中会遇到以下三个情境：动荡、接纳、提升。如果操作不当，就只会停留在动荡阶段，应该怎样避免呢？

17.我们老板就是喜欢自己说了算，这种人治理公司有前途吗？

简答：老板都是从自己说了算开始的。人治也一定发生在法治之前。

在创业阶段，为抓住机会、提高效率，个人决策没问题，但是发展到一定的阶段，在管理层比较完备的前提下，独断就不太好了，一个是个人总归有局限，还有就是管理层无法参与决策，对士气有很大影响。但是要注意，多人决策最大的好处是不易犯错，而不是产生正确决策，因为正确的决策常常是突破性的。真理真的是掌握在少数人手里的。详解见视频。

18. 中小企业财力有限，如何低成本改善员工关系？

简答：低成本，我的理解就是不能花什么钱。那么，不给钱，就得动感情。能提出这个问题，说明认识到了员工关系的价值。好的员工关系能够缓解管理带来的压力与冲突，让员工心情愉悦，工作绩效提升明显，在服务业与高科技行业尤为必要。低成本改善员工关系建议从这几方面下手：一是开放的沟通，二是平等的关系，三是人性化的制度。

19. 郝老师讲到改革开放之后有很多红利被不同阶段的创业者赶上，以后还有什么红利吗？

简答：历史的机会很难短时间内重复，曾经出现的那几个红利：改革红利、开放红利、资源红利、人口红利等，还有可能再次出现的是改革红利，但这是由国家政策决定的，不可控。个人认为未来更靠谱的应该是向管理要红利——竞争充分之后，企业挣的都是平均利润。对于竞争中的企业来说，平均利润的高低取决于管理水平。平均利润是马克思百年之前就发现的经济规律，值得我们认真对待。

20.老板上了股权激励培训班,要在公司推行,郝老师怎么看这事?

简答:股权激励是很好的激励手段,也是终极手段,学习是很有必要的,要不要在公司推行,还是得慎重。就我个人的经验,八九成的中小企业,还没发展到用股权激励的阶段,或者就是用,也只能在某些核心岗位采用"干股分红"的模式。真正的股权,一定要慎之又慎地使用。为什么大多数企业不适合用股权激励?如果想起到长期激励的效果,不用股权用什么?我来谈一谈……

21.公司老板很重感情,老员工多差都舍不得开掉,这样的企业有未来吗?

简答:老板有两种:多数是心狠手辣的,很少是心慈手软的。至于哪种企业有未来,还真不好说。企业有没有未来取决于很多因素,与老板个体的处世方式有关系,但又没太大关系。从我个人的角度,我还是比较认可重感情的老板,尽管这样的老板做事有时缺乏杀伐决断的果敢,但让人有安全感。至于老员工,就是跟不上企业的发展,也不是一定要开掉的,有一些两全的办法。

22.如何把老板的梦想变成员工的理想?

简答:理想有两层,一层是为自己,一层是为大家。老婆孩子热炕头、环游世界这些,是大多数人的理想。让世界充满爱,建立新文明这些,是少数人的理想。但是这世界,是由少数人的理想引领的。在企业里,老板要有超越员工、但又符合健康的价值观的梦想,才有可能让员工真正地跟随。但同时，又必须满足员工生活的需要。所以把老板的梦想变成员工的理想，在操作上也是分两层，一层实的一层虚的。实的是物质，虚的是精神；实的是金钱激励，虚的是文化宣贯。具体怎么做？……

23.下级不听话，有什么办法对付他？

简答：我们为什么要听别人的话？有三个原因：害怕、依赖、信服。我们对待下属，想用哪一种呢？或者说，你有哪一种呢？从权力影响人的角度，也是三种：一个是强制性权力，一个是专家性权力，一个是人格魅力。与害怕、依赖、信服，是对应的。好的上级，让下级听话的办法，一定是用后面的两种，而少用第一种。具体怎么做到？……

24.老板比较迷信，办公室弄风水，招人看八字，签合同选日期，这样做有用吗？

简答：中国传统文化中是有些玄学，有没有用，我也不敢乱说。迷信的本质，是我们知道自己的力量不够，觉得有更大的力量在影响着我们，又想依靠那力量。天行健，君子以自强不息，以孔孟的智慧，告诉我们应该敬鬼神而远之，还是做好自己为主。你们老板做这些，也是图心安吧，有机会让他跟我聊聊，也许能提些有帮助的建议。比如……

25.老板能力很强，有很多业务板块，也常不在国内，这样管理层怎么设计比较好？

简答：组织的本质是能力不是结构。首先要记住这句话。老板这种情况，经常不能在现场，通常情况下会影响及时决策，但如果他已经安排了常务副总、授权委托人这类的职务，或者公司有章程等的决策一定需要他参与，他不在现场用电话视频之类可以解决的话，也没问题。你看世界上最大的那些公司都是集团，集团的老总只有一个，但并不会影响下属公司的正常决策。如果你们老总没有安排好这些，我倒是有些建议。

26.读EMBA什么的对提高企业管理水平能起到作用吗？

简答：我也在一些商学院给老板上课，跟他们交流不少，得到的反馈是：去学院读书，有三个目的，第一个是拓展视野，看看别人是怎么做的，别的公司是什么样的；第二个是解决问题，看看工作中的问题老师怎么说，课本怎么说，同学怎么说；第三个是拓展朋友圈，商机在商圈里，同学做战略联盟很靠谱。所以读个什么EMBA一定是有用的，但也不要迷信上课能解决多大问题。为什么？……

27.公司副总不太听话，他是公司元老，员工也听他的，如何在不伤感情的前提下，增加对他的控制力？

简答：需要先问自己，你在担心什么？知道了边界，再往回看，问题就会更清晰了。大胆猜测一下，最坏的结果，是公司员工被他带走成立了新公司？还是有一天公司都听副总的，你没有存在感了？我分两种情况讲对应方法，第一种里面是两个问题，员工到底是公司的员工还是副总的员工？怎样留住副总的心？——如果副总心还在企业里，不听你的很可能是为了企业好。第二种其实更简单，看你怎么看做企业这件事，我的建议是干脆把企业交给副总打理，学学段永平。

28.是不是组织结构越扁平越好？我们公司100多人，从老板到普通员工几层合适？

简答：组织结构是越扁平越好。扁平一是可以减少管理者数量，二是大大降低管理沟通的难度，提高沟通效率。但是，具体的情景，要看我们所处的行业特性，老板精力、工作习惯，以及对管理效率的要求。回到我常讲的关于组织结构的那句：组织的本质是能力不是结构。我们想让组织有什么样的能力？100人的规模，在低端制造业属于小企业，在高科技行业或者高端服务业就算中型企业了。从老板到基层3～4层是比较常见的。关键看工作的复杂程度与相似程度。

29.作为老板，是不是应该把所有部门一把手都管起来？

简答：老板的管理幅度，取决于老板的精力与意愿。对核心管理层结构的设置，可以有很多种模式，因为管理的第一要务是控制，控制什么？控制结果。为了控制结果，对过程也要有一定的控制权。最根本的控制权是对企业的所有权、财权与人事任免权。《道德经》里有句话："太上不知有之，其次亲而誉之，再次，畏之，再次，辱之。"管控公司有很多种办法，看你要做一个什么样的老板。

30.能否用简单的语言总结一下企业家与生意人的区别？

简答：概括地说，企业家一定是生意人，生意人不一定是企业家。

企业家做事有两个特点，一是聚焦，二是长期。这个社会上挣钱的企业很多，很快做上规模的企业也很多，但是，如果你用我讲的这两个标准来衡量，就能区分出来。我给企业做咨询，一般都会问到老板这个问题：你这个企业是当猪养还是当孩子养？这其实是个严肃的问题，是个定性的问题。其实很多创业的老板开始都是想改善生活，做生意人就挺好，终于有一天企业做大了，生活早已不成问题，但是这时肩负着那么多员工与客户的责任与期待，责任心就起来了，就奔着企业家做了。

31.公司发展得很快，简单点说，老板应该怎样成长才能始终带领？

简答：简单点说：创业阶段一招鲜，发展阶段一群人，规模之后一条心。刚开始老板要做业务高手，抓住商机，快速成长；后来企业人多了，要做组织领袖，管理企业有序成长；再后来管理事务都有人替老板做了，战略、文化、人心就成了老板的第一任务，这个阶段，老板最好进化为精神导师，关键是思考企业发展的方向，企业里人与人之间的关系，包括利益关系。这个过程，其实也是老板从前台逐渐到后台的过程，从行为第一到思维第一的过程。

32.环境变化那么快，机会那么多，费那么大劲做管理意义大吗？

简答：确实是，管理是个慢变量，需要时间才能看到结果，又是个多变量，变数很多，做好不容易。现实的商业生态，商机来了，钱哗哗赚，管理差点也没关系，这是真的。问题是，你是不是能一直踩对点？估计没有人敢说自己能。抓住一个商机，我们就能起来，在商机过后，靠管理维持住、稳定住，至少赚到平均利润，然后等着下一个商机的来临。如果没有管理，只能做个"投机分子"，做不成企业。若是真的只对机会敏感，也确实能把握趋势，那就不必做企业，做投资就最好了。对于做企业的，管理是我们唯一能主动把控的东西。

33. 郝老师，当初创业是为了赚钱，觉得有钱就有一切，现在有钱了，也没觉得怎么着，还经常觉得挺累的，这算怎么回事？

简答：曾经看过一篇报道，说中国幸福感最强的是二三线城市里月收入三千左右的有固定工作的年轻人，也许您就是因为钱太多了。这是个挺深刻的问题，说到底，这里面包含着一个终极思考：人活着到底为什么？——我觉得是追求快乐。不光我这么认为，最智慧的释迦王子也这么认为，所以他做王子都觉得不够，要追求终极快乐，离家出走了，后来终于得到了离苦得乐的方法，并将离苦得乐的方法分享给了大家。在这里，我也说说我对快乐的理解。

小结：

在管理上，要时常反思、追问，关于问题，还有三句重要的话。

- 能够问对问题，问题就已经解决了一半。
- 能够将问题分解，问题就已经解决了一半。
- 没有发现问题，才是最大的问题。

后记

接受一切的发生。新冠疫情让我有了一大段完整的时间,可以沉静下来,对这些年的实践与思考做些系统的梳理。

本书所有的理论思考与创新工具,设计初衷,都是为了帮助找我做咨询的中小企业老板们,用最少的管理动作,在尽量短的时间里,做到业绩提升。从这些企业的效果来看,确实也做到了。把这些管理思想与工具在具体企业的应用过程整理出来,一定能够帮助到更多需要的人。

本书得以成书,首先要感谢中国青年出版社皮钧社长、陈章乐总编辑慧眼识书;感谢彭岩主任建设性的、专业细致的工作;感谢中国青年报谢东樱女士的指点;感谢高等教育出版社刘清田老师极具厚度与高度的建议;感谢我的同事杨洲鑫先生的支持与鼓励。

特别感谢浙江工商大学工商管理学院教授、博士生导师戚德祥老师为本书做序,您在专业、事业上孜孜不倦的追求,一直是我的榜样。

感谢信赖我的企业家们,本书见证了我们共同的成长,特别是本书涉及的案例，让众多中小企业得以照镜子。虽然本书没有特别提及您的名字，依然表示诚挚的谢意。

最后感谢我的爱人，是她的鞭策与鼓励，让懒惰随性的我完成了这本书，若有些许荣耀，都该归于她。

第一次写书，希望倾尽一生所学，有些杂、有些乱、有些拙，技巧生疏，文笔青涩；但也像初恋一样，尽管懵懂，都是真情。

希望这本书是与你结缘的开始，生意、生活、生命，生出美好，生生不息。